Sonja Kastner

Klang macht Marken

GABLER EDITION WISSENSCHAFT

Sonja Kastner

Klang macht Marken

Sonic Branding als Designprozess

GABLER EDITION WISSENSCHAFT

Bibliografische Information Der Deutschen Nationalbibliothek
Die Deutsche Nationalbibliothek verzeichnet diese Publikation in der
Deutschen Nationalbibliografie; detaillierte bibliografische Daten sind im Internet über
<http://dnb.d-nb.de> abrufbar.

Dissertation Universität der Künste Berlin, 2006

1. Auflage 2008

Alle Rechte vorbehalten
© Betriebswirtschaftlicher Verlag Dr. Th. Gabler | GWV Fachverlage GmbH, Wiesbaden 2008

Lektorat: Frauke Schindler / Viktoria Steiner

Der Gabler Verlag ist ein Unternehmen von Springer Science+Business Media.
www.gabler.de

Das Werk einschließlich aller seiner Teile ist urheberrechtlich geschützt. Jede Verwertung außerhalb der engen Grenzen des Urheberrechtsgesetzes ist ohne Zustimmung des Verlags unzulässig und strafbar. Das gilt insbesondere für Vervielfältigungen, Übersetzungen, Mikroverfilmungen und die Einspeicherung und Verarbeitung in elektronischen Systemen.

Die Wiedergabe von Gebrauchsnamen, Handelsnamen, Warenbezeichnungen usw. in diesem Werk berechtigt auch ohne besondere Kennzeichnung nicht zu der Annahme, dass solche Namen im Sinne der Warenzeichen- und Markenschutz-Gesetzgebung als frei zu betrachten wären und daher von jedermann benutzt werden dürften.

Umschlaggestaltung: Regine Zimmer, Dipl.-Designerin, Frankfurt/Main
Gedruckt auf säurefreiem und chlorfrei gebleichtem Papier
Printed in Germany

ISBN 978-3-8350-6084-5

Geleitwort

Sonja Kastner befasst sich in ihrer Arbeit mit dem Phänomen des Sonic Branding, der Kreation einer Markenidentität durch Klang. Sonic Branding positioniert sich innerhalb des Corporate Designs einer Marke und bestückt sie mit charakteristischen Klängen. Im Focus der Arbeit steht die Frage, wie Klänge in ein multisensuelles Markenkonzept integriert werden können und wie die Konzeption und Kreation von Brand Sounds in solchen Prozessen abläuft. Es handelt sich um ein Forschungsfeld, für das ein veritabler Theoriemangel reklamiert werden muss. Sonja Kastner demonstriert in ihrer Arbeit, welch breites Spektrum an Anwendungskontexten für Brand Sounds existiert. Sie weist nach, dass die auditive Wahrnehmung im „Orchester der Sinne" als besonderer Integrationsfaktor qualifiziert werden muss. In der Fallstudienanalyse beschreibt Sonja Kastner detailliert den Konzeptions- und Gestaltungsprozess von Sonic Branding und die damit verbundenen Konflikte und Strategien zur Problemlösung.

Die vorliegende Arbeit leistet einen singulären Beitrag zur Diskussion um Sonic Branding. Die Entwicklung der Untersuchung dokumentiert ein hohes Maß an wissenschaftlicher Kreativität. Sie präsentiert eine Reihe hochinteressanter Ergebnisse, die zur weiteren Diskussion anregen. Ich wünsche der Arbeit deshalb eine breite Resonanz in Wissenschaft und Praxis.

Univ.-Prof. Dr. Annamaria Rucktäschel

Vorwort

Die Idee zu dieser Arbeit entstand im Jahr 2001 während meiner Tätigkeit als Texterin in einer Internet-Agentur. Dort gestalteten drei Dutzend Designer Formen und Farben der Screens für große internationale Unternehmen, ein halbes Dutzend Content Developer war für die textliche Gestaltung der Webseiten verantwortlich. Wurden aber Sounds oder Musik benötigt, griff ein ambitionierter Designer in seine Schreibtischschublade, in der sich eine privat angelegte Sammlung verschiedener Titel befand. Die Auswahl eines passenden Sounds erfolgte offenkundig rein intuitiv, und eine Reflexion über den Designprozess im Bereich der auditiven Markenkommunikation fand nicht statt. Mittlerweile, sechs Jahre später, besitzt die Erkenntnis, dass Klänge bestens dazu geeignet sind, individuelle Markenpersönlichkeiten zu kommunizieren, in Unternehmen und Agenturen erheblichen Stellenwert. Quer durch alle Branchen finden sich Beispiele großer Marken, die Brand Sounds erfolgreich einsetzen: Nokia, BMW, Mc Donald's, Aral, ZDF, Vattenfall, UBS etc. Neben Wortmarke und Logo werden gezielt Klänge als Teil des Corporate Designs gestaltet, die in Form von Sonic Logos, Jingles oder Musik ihren Bezugsgruppen spezielle Markenbotschaften auf akustischer Ebene signalisieren.

Mit dieser Arbeit soll gezeigt werden, wie die verschiedenen Merkmale einer Marke in das akustische Erscheinungsbild stimmig integriert und in verschiedenen Medien widergespiegelt werden können. Ebenso wird der Versuch unternommen, ein Briefingkonzept für den Gestaltungsprozess von Brand Sounds zu entwickeln, das von Agenturen genutzt werden kann – zum einen, um die systematische Reflexion über den Designprozess im Bereich der auditiven Markenkommunikation anzuregen und zum anderen, um die Abläufe zwischen den Akteuren zu optimieren.

Die vorliegende Arbeit wurde im Jahr 2006 als Dissertation an der Universität der Künste Berlin, Fakultät Gestaltung, angenommen. Neben meiner Mutter, der ich immer zu Dank verpflichtet bin, gilt mein Dank meiner Doktormutter Prof. Dr. Annamaria Rucktäschel, die mich zur wissenschaftlichen Arbeit motivierte und mir stets als offene und hilfsbereite Ansprechpartnerin begegnete. Bedanken möchte ich mich auch bei Prof. Dr. Karin Pallowski für die freundliche Unterstützung und das Zweitgutachten. Ebenso möchte ich Prof. Dr.-Ing. Carsten Busch danken, der die zügige Fertigstellung der Arbeit in vielfältiger Weise gefördert hat. Ein großer Dank geht ebenfalls an die Interviewpartner für ihre Aufmerksamkeit und ihr Vertrauen gegenüber meinem Forschungsvorhaben.

Für ihre kritische Auseinandersetzung mit meiner Arbeit möchte ich zunächst meiner Kollegin und Freundin Dr. Christina Vaih danken, ferner den Mitgliedern des privaten Kolloquiums Stefanie Krause, Sabine Kühl, Dr. Christina Pack und Dr. Stephan Sonnenburg. Bei Jutta Weinschenk möchte ich mich für das äußerst gewissenhafte Lektorat der Arbeit bedanken.

Besonders lieber Dank gilt meinem Freund Christoph und meiner Tochter Ewa, ohne die ich vermutlich doppelt so lange für die Fertigstellung der Arbeit gebraucht hätte.

Sonja Kastner

Inhaltsübersicht

1	Einleitung	1
2	Multisensuelle Markengestaltung: Rahmenbedingungen und Konzepte zum Markenverständnis	19
3	Brand Sounds: Begriffsklärung und theoretische Grundlagen	61
4	Methodik der empirischen Untersuchung: Theoriebildende Fallstudienanalyse	89
5	Sonic Branding als Designprozess: Empirische Befunde	117
6	Konzept zur Entwicklung eines Briefings für Sonic Branding	155
7	Schlussbetrachtung	163

Inhaltsverzeichnis

1 **Einleitung** ... 1
   1.1 Ausgangssituation ... 1
   1.2 Spektrum der Begriffsbestimmungen Sonic Branding ... 3
   1.3 Mediale Inszenierung von Brand Sounds ... 4
   1.4 Forschungslücke ... 9
   1.5 Zielsetzung und Forschungsmethodik ... 11
   1.6 Gang der Untersuchung ... 15

2 **Multisensuelle Markengestaltung: Rahmenbedingungen und Konzepte zum Markenverständnis** ... 19
   2.1 Spektrum der Begriffsbestimmungen ... 19
   2.2 Kommunikative Rahmenbedingungen und Trends ... 23
      2.2.1 Perspektive der Produzenten ... 23
      2.2.2 Perspektive der Konsumenten ... 25
   2.3 Diskussion aktueller Ansätze zum Markenverständnis ... 30
      2.3.1 Interdependenzen von Produkt und Marke ... 30
      2.3.2 Lebensmotive und Markennutzen ... 40
      2.3.3 Multisensorisches Branding ... 46
   2.4 Konzept eines intermodal integrierten Markenerlebnisses ... 54
   2.5 Zusammenfassung ... 59

3 **Brand Sounds: Begriffsklärung und theoretische Grundlagen** ... 61
   3.1 Akustische Basiselemente: Begriffsbestimmungen ... 61
   3.2 Komponenten von Brand Sounds ... 64
   3.3 Klassifizierung von Produktsounds ... 72
   3.4 Physiologische Grundlagen auditiver Gestaltwahrnehmung ... 74
   3.5 Psychologische Grundlagen auditiver Gestaltwahrnehmung ... 76
   3.6 Wahrnehmungsebenen von Klängen ... 77
   3.7 Verbalisierung von Klängen ... 85
   3.8 Zusammenfassung ... 87

4 **Methodik der empirischen Untersuchung: Theoriebildende Fallstudienanalyse** ... 89
   4.1 Studiendesign ... 89
      4.1.1 Auswahl der Fallstudien ... 90
      4.1.2 Identifizierung und Auswahl der Experten ... 91
   4.2 Erhebungsmethode ... 92

	4.2.1 Problemzentrierte Leitfadeninterviews mit Experten	92
	4.2.2 Kommunikationsstruktur in den Interviews	97
	4.2.3 Erschließung weiterer Datenquellen	99
4.3	Auswertungsmethode	103
	4.3.1 Fallübergreifendes Kategoriensystem	110
4.4	Chancen und Risiken der Methodik	114
4.5	Zusammenfassung	115

5 Sonic Branding als Designprozess: Empirische Befunde 117

5.1	Akteure und ihre Ziele	117
	5.1.1 Agenturen als Generalunternehmer	118
	5.1.2 Interdisziplinäre Zusammensetzung der Teams	120
	5.1.3 Partner: Werbeagenturen/CI-Agenturen/Strategieberatungen	121
	5.1.4 Kunden und Branchen	122
	5.1.5 Steigerung des Markenwertes	123
	5.1.6 Protagonisten: Designmanager/Berater	124
	5.1.7 Dienstleister: Komponisten/Sounddesigner	126
	5.1.8 Gestalterische Erfolgsfaktoren	127
	5.1.9 Misslingen von Gestaltungsprozessen	129
5.2	Handlungsbedinungen und externe Einflussfaktoren	131
	5.2.1 Wissensbasis	132
	5.2.2 Qualitätskriterien für Gestaltungsprozesse	134
	5.2.3 Qualitätskriterien für Entscheidungsprozesse	135
	5.2.4 Ressourcen	136
	5.2.5 Urheber- und leistungsschutzrechtliche Grundlagen	138
5.3	Konzeptions- und Gestaltungsprozess Sonic Branding	138
	5.3.1 Briefing	139
	5.3.2 Übersetzung von Markenwerten in Klang	139
	5.3.3 Durchführung von Workshops/Präsentationen	142
	5.3.4 Komposition	143
	5.3.5 Mediale Umsetzung von Komponenten	144
	5.3.6 Evaluation	145
5.4	Konflikte und Strategien zur Problemlösung	147
	5.4.1 Mangelnde Projekterfahrung auf Seiten des Kunden	148
	5.4.2 Interessenkollision mit Partnern	149
	5.4.3 Kooperation mit Komponisten konfliktiv	151
	5.4.4 Verbalisierung von Klängen diffizil	152
5.5	Zusammenfassung	153

6	**Konzept zur Entwicklung eines Briefings für Sonic Branding**	**155**
	6.1 Anforderungen an das Briefingkonzept	155
	6.2 Inhalte des Briefings	157
	6.3 Zusammenfassung	161
7	**Schlussbetrachtung**	**163**
	7.1 Zusammenfassung der theoretischen Grundlagen der Ergebnisse	163
	7.2 Zusammenfassung der empirischen Befunde	167
	7.3 Kritische Reflexion der Ergebnisse und Ausblick	169

Literaturverzeichnis 173

Abbildungsverzeichnis

Abb. 1:	Notation Sonic Logo Nokia	2
Abb. 2:	Begriffsfamilie Sonic Branding	3
Abb. 3:	Sonic Branding – Medien	5
Abb. 4:	Denkwelten von Marketingverantwortlichen und Komponisten	10
Abb. 5:	Aktuelle Herausforderungen im Bereich Sonic Branding	10
Abb. 6:	Forschungsfragen	12
Abb. 7:	Aufbau der Arbeit	16
Abb. 8:	Synopsis von Konzepten zum Markenverständnis	22
Abb. 9:	Die weltweit wertvollsten Marken 2005	24
Abb. 10:	Produkt und Marke	31
Abb. 11:	Matrix der Gestaltungsmittel und Wahrnehmungssysteme	32
Abb. 12:	Multisensorisches Branding: Medien und Wahrnehmungssysteme	34
Abb. 13:	Konstitutive Merkmale der Identität von Personen und Marken	36
Abb. 14:	Das Fünf-Faktoren-Modell der Persönlichkeit	37
Abb. 15:	Brand Personality Scale	38
Abb. 16:	Bezugsgruppen einer Marke	40
Abb. 17:	Evolution von Markenversprechen	42
Abb. 18:	Lebensmotive und Markennutzen	43
Abb. 19:	Markenmodell von Jackson	47
Abb. 20:	Struktur der pragmatisch orientierten Markenführung	49
Abb. 21:	Sensogramm der Marke McDonald's	51
Abb. 22:	Modell intermodaler Verknüpfungen	55
Abb. 23:	Produkt, Kommunikation und intermodal integriertes Markenerlebnis	58
Abb. 24:	Sonic Branding – Komponenten	64
Abb. 25:	Die am häufigsten genannten Marken in den US-Billboard-Charts 2005	70
Abb. 26:	Kategorisierung von Produktgeräuschen	73
Abb. 27:	Äußeres Ohr und Innenohr	76
Abb. 28:	Alltägliche Geräusche	78
Abb. 29:	Rezeption von Klangereignissen	83
Abb. 30:	The three listening modes	85
Abb. 31:	Vokabular zur Beschreibung von Klängen	86
Abb. 32:	Prozess der Fallstudienanalyse	90
Abb. 33:	Übersicht der Fallstudien	91
Abb. 34:	Interview-Leitfaden, Seite 1	95
Abb. 35:	Interview-Leitfaden, Seite 2	96
Abb. 36:	Interaktions-Typologie in Experteninterviews	97
Abb. 37:	Übersicht der Fallstudien und befragten Personen	98
Abb. 38:	Auswahl der Forschungsquellen	100

Abb. 39: Internet-Auftritt Unternehmen 2	101
Abb. 40: Agenturpräsentation Unternehmen 2	101
Abb. 41: Internet-Auftritt Unternehmen 4	102
Abb. 42: Klang-Moodboard für IFA-Microsite	102
Abb. 43: Interview-Protokoll und Interview-Transkript, Fallstudie 2 , Auszug 1	105
Abb. 44: Interview-Transkript, Fallstudie 2 , Auszug 2	106
Abb. 45: Paraphrase und Generalisierung, Fallstudie 2, Auszug 1	107
Abb. 46: Paraphrase und Generalisierung, Fallstudie 2, Auszug 2	108
Abb. 47: Reduktion Fallstudie 2	109
Abb. 48: Fallübergreifendes Kategoriensystem, „Akteure und ihre Ziele"	110
Abb. 49: Fallübergreifendes Kategoriensystem, „Handlungsbedingungen"	111
Abb. 50: Fallübergreifendes Kategoriensystem, „Konzeptionsprozess"	112
Abb. 51: Fallübergreifendes Kategoriensystem, „Konflikte und Lösungen"	113
Abb. 52: Akteure Sonic Branding	119
Abb. 53: Hauptaufgaben des Designmanagements	125
Abb. 54: Externe Einflussgrößen von Sonic Branding	131
Abb. 55: Semantisches Differenzial zur Einstufung von Klangereignissen	146
Abb. 56: Zusammenarbeit zwischen Sonic Branding-Agenturen und Kunden	156
Abb. 57: Funktionen von Brand Sounds	159

"If you don´t have anything to say, sing it."
David Ogilvy, Gründer der Werbeagentur
Ogilvy, Mather & Benson (1911-1999)

1 Einleitung

1.1 Ausgangssituation

Die Arbeit beschäftigt sich mit dem Prozess des Sonic Branding – der Gestaltung einer Markenidentität durch Klang. Sonic Branding stattet als Teil des Corporate Designs eine Marke mit spezifischen, unverwechselbaren Klängen aus. Neben Wort (Markenname und Claim) und Bild (Logo, Farben) signalisieren Klänge in Form von beispielsweise Sonic Logo, Jingle, Musik oder Ambient Sound ihren Bezugsgruppen spezielle Markenbotschaften auf akustischer Ebene.

Der Prozess der Konzeption und Kreation von Brand Sounds ist komplex und erklärungsbedürftig. In der Agenturpraxis nimmt das Bewusstsein für die gezielte Gestaltung einer akustischen Markenkommunikation zu – es wird erkannt, dass Klänge bestens dazu geeignet sind, Erinnerungen und Gefühle bei den Konsumenten zu aktivieren und individuelle Markenpersönlichkeiten zu kommunizieren. Bei Markenverantwortlichen auf Unternehmensseite ist Sonic Branding jedoch nicht hinreichend bekannt. Obwohl die einzigartige Wirkung von Klängen und Musik so offensichtlich ist, scheitern die Bestrebungen oft, Budgets für die konsistente Gestaltung akustischer Kommunikationsmittel zu veranschlagen.

Orientierung im kommunikativen Rauschen

Längst sind jedoch Klänge zu Markenzeichen geworden – innerhalb von Sekunden können wir dem Klang einen Absender zuordnen. Berühmte Beispiele hierfür sind charakteristische Filmmusiken wie das James-Bond-Thema, das seit „James Bond jagt Dr. No" (Großbritannien/USA 1962, Terence Young) in allen Bond-Filmen in Variationen zu hören ist, oder „Der Mann mit der Harmonika" aus „Spiel mir das Lied vom Tod" (Italien/USA 1968, Sergio Leone). Genauso leicht fällt es, gesungene Claims aus den 1970er Jahren wie „Haribo macht Kinder froh – und Erwachs´ne ebenso" oder die akustische Signatur des Unternehmens Telekom zu erkennen. Kaum jemand weiß jedoch, dass der omnipräsente Klingelton der Marke Nokia nicht eigens komponiert wurde, sondern 1992 der Komposition „Gran Vals" des Spaniers Francisco Tárrega (1854-1909) entnommen wurde.

Abb. 1: Notation Sonic Logo Nokia (eigene Darstellung)

Das visuelle Erscheinungsbild von Marken ist in der Regel bis ins kleinste Detail durch umfangreiche Styleguides geregelt. Auf akustischer Ebene hingegen empfangen die Konsumenten beim gleichen Produkt durch Werbespots, Telefonwarteschleifen und Internetauftritte oft widersprüchliche Klangbotschaften.

Will man jedoch eine in sich stimmige auditive Markenkommunikation kreieren, müssen auch die anderen sensuellen Gestaltungsparameter von Marken berücksichtigt werden. Was sieht, hört, riecht, fühlt oder schmeckt der Konsument in der Verwendungssituation oder beim Kauf? Welche visuellen, akustischen, olfaktorischen, haptischen oder gustatorischen „Bilder" begegnen den verschiedenen Bezugsgruppen?[1]

Längst haben Designer die Klangeigenschaften von Autotüren, -motoren und -blinkern als Gestaltungsfeld entdeckt. Ein Trompetenvirtuose verantwortet die Klanggestaltung der Auspuffsounds von Yamaha-Motorrädern.[2] Bei der Schallerzeugung einer Trompete und eines Auspuffs handelt es sich um einen ähnlichen Vorgang: Es wird periodisch Luft in ein Metallrohr gepumpt. Der Motorrad- und Musikinstrumentenhersteller Yamaha, dessen visuelles Logo aus drei gekreuzten Stimmgabeln besteht, nutzt so interdisziplinär die erworbenen Kenntnisse des Musikers.

Produktsounds werden zum einen gezielt gestaltet, um die Funktion, den Nutzen und die Qualität des Produktes hörbar zu machen, zum anderen, um die Produkte gegenüber der Konkurrenz abzugrenzen. Es wird aber auch bezweckt, ein stimmiges multisensuelles Erlebnis bei der Verwendung zu produzieren – ein spezieller „Lederduft" oder ein angenehmer Bezug des Schalthebels sollen dem Fahrer über das olfaktorische und haptische System signalisieren, dass es sich um ein Fahrzeug mit speziellen Eigenschaften und hoher Qualität handelt. Eine solche Markengestaltung zielt darauf ab, das Sinnes- und Erfahrungsspektrum der Konsumenten mit gezielten multimodalen

---

[1] Kroeber-Riel verwendete Anfang der 1990er Jahre erstmals die Begriffe „akustische Bilder", „haptische Bilder" etc. Er meinte damit beispielsweise den Jingle des Allzweckreinigers Meister Proper oder die spezielle Papierverpackung des Kräuterlikörs Underberg (vgl. Kroeber-Riel 1993, S. 44 ff.).

[2] Telefonische Auskunft von Konradin Groth (16.05.06). Groth war von 1974-1999 erster Solotrompeter bei den Berliner Philharmonikern und ist heute Professor für Trompete an der Universität der Künste Berlin.

1. Einleitung

Botschaften anzusprechen und dadurch wiedererkennbare, unverwechselbare Verwendungserlebnisse zu schaffen.

1.2 Spektrum der Begriffsbestimmungen Sonic Branding

Der Begriff Sonic Branding ist zunächst von verwandten Ausdrücken abzugrenzen.

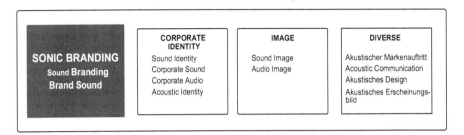

Abb. 2: Begriffsfamilie Sonic Branding (eigene Darstellung)

„Sonic Branding", „Sound Branding" und „Brand Sound" werden in der Fachliteratur vorwiegend synonym benutzt. Im Vergleich der Begriffe „Sound Branding" und „Sonic Branding" ist Letzterer zu bevorzugen, da „Sonic" im deutschen Sprachraum noch nicht wie „Sound" mit den verschiedensten Bedeutungen belegt ist.[3]

Im Zusammenhang mit Corporate Identity wurden die Begriffe „Sound Identity", „Corporate Sound", „Corporate Audio" und „Acoustic Identity" entwickelt. Corporate Sound ist Teil der Corporate Identity beziehungsweise Teil des Corporate Designs. Das Konzept von Corporate Sound eignet sich besser dazu, Unternehmen (und nicht einzelne Marken) zu untersuchen.

Innerhalb des Konstrukts „Image" werden die Bezeichnungen „Sound Image" sowie „Audio Image" verwendet. Das Konstrukt „Image" benennt nicht die Kreation eines unverwechselbaren Markenklangs, sondern vielmehr das Fremdbild der Marke aus der Perspektive der Konsumenten oder das Selbstbild, das das Unternehmen von sich hat.

---

[3] Beispielsweise wird im Bereich Musik unspezifisch von einem *satten Sound* (Sound = Klangfarbe) gesprochen oder von einem charakteristischen *Duke-Ellington-Sound* (Sound = Gesamteindruck der Musik). Im Bereich Film ist die Tonspur durch *Sounddesigner* gestaltet, die Geräusche elektrischer Haushaltsgeräte werden durch *Produktsounddesign* modifiziert (vgl. Schätzlein 2005, S. 25), siehe hierzu auch Abschnitt 3.1.

Die Wendungen „Akustisches Erscheinungsbild", „Akustisches Design", „Akustischer Markenauftritt", „Acoustic Communication" erscheinen zu unspezifisch oder lassen sich nur schwer in bestehende Konzepte der strategischen Kommunikation eingliedern; aus diesem Grunde können sie in diesem Kontext vernachlässigt werden. Demnach ergibt sich die folgende Definition von Sonic Branding:

Sonic Branding bezeichnet den Prozess der strategischen Planung und Kreation von kohärenten, einprägsamen und unverwechselbaren Klangereignissen für die Bezugsgruppen einer Marke.

1.3 Mediale Inszenierung von Brand Sounds

Sonic Branding ist ein geeignetes Instrument, um die verschiedenen Kommunikationsmittel mit einer kohärenten (akustischen) Aussage auszustatten und somit in ihrer Gestaltung zu harmonisieren.

„Ein Unternehmen will sich in der ganzen Breite der Medien konsistent präsentieren, und da spielt Sound natürlich eine gewichtige Rolle. Es gibt Medien, bei denen Sound dabei ist, es gibt Medien, die ausschließlich auf Ton basieren, und alle diese Medien will ich entsprechend gestalten." (Herr B, Berater, Unternehmen 1)[4]

Abbildung 3 zeigt diejenigen Medien, die innerhalb einer integrierten Kommunikation für Sonic Branding am häufigsten genutzt werden. Im Idealfall deckt die strategisch abgestimmte Auswahl der Kommunikationsmittel langfristig alle Kontakte der Marke mit den Bezugsgruppen ab.

---

[4] Aussage aus den im Rahmen der Untersuchung geführten Experteninterviews. Zur Auswahl der befragten Personen siehe Abschnitt 4.1.1.

1. Einleitung

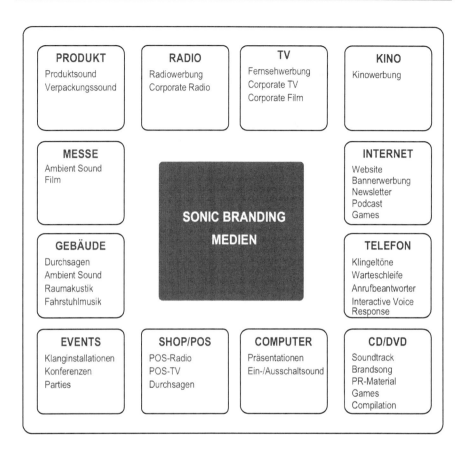

Abb. 3: Sonic Branding – Medien (eigene Darstellung)

Produkt

Das Produkt als sinnlich wahrnehmbares Objekt vermittelt dem Nutzer im alltäglichen Umgang spezifische visuelle, haptische, olfaktorische oder taktile Informationen durch die Form, die Farbe, das Material oder den Geruch. Im Zusammenhang mit Sonic Branding ist der Produktsound von besonderer Bedeutung, da er Rückschlüsse auf die Qualität und den Zustand des Produktes zulässt, für Wohlbefinden sorgt oder Abneigung hervorrufen kann. Die Relevanz von Klängen für die Benutzung von Produkten soll anhand eines prominenten Produkt-Flops verdeutlicht werden. Während heute beispielsweise eine Vielzahl von Sounddesignern an der Gestaltung charakteristischer

Blinkgeräusche eines Automobils arbeiten, versuchten die Klanggestalter in den 1980er Jahren, Geräusche zu eliminieren. Der Anbieter für Informationstechnologie IBM brachte beispielsweise als erster Hersteller die stille Schreibmaschine Thermotronic Typewriter 650 auf den Markt. Die Schreibmaschine sollte durch ihre besondere Lautlosigkeit für mehr Ruhe in den Büros sorgen. IBM produzierte jedoch den wohl prominentesten Flop im Bereich Produktsounddesign: Die Nutzer waren durch die Lautlosigkeit so verunsichert, dass sie dachten, die Schreibmaschine sei kaputt (vgl. Staudt 1993, S. 59). Produktsounds werden im Vergleich zu den anderen Komponenten von Sonic Branding wie beispielsweise Jingles meist nicht bewusst wahrgenommen. Gleichwohl transportieren sie aber emotionale Markenbotschaften und stellen einen bedeutenden Faktor im synästhetischen Gesamterlebnis des Produktes für den Konsumenten und sein unmittelbares Umfeld dar.

Radio
Bereits in den 1920er Jahren wurden gesponsorte Bands eingesetzt, um kommerzielle Botschaften zu begleiten. So unterlegten das „Royal Typewriter Salon Orchestra" oder das „Vick Vap-o-rub Quartet" die Werbebotschaften ihrer Sponsoren. Die Marke Palmolive verlieh den verpflichteten Künstlern sogar zur Marke passende Künstlernamen: aus Frank Munn wurde Paul Oliver, seine Kollegin Virginia Rae wurde zu Olive Palmer umbenannt (vgl. Jackson 2003, S. 12). Mitte der 1980er Jahre wiesen Radiomarketing-Agenturen erstmals die Wirkung von Sonic Branding für das Medium Radio nach, um mehr Werbeminuten an Markenartikler zu verkaufen (vgl. Jackson 2003, S. XV). Seit vielen Jahren werben die Sender mit Jingles und Trailern für ihr Programm und einzelne Sendungen, ebenso fungieren sie als Produzenten für Hörfunkwerbung.

Fernsehen
Ähnlich wie beim Medium Radio haben auch Fernsehsender früh die Wirkung und Notwendigkeit von akustischen Erkennungszeichen für Sender und Programminhalte erkannt. Die Sonic Logos der Fernsehsender ZDF, Pro 7 und SAT 1 beispielsweise werden seit Jahren mit geringfügigen Modifikationen eingesetzt und steigern so die Wiedererkennung während des laufenden Programms. Produktsounds können elementare Gestaltungsmittel von Werbespots darstellen, wie beispielsweise Automobilhersteller Honda in dem prämiierten Spot „Every Day" demonstriert.

Kino
Die Rezeption von Werbespots im Kinosaal ist infolge großer Leinwand und überwiegend exzellenter Soundanlagen von besonderer Qualität. Der Musik und dem speziellen Sounddesign von Filmen können so höhere Aufmerksamkeit und Involvement entgegengebracht werden als dies in Begleitmedien wie Radio und Fernsehen der Fall ist.

1. Einleitung

Internet
Von einem textlastigen Informationsmedium hat sich das World Wide Web zu einem audiovisuellen Medium weiterentwickelt, in dem sich die Nutzer durch interaktive Filmsequenzen entspannen und unterhalten können. Sounds, Musik und Filme verleihen vielen Webportalen eine Tiefendimension in Form eines Raumklanges: Spirituosen-Anbieter Bacardi, Modehersteller Hugo Boss oder Automobilproduzent Volkswagen versuchen so, die Aufmerksamkeit der Nutzer auf sich zu ziehen (vgl. Bacardi GmbH 2006; vgl. Hugo Boss AG 2006; vgl. Volkswagen AG 2006). Durch die rasanten technischen Entwicklungen im Bereich der Übertragungsgeschwindigkeit sowie der Speichermedien ist es einer großen Zahl von Nutzern möglich, die größeren Datenmengen von Sounds zu empfangen und zu versenden: Beim Betreten und Navigieren durch die Site ertönt eine Hintergrundmusik, beim Klicken von Buttons unterstützt ein kurzes Geräusch die Funktionalität. Musik, Filme oder Hörbücher können problemlos herunter geladen werden. Viele weitere Anwendungen sind für die Zukunft denkbar: eine individuelle Auswahl von Klangwelten für die Benutzeroberflächen oder sprechende Bedienungsanleitungen.

Unter dem Stichwort Barrierefreiheit gewinnt das Medium Internet für die Bezugsgruppen wie beispielsweise Sehbehinderte neuen Stellenwert.[5] Barrierefreie Gestaltung zeichnet sich dadurch aus, dass erstens die Benutzer die Inhalte wahrnehmen können, zweitens der Grad der Verständlichkeit den Erfahrungen, dem Bildungsstand oder der Konzentrationsfähigkeit der Bezugsgruppen angepasst ist und drittens eine „robuste Handhabung" das Nutzen der Website erleichtert, das heißt, dass Warnungen und Sicherheitsmaßnahmen helfen, die Folgen von Fehlern durch die Nutzer zu minimieren (vgl. Lidwell/Holden/Butler 2004, S. 14).[6]

Telefon
Im Bereich des (Mobil-) Telefons, bei dem hauptsächlich über die auditive Wahrnehmung kommuniziert wird, ergeben sich die folgenden Anwendungen im Bereich Sonic Branding: Anrufbeantworter, Warteschleifen, aber auch interaktive Sprachdialogsysteme, bei denen Kunden sich über Produkte und Dienstleistungen informieren und mit einem persönlichen Ansprechpartner verbunden werden können. Der Bereich Klingeltöne ist für viele Marken interessant. So kann sich der Fahrer eines Automobils der Marke Mini

---

[5] Bei der Nutzung einer Windows-Oberfläche wird der Text mittels des Zusatzgerätes Braillezeile in Blindensprache übersetzt und/oder von einer synthetischen Sprachausgabe gelesen.
[6] Ein umfangreicher Kriterienkatalog für die Gestaltung von barrierefreien Internetangeboten findet sich auf den Seiten des Wettbewerbs „Biene-Award", den die Aktion Mensch und die Stiftung Digitale Chancen jährlich ausschreiben (vgl. Aktion Mensch 2005).

die spezielle Mini-Melodie oder den charakteristischen Mini-Hupton als Klingelton für das Handy von der Website herunterladen (vgl. BMW AG 2006).

Computer
Windows oder Mac-Nutzer erkennt man an spezifischen Klangsequenzen, die beim Hoch- und Herunterfahren der Rechner zu hören sind. Im Bereich der Hardware sind auch Sounds für firmeneigene Laptops zu nennen, bei denen spezielle Klänge das Ein- beziehungsweise Ausschalten signalisieren.

CD/DVD
Soundtracks oder Compilations mit speziellen Titelmischungen können – wie bei Ritmo de Bacardi mit Latin- und Discorhythmen – ein spezielles karibisches Lebensgefühl evozieren (vgl. Bacardi GmbH 2006). Neben Musik bietet sich auch die Publikation von überwiegend informativem (akustischen) PR-Material an.

Shop/POS
Am Point of Sale ist der Einsatz von Hintergrundmusik und audiovisueller Medien wie POS Radio oder POS TV zu nennen. Durchsagen werden mit einem speziellen Jingle angekündigt.

Events
Events sind durch ihren generellen Erlebnischarakter prädestiniert für den Einsatz von Sonic Branding. Hier sind vor allem Feiern und Konferenzen von Bedeutung, bei denen temporäre Klanginstallationen spezielle auditive Eindrücke vermitteln können.

Gebäude
Auch Gebäude eignen sich für den Einsatz von Sonic Branding. Eine spezielle Raumakustik oder Ambient Sounds beispielsweise für Empfangshallen, Fahrstühle oder Konferenzräume sorgen für meist nicht bewusst wahrgenommene Klangerlebnisse der Mitarbeiter und Besucher.

Messe
Auf Messen werden als Medien beispielsweise audiovisuelle Präsentationen oder kürzere Filmsequenzen verwendet. Dezente Ambient Sounds auf dem Messestand können eine private, vertraute Atmosphäre in der Messehalle schaffen.

Die Beispiele von medialer Inszenierung der Brand Sounds demonstrieren eine unübersichtliche Vielfalt von Kommunikationsmaßnahmen. Es ist die Aufgabe der Sonic Branding-Agenturen, aus den bestehenden Medien diejenigen auszuwählen, die den funktionalen Anforderungen der Marke gerecht werden. Die Umsetzung der Komponenten in die verschiedenen Medien wird von den Designmanagern als entscheidende Phase für den Erfolg des Prozesses von Sonic Branding angesehen, dabei wird die dafür nötige Zusammenarbeit zwischen den Agenturen, Partnern und Dienstleistern häufig als konfliktreich empfunden (siehe Abschnitt 5.4.2).

1.4 Forschungslücke

Neben Beiträgen in Fachzeitschriften beziehungsweise in den einschlägigen Online-Magazinen (Corporate Sound-Portal 2006; Corporate Identity Documentation 2006; Corporate Identity-Portal 2006; Medien, Hörspiel, Audiokunst 2006) wurden zum Thema Sonic Branding bislang nur eine Monographie (Jackson 2003) sowie eine Diplomarbeit veröffentlicht (Ringe 2005). Ein erster Sammelband zum Thema der akustischen Markeninszenierung gibt mit Grundlagen und Fallbeispielen einen Überblick über Sonic-Branding im deutschsprachigen Raum (Bronner/Friedrichsen/Hirt 2007), ein Teil der Ergebnisse der vorliegenden Arbeit wird darin vorgestellt (Kastner 2007).

Die Einbeziehung von Sonic Branding in den Prozess der multisensuellen Gestaltung einer Marke wird bislang in der Fachliteratur kaum beachtet. Ebenso werden die multisensuellen Gestaltungsdimensionen von Marken nur begrenzt in den Prozess von Sonic Branding mit einbezogen.

In den Bereichen akustischer Forschung und Musikpsychologie wurde vielfach nachgewiesen, dass das Ohr im „Orchester der Sinne" eine besondere, integrierende Funktion innehat (vgl. Schafer 1972a; vgl. Lindsay 1973; vgl. Spitzer 2002; vgl. Berendt 1997). So ist zu vermuten, dass auditive Reize auch im Kontext von Markenkommunikation im besonderen Maße geeignet sind, eine konsistente Wahrnehmung der Marke auf Seiten des Konsumenten zu erzielen.

Der Konzeptions- und Gestaltungsprozess von Sonic Branding in Agenturen wirft viele Fragestellungen und Probleme auf. So ist selbst bei Kommunikationsexperten eine unvollständige Kenntnis von Sonic Branding festzustellen, und auch Kunden fehlt nach Aussagen der Vertreter aus Sonic Branding-Agenturen eine Wissensbasis bezüglich Brand Sounds, deren Funktionen und Wirkungen.

Abb. 4: Unterschiedliche Denkwelten von Marketingverantwortlichen und Komponisten (Quelle: Creators Syndicate 2006)

In den Agenturen selbst wird von der Notwendigkeit gesprochen, Konzeptions- und Gestaltungsprozesse den speziellen Erfordernissen der Soundgestaltung anzupassen. Abbildung 5 fasst die aktuellen Herausforderungen von Agenturen im Bereich Sonic Branding anhand von Aussagen aus der Praxis zusammen.

Problemstellung	Aussagen aus der Praxis[7]
Mangelnde Kenntnisse über Sonic Branding bei Kommunikationsexperten	„Meine Firma gibt es seit drei Jahren. Die erste Zeit war ich bei fünfzig Unternehmen, Agenturen, Corporate Design-Leuten, und man hat immer wieder gesagt: Was ist überhaupt Sound?" „Obwohl das Logo von Intel eigentlich eines der penetrantesten Logos ist überhaupt in den letzten fünfzehn Jahren, können es selbst Leute aus der Kommunikationsbranche nicht zuweisen."
Mangelnde Kenntnisse über Sonic Branding bei Kunden	„Ich glaube, bei Musik haben viele Kunden das Problem zu akzeptieren, dass es hier nicht darum geht, irgendwie eine Chartplatzierung zu bekommen." „Das benötigt durchaus eine gewisse Qualifikation von Leuten, die im Unternehmen tätig sind und für den Bereich Corporate Sound zuständig sein müssen."
Schwierigkeiten bei der Begriffsbestimmung	„Wollen die [Kunden] einfach ein Logo, einen Brand Sound, wollen die ein Soundscape? Was ist überhaupt ein Soundscape?"
Erfordernis zur Umstrukturierung von Konzeptions- und Gestaltungsprozessen	„Früher hatte die Werbeagentur Musik produziert. Das wurde einfach irgendwie gemacht. Sie müssen sich erstmal dran gewöhnen, mit uns zusammen zu arbeiten. Das ist nicht einfach." „Letzten Endes muss man weg von dem Arbiträren – man macht ein Briefing und der Komponist fängt an zu komponieren. Und der Bauch sagt, ich mag oder ich mag es nicht."

Abb. 5: Aktuelle Herausforderungen im Bereich Sonic Branding (eigene Darstellung)

---

[7] Beispielzitate aus Interviews mit Vertretern aus Sonic Branding-Agenturen.

Die vorliegende Arbeit soll systematisch aufzeigen, wie die verschiedenen Merkmale und Dimensionen der Marke in das akustische Erscheinungsbild stimmig integriert und in verschiedenen Medien widergespiegelt werden können. Ziel ist auch, ein realitätsnahes Briefingkonzept für den Gestaltungsprozess von Brand Sounds zu entwickeln, das von Agenturen genutzt werden kann – zum einen, um die systematische Reflexion über den Designprozess im Bereich der auditiven Markenkommunikation anzuregen und zum anderen, um die Abläufe zwischen den Akteuren zu optimieren.

1.5   Zielsetzung und Forschungsmethodik

Aus der im letzten Abschnitt festgestellten Forschungslücke ergibt sich die übergeordnete Forschungsfrage:

> **Wie sieht ein für Sonic Branding geeignetes Markenmodell aus und welche Bedingungen beeinflussen die effiziente Integration und Implementierung von Klang innerhalb der multisensuellen Markengestaltung?**

Die Forschungsfrage erfüllt somit die Bedingungen qualitativer Sozialforschung: Sie bezieht sich auf eine Wissenslücke in einem Feld, in dem es bislang wenig Befunde und Hypothesen gibt. Es werden außerdem Zusammenhänge und Bedingungen von Prozessen thematisiert sowie deren Verlauf und die damit verbundenen möglichen Wirkungen berücksichtigt. Der Zusammenhang ist dabei nicht auf einen konkreten Prozess beschränkt, sondern bezieht sich auf einen Typ von Prozessen (vgl. Gläser/Laudel 2004, S. 63). Ausgehend von der übergeordneten Fragestellung leiten sich die folgenden Leitfragen für das Forschungsprojekt ab.[8]

1. Akteure und ihre Ziele
- Wer ist am Prozess beteiligt?
- Welche Ziele und Interessen haben die Gestalter von Sonic Branding?
- Welche Funktionen erfüllt Sonic Branding innerhalb der multisensuellen Markengestaltung?

2. Externe Faktoren und Handlungsbedingungen
- Was sind Erfolgsfaktoren für Sonic Branding?
- Welche Umweltaspekte und Risiken sollten beachtet werden?
- Welche technischen Voraussetzungen müssen berücksichtigt werden?

---

[8]   Die Fragen wurden anhand einer Checkliste von Gläser/Laudel auf ihre Vollständigkeit hin überprüft (vgl. Gläser/Laudel 2004, S. 90).

3. Konzeptions- und Gestaltungsprozess
- Wie verläuft der Gestaltungsprozess von Sonic Branding?
- Welche Arbeitsmodelle existieren?
- Welche Maßnahmen zur Evaluation der Arbeitsergebnisse werden realisiert?

4. Konflikte, Ursachen und Lösungen
- Welche Konflikte entstehen in den verschiedenen Phasen des Gestaltungsprozesses?
- Welche Ursachen lassen sich für die Konflikte diagnostizieren?
- Welche Fehlleistungen treten am häufigsten auf?
- Wie können die Konflikte gelöst werden?

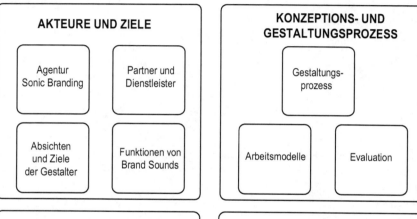

Abb. 6: Forschungsfragen (eigene Darstellung)

1. Einleitung

Wahl eines qualitativen Forschungsansatzes
Die Methodik des Forschungsvorhabens orientiert sich am Untersuchungsgegenstand und den Forschungsfragen. Dabei soll ein qualitativer, theoriebildender Forschungsansatz verfolgt werden, denn im Bereich des Forschungsgegenstandes liegt ein Theorie-Mangel vor. Sonic Branding ist ein junges Phänomen und wird im wissenschaftlichen Kontext sowie in der Praxis noch nicht systematisch diskutiert. Gleichzeitig ist aber ein Bedarf an theoretisch fundierten Aussagen festzustellen – zum einen, um eine solide Argumentationsgrundlage für angewandte Strategien und Handlungen zu erhalten, zum anderen, um neue Handlungsoptionen zu eröffnen.

Hieraus resultiert, dass von einer klassisch deduktiven Methodologie abgesehen werden muss. Zwei unterschiedliche Herangehensweisen werden das Vorgehen bestimmen: Zunächst soll eine theoretische Basis erarbeitet werden, um ein Grundverständnis für den Gegenstand zu schaffen. Dazu werden aus den Themenfeldern „Marke" und „Klang" die relevanten theoretischen Grundlagen für den speziellen Gegenstand „Sonic Branding" gefolgert. Dabei soll eine tragfähige Begriffsbasis bezüglich der Themenfelder „Marke" und „Klang" entwickelt werden. In einem zweiten Schritt sollen auf Grundlage der abgeleiteten Modelle in einer empirischen Untersuchung weitere theoriebildende Aussagen zum Gegenstand gewonnen und die Konzepte auf ihre Anwendbarkeit hin überprüft werden (siehe Kapitel 4).

Dabei erscheint es zunächst widersprüchlich, dass der angestrebte Praxisbezug, der eine unmittelbare Anwendbarkeit der Ergebnisse erwarten lässt, eine besonders gründliche theoretische Reflexion der begrifflichen Grundlagen erfordert. Jedoch muss in diesem Zusammenhang darauf hingewiesen werden, dass vor dem Hintergrund ungenauer Begriffsbestimmungen die Analyse der erhobenen Daten und die Bildung von praxisrelevanten Aussagen unvermeidlich allgemeine und ungenaue Aussagen provoziert.

In der vorliegenden Untersuchung wird eine fallbasierte Erklärungsstrategie verfolgt. Bei dieser Forschungsstrategie stehen die Suche nach Kausalzusammenhängen und die Bestimmung ihres Geltungsbereiches im Mittelpunkt. Folglich bieten sich qualitative Methoden an, die darin bestehen, „durch die möglichst vollständige Untersuchung eines oder weniger Fälle die dem sozialen Prozess innewohnenden Kausalmechanismen direkt aufzudecken" (Gläser/Laudel 2004, S. 24).

Von einem quantitativen Ansatz wird abgesehen, da die „statistik-basierte Erklärungsstrategie" (Gläser/Laudel 2004, S. 23) nur bei der Betrachtung einer größeren Zahl von Fällen sinnvoll ist. Da der Untersuchungsgegenstand zu einem noch wenig bearbeiteten Forschungsfeld zählt, wird es zunächst als sinnvoll betrachtet, theoretische Grundlagen und Rahmenbedingungen zu erarbeiten.

Ziel dieses Forschungsprojektes ist unter anderem, zu verstehen, was die Akteure im Prozess von Sonic Branding dazu bringt, in einer bestimmten Art und Weise zu handeln, welche Dynamik diese Handlungen in ihrem Umfeld auslösen und wie diese auf die Handlungsweisen der Akteure zurückwirken.

Das Prinzip des theoriegeleiteten Vorgehens gegenüber dem Prinzip der Offenheit

Die vorliegende Untersuchung verfolgt das „Prinzip der Offenheit", da – wie eingangs festgestellt – nur wenige theoretische Grundlagen im Bereich des Untersuchungsgegenstandes vorliegen (vgl. Gläser/Laudel 2004, S. 28). Demzufolge wird zunächst ein theoretisches Vorverständnis für die Bereiche Marke und Klang erarbeitet (siehe Kapitel 2 und 3), das die Grundlage für den Leitfaden der Untersuchung bildet. Während des gesamten Forschungsprozesses erfolgt ein Austausch zwischen Material und theoretischem Vorverständnis: die theoretischen Vorannahmen werden ausdifferenziert und in Frage gestellt.

Auch bei der Interpretation der Daten soll dieses theoretische Fundament genutzt werden. Heckmann bemerkt dazu, dass die Interpretation der Daten nur erfolgen könne, wenn grundlegende theoretische Einsichten in den Gegenstandsbereich des zu untersuchenden Materials vorliegen (vgl. Heckmann 1992, S. 162).

Zurzeit sind im deutschsprachigen Raum etwa 30 Sonic Branding-Agenturen tätig.[9] Besonders zu betonen ist hierbei, dass nahezu alle Agenturen erst vor kurzer Zeit gegründet worden sind, die „Dienstältesten" in der Branche existieren seit 6-8 Jahren. Hinzu kommen spezielle Abteilungen für Sonic Branding in Werbeagenturen und Corporate Identity-Agenturen wie beispielsweise Metadesign (Berlin) oder die Peter Schmidt Group (Frankfurt am Main). Auch diese Abteilungen sind relativ jung. Eine systematische wissenschaftliche Betrachtung der Organisationsstrukturen der Agenturen oder Abteilungen für Sonic Branding hat noch nicht stattgefunden.

Aus sämtlichen Sonic Branding-Agenturen wurden einzelne ausgesucht und anhand der Methode der theoriebildenden Fallstudienanalyse untersucht. Neben problemzentrierten Leitfadeninterviews mit Experten[10] wurden als Datenquellen Agenturpräsentationen, interne Arbeitspapiere und Design Manuals in die Erhebung einbezogen (zur Methodenauswahl und Forschungsdurchführung siehe Kapitel 4).

---

[9] Im Vergleich dazu sind im Verzeichnis deutscher Werbeagenturen beispielsweise ca. 1800 Design-Agenturen, 4600 Full-Service-Agenturen und 1200 Public Relations-Agenturen gemeldet (vgl. Verzeichnis deutscher Werbeagenturen 2006).

[10] Zur Bestimmung des Begriffs „Experte" siehe Abschnitt 4.1.2.

1.6 Gang der Untersuchung

Die Arbeit gliedert sich in sechs Kapitel. Die Einleitung zeigt zunächst das Spektrum der Bestimmungen des Begriffs „Sonic Branding" auf und nimmt eine Abgrenzung zu verwandten Themenfeldern vor. Anhand von Beispielen werden die diversen medialen Anwendungskontexte von Brand Sounds erläutert. Nach der Definition der Forschungslücke werden die Leitfragen für die Untersuchung vorgestellt und der qualitative Ansatz der Arbeit wird begründet.

Kapitel 2 beschäftigt sich mit dem Themengebiet der multisensuellen Markengestaltung. Dabei wird zunächst ein Überblick über die der Arbeit zugrunde liegenden Ansätze zum Markenverständnis gegeben. Zum genaueren Verständnis des komplexen Konstrukts „Marke" werden kommunikative Rahmenbedingungen und Trends aus der Perspektive der Markenproduzenten sowie ihrer Kommunikationspartner – der Konsumenten – formuliert. Die relevanten theoretischen Markenkonzepte werden unter besonderer Berücksichtigung der Beziehungen zwischen Produkt und Marke diskutiert; es wird der Nutzen für die Bezugsgruppen ebenso erörtert wie die multisensuelle, insbesondere klangliche Markengestaltung. Diese Grundlagen münden in einen eigenständigen Konzeptvorschlag zur intermodal integrierten Markenführung, der sowohl die multisensorischen Wahrnehmungskomplexe des Produktes und der Kommunikation genauer aufschlüsselt als auch die verschiedenen Verwendungs- und Interpretationskontexte durch die vielschichtigen Motive der Konsumenten berücksichtigt.

Kapitel 3 stellt die klanglichen Grundlagen von Brand Sounds vor. Zunächst werden akustische Basiselemente wie Geräusch, Ton und Klang näher bestimmt und voneinander abgegrenzt. Die am häufigsten verwendeten Komponenten von Brand Sounds – Produkt, Sonic Logo, Jingle, Sprache, Brand Song, Ambient Sound und Earcon – werden anhand von Beispielen und mit ihren grundlegenden Gestaltungskriterien vorgestellt. Ein Schwerpunkt liegt dabei auf der Deskription und Klassifizierung von Produktsounds, die bislang noch kaum in den Gestaltungsprozess von Brand Sounds einbezogen werden. Zum genaueren Verständnis der Wirkungen von Klängen werden sowohl physiologische als auch psychologische Grundlagen auditiver Gestaltwahrnehmung sowie die daraus resultierenden verschiedenen Wahrnehmungsebenen von Klangereignissen erläutert. Das Kapitel schließt mit einer Darstellung bisheriger Versuche zur Verbalisierung von Klängen. Dies ist insofern für die Untersuchung interessant, als Berater in Gesprächen mit Kunden das Beschreiben und Bewerten von Sounds als wesentliche Herausforderung begreifen und sich in ihrem Selbstverständnis häufig als „Dolmetscher" betrachten.

Die methodischen Grundlagen der empirischen Arbeit werden in Kapitel 4 erörtert. Dabei wird zunächst die Vorgehensweise der theoriebildenden Fallstudienanalyse erläutert, die der Komplexität und Neuheit des Untersuchungsgegenstandes angemessen zu sein verspricht. Die Auswahl von Interviewpartnern sowie der Interview-Leitfaden werden erklärt. Neben Experteninterviews mit Vertretern aus Sonic Branding-Agenturen wird die Auswahl weiterer Datenquellen (z.B. Agenturpräsentationen, interne Arbeitspapiere) dokumentiert.

Kapitel 5 stellt die Ergebnisse der empirischen Untersuchung dar. Dabei werden entsprechend der Forschungsfrage die einzelnen Kategorien ausführlich erläutert: Akteure und ihre Ziele, externe Einflussfaktoren, Konzeptions- und Gestaltungsprozesse von Sonic Branding sowie Konflikte und Strategien zur Problemlösung.

Kapitel 6 entwickelt auf der Basis der theoretischen Grundlagen sowie der empirischen Befunde ein Konzept zur Erstellung eines Briefings im Bereich Sonic Branding. Es werden relevante Fragestellungen für ein Briefing identifiziert, mit Beispielzitaten illustriert und in einer Checkliste zusammengefasst.

Kapitel 7 schließt die Arbeit mit einer zusammenfassenden Betrachtung ab. Es wird ein Überblick über die gewonnenen Erkenntnisse gegeben und deren Bedeutung und Übertragbarkeit auf vergleichbare Themenfelder diskutiert. Auf dieser Grundlage wird ein Ausblick auf die zukünftigen Forschungen zum Thema Sonic Branding eröffnet.

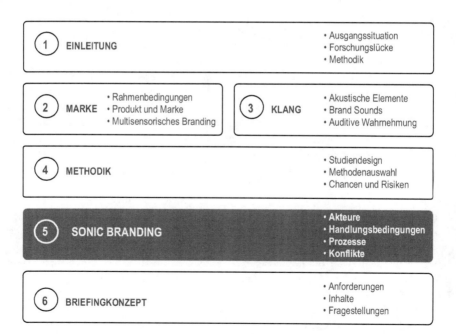

Abb. 7: Aufbau der Arbeit (eigene Darstellung)

Dimension der Forschungsarbeit
Um der umfangreichen und komplexen Themenstellung inhaltlich und methodisch gerecht werden zu können und das Untersuchungskonzept nicht zu breit anzulegen, werden Eingrenzungen des Untersuchungsgegenstandes vorgenommen. Es wird davon abgesehen, sämtliche Gestaltungsmerkmale von Brand Sounds detailliert aufzuzeigen. Es soll nicht darum gehen, zu bestimmen, welche Klänge unter welchen Bedingungen zu welcher Marke passen. Vielmehr sollen relevante Fragestellungen formuliert werden, die im Konzeptions- und Gestaltungsprozess von Beratern, Sounddesignern und Kunden gemeinsam beantwortet werden müssen.

> „In der Oper ist alles falsch: das Licht, die Dekorationen,
> die Frisuren der Primadonnen, ihre Büsten und ihr Lächeln.
> Wahr sind nur die Wirkungen, die von ihr ausgehen."
>
> *Edgar Degas (1834-1917)*

2 Multisensuelle Markengestaltung: Rahmenbedingungen und Konzepte zum Markenverständnis

In diesem Kapitel soll eine Übersicht über den aktuellen Stand der Forschung hinsichtlich des Phänomens Marke gegeben werden.[1] Zunächst werden dazu grundlegende kommunikative Rahmenbedingungen und Trends aufgezeigt – sowohl aus Perspektive der Produzenten als auch der Konsumenten. Die Diskussion aktueller Ansätze zum Markenverständnis beginnt mit der Darstellung der Unterschiede zwischen Produkten und Marken und einer näheren Bestimmung ihrer wechselseitigen Beziehungen. Zur genaueren Betrachtung der Bezugsgruppen werden grundsätzliche Lebensmotive in Beziehung zu Marken und ihren Verkaufsargumenten gesetzt und diskutiert.

Einen Schwerpunkt bildet der Themenkomplex des multisensorischen Brandings. Die im Zusammenhang mit multimodaler Wahrnehmung grundlegenden theoretischen Hintergründe und ihre Implikationen für die kommunikative Inszenierung von Marken sollen erläutert werden. Das oft als „neues Marketingparadigma" (vgl. Lindstrom 2005, S. 3 ff.; vgl. Schmitt/Simonson 1998, S. 23 ff.) titulierte Konzept von multisensorischem Branding wird im Hinblick auf Gestaltungs- und Differenzierungspotenziale sowie relevanten Markennutzen für den Bereich von Brand Sounds erläutert und kritisch hinterfragt. Abschließend wird aus den theoretischen Betrachtungen ein eigenes Markenmodell hergeleitet. Es soll als Grundlage für die weiteren Untersuchungen zur Gestaltung von Brand Sounds dienen.

2.1 Spektrum der Begriffsbestimmungen

Für das Konstrukt „Marke" gibt es unzählige Definitionen. Um eine tragfähige Begriffsbasis entwickeln zu können, werden diejenigen Konzepte zum Markenverständnis näher betrachtet, die starke kommunikative Bezüge aufweisen.[2] Eine Grundlage bildet hierbei der identitätsorientierte Ansatz, den im englischsprachigen Raum *David Aaker* (Aaker 1996, Aaker 2000) und im deutschen Sprachraum *Heribert Meffert* und *Christoph Burmann* (Meffert/Burmann 2002b) geprägt haben.

---

[1] Der Gegenstandsbereich von Marken schließt neben Konsumgütern auch Dienstleister (z.B. Deutsche Bank), Organisationen (z.B. Greenpeace), Institutionen (z.B. Bundesagentur für Arbeit) oder Staaten (z.B. Fürstentum Liechtenstein) ein.

[2] Der Schwerpunkt der Analyse soll nicht auf merkmals-, funktionen- oder strategieorientierten Ansätzen zur Markenführung liegen, sondern vielmehr gemäß des Forschungszieles die Aspekte der der kommunikativen Inszenierung von Marken herausarbeiten.

Ebenfalls aus kommunikativer Sichtweise argumentiert der Medienwirkungsforscher *Klaus Merten* in seinem transklassischen Ansatz. Er betrachtet die Entstehung und Verwendung von Marken vor dem Hintergrund der Evolution der Mediengesellschaft. Merten begreift Marken als „fiktionale Konstrukte", die die Funktion haben, bei Kaufentscheidungen Komplexität zu reduzieren (Merten 2003a, 2003b, 2003c).

Dass Marken nicht etwa nur als von Herstellern erzeugte Produkte gesehen werden dürfen, sondern vielmehr auch als Konstrukte in der Psyche der Verbraucher zu orten sind, thematisierte bereits 1939 *Hans Domizlaff* (Domizlaff 1939). Ein Großteil seiner „22 Grundgesetze der natürlichen Markenbildung" lässt sich in modifizierter Form in aktueller Literatur zur Markenführung wieder finden – dies zeigt die Bedeutsamkeit seines Ansatzes. Doch nicht nur aus diesem Grund können seine Markenkonzepte als außergewöhnlich bezeichnet werden. Bereits 1932 hatte Domizlaff das Buch „Die Propagandamittel der Staatsidee" geschrieben. Darin forderte er sowohl die Privatwirtschaft als auch öffentliche Institutionen dazu auf, sinnlich begreifbare Symbole (wie Flaggen) zu schaffen, die dem Volk abstrakte Ideen gegenständlich machen sollten. Domizlaff rief aber auch auf zur „systematischen Ausnutzung moderner Propagandaerfahrungen bei der Schaffung geistiger Machtmittel zur Beeinflussung großer Volksmassen" (Domizlaff 1932, S. 15). Er reklamierte in diesem Zusammenhang auch eine beschränkte Wirkungskraft von persönlicher Sprache und Gestik: „Damit ergibt sich automatisch die Notwendigkeit, die Persönlichkeit des Führers durch eine vermittels Schrift, Bild usw. übertragbare Führeridee zu ergänzen." (Domizlaff 1932, S. 28). Hierdurch legte er seine Nähe zur nationalsozialistischen Weltanschauung offen. Domizlaff hat jedoch, ähnlich wie Leni Riefenstahl in der Filmregie, mit der Gestaltung von Marken wie R6 und Ernte 23 noch heute gültige Maßstäbe für eine moderne Markenführung gesetzt. Dementsprechend wird das Konzept von Domizlaff kritisch hinterfragt und auf aktuelle Anwendbarkeit hin geprüft.

Ähnlich wie Domizlaff betont auch *Erwin Geldmacher* die sinnliche Faszinationskraft von Marken. Als einer der ersten Autoren berücksichtigte er Aspekte der multisensorischen Markenführung. In seinem GER-Markenführungssystem (Greater Efficiency Rules) beschreibt der Experte für akustische Werbung Geldmacher die Marke als ein „kommunikatives Begegnungsobjekt": ein „Ganzheitsphänomen", das dem Konsumenten infolge auf den Markt gerichteter Aktivitäten begegnet (vgl. Geldmacher 1983, S. 538).

Richard Linxweiler vertritt wie Geldmacher einen pragmatischen Ansatz zur Konzeption und Gestaltung von Marken (Linxweiler 1999). Nach Linxweiler unterscheiden sich Produkt und Marke durch physisch präsentes „direktes Markendesign" und medial vermitteltes „indirektes Markendesign" (Linxweiler 1999, S. 21). Er betrachtet eine Marke als multisensorisches Designobjekt.

2. Marke

Wie Linxweiler schreibt auch Peter Weinberg einer Marke sinnliche Konsumerlebnisse zu (Weinberg 1992). Damit verbunden sei auch ein Beitrag zur Steigerung der Lebensqualität der Konsumenten (vgl. Weinberg/Diehl 2001, S. 189). Weinberg erläutert in diesem Zusammenhang auch Maßnahmen, um Produkt, Kommunikation und Ladengestaltung multisensuell zu gestalten.

Die amerikanischen Ökonomen *Bernd Schmitt* und *Alexander Simonson* untersuchen die Marke als „sensorisches Erlebnis" (Schmitt/Simonson 1998). Sie messen den ästhetischen Erfahrungen im Alltagsleben der Konsumenten – wie Weinberg – einen hohen Stellenwert bei und betonen das daraus resultierende Verlangen der Kunden, über eine Vielzahl von sensorischen Erlebnissen angesprochen zu werden.

Martin Lindstrom verfolgt einen holistischen Ansatz. Er betrachtet die Marke als multidimensionale Plattform, die mit einer Vielzahl von sensorischen Elementen dazu beiträgt, die emotionale Bindung der Konsumenten an die Marke zu erhöhen und eine stärkere Übereinstimmung von beabsichtigter und tatsächlicher Wahrnehmung durch die Bezugsgruppen zu erreichen (Lindstrom 2005).

Ergänzt werden diese Ansätze von *Daniel Jackson*, der im Bereich Sonic Branding die erste Monographie vorlegte (Jackson 2003). Mit seiner Londoner Agentur Sonicbrand hat er sich seit 1999 auf die Gestaltung von Brand Sounds spezialisiert. Jackson hat für Marken wie den US-amerikanischen Kaffeehersteller Starbucks, den Telefondienstleister Orange sowie den Chip-Produzenten Intel die Brand Sounds konzipiert und implementiert. Abbildung 8 fasst die für diese Untersuchung maßgeblichen Ansätze zusammen.

Autor	Definiens	Definition
Aaker (1996, S.97f.), (2000, S. 44ff); Meffert/ Burmann (2002b, S.36ff.)	Inhalt, Idee und Eigendarstellung der Marke	Die Markenidentität entsteht in der wechselseitigen Beziehung zwischen internen und externen Bezugsgruppen der Marke und bringt die spezifische Persönlichkeit einer Marke zum Ausdruck. Die Markenidentität wird aus vier Perspektiven betrachtet: 1. Marke als Produkt, 2. Marke als Unternehmen, 3. Marke als Person, 4. Marke als Symbol
Merten (2003c, S., 17)	Marke als Verschränkung von Fakt und Fiktion	„Eine Marke ist eine ultrastabile Fiktion, die auf Grund nachhaltiger Kommunikation in Bezug zu assoziierbaren Produkten die Kraft besitzt, die Komplexität von Entscheidungskonflikten beim Konsumenten so zu reduzieren, dass das jeweils assoziierte Produkt (...) nachhaltige Konsumpräferenz gewinnt."
Domizlaff (1939, S. 139)	22 Grundgesetze der Markenbildung	Die Marke existiert als Konstrukt in der Psyche der Verbraucher. Sie dient dazu, Vertrauen zu erzeugen. In ihrer Gesamtwirkung bildet die Marke einen „Akkord aus allen Sinnen".
Geldmacher (1983, S. 538ff.)	Marke als kommunikatives Objekt	„Faszinationen vollziehen sich durch alles, was die fünf Sinne anspricht. Die Marke ist eine durch besondere Produkt-, Angebots-, Preis- und Kommunikationsfaszination gekennzeichnete Ganzheit."
Linxweiler (1999, S. 148)	Marke als sensorisches Designobjekt	Markendesign und multisensuelle Markeninformationen setzen sich zusammen aus 1. direktem Markendesign (Produkt, Verpackung), 2. indirektem Markendesign (Werbung, PR)
Weinberg (1992, S. 35)	Marke als Erlebniswelt	„Markenartikel erzielen einen umso höheren Anteil an markentreuen Konsumenten, je stärker die Erlebnisstruktur mit der Verbrauchereinstellung übereinstimmt."
Schmitt/ Simonson (1998, S. 40ff)	Marke als sensorisches Erlebnis	Markenidentität wird erzeugt durch Vielzahl sensorischer Elemente: 1. Produktdesign, 2. Kommunikation, 3. Räumliche Gestaltung
Lindstrom (2005, S. 5)	Marke als multidimensionale Plattform	„Sensory branding will add four important dimensions to your brand: 1. Emotional engagement, 2. An optimized match between perception and reality, 3. Creation of a brand platform for product extensions, 4. Trademark"
Jackson (2003, S. 86)	Marke als sensorisch erfahrbare Idee	„An idea, stemming from belief, that through its consistent identity experience and the positive emotional investment (PEI) of stakeholders, creates sustainable benefit."

Abb. 8: Synopsis von Konzepten zum Markenverständnis (eigene Darstellung)

Die einzelnen Konzepte werden in Abschnitt 2.3 ausführlich vorgestellt und diskutiert. Vorangestellt wird ein Überblick der für die Markenführung aktuellen kommunikativen Rahmenbedingungen und den daraus resultierenden Konsequenzen.

2.2 Kommunikative Rahmenbedingungen und Trends

Marketing-Experten aus Wissenschaft und Praxis behaupten derzeit nahezu übereinstimmend, dass Fragen aus dem Bereich der Markenführung in den letzten Jahren zunehmend in den Mittelpunkt ihres Interesses gerückt sind und als „Megathema" behandelt werden (vgl. Belz 2006; vgl. Brand eins 2005; vgl. Bruhn 2001; vgl. Esch 2005; vgl. Herbst 2005; vgl. Meffert/Burmann/Koers 2002a). Die für diese Untersuchung relevanten Aspekte werden zunächst aus der Perspektive der Produzenten, dann aus der Perspektive der Konsumenten betrachtet.

2.2.1 Perspektive der Produzenten

Für die Markenmanager steht der hohe pekuniäre Wert der Marke im Mittelpunkt. Die Bedeutung der monetären Markenbewertung als Instrument zur Berechnung der Vermögensbestandteile eines Unternehmens hat in den letzten Jahren zugenommen (vgl. Willmann 2006). Mittels einer Finanz-, Nachfrage-, und Markenstärkeanalyse wird aus den materiellen und immateriellen Markenbestandteilen ein Markenwert ermittelt (vgl. Interbrand Zintzmeyer & Lux 2006a). Auch im Jahr 2005 führte Coca-Cola mit 56 Milliarden Euro die Rangliste der Markenwerte an. Es folgen Microsoft (50 Milliarden Euro) und IBM (44 Milliarden Euro), ebenfalls mit Herkunftsland USA. Zu den wertvollsten deutschen Marken zählen Mercedes (17 Milliarden Euro, Platz 11), BMW (14 Milliarden Euro, Platz 16), sowie Siemens mit 6 Milliarden Euro auf Rang 45 (vgl. Interbrand Zintzmeyer & Lux 2006b).

Platz	Marke	Herkunftsland	Markenwert
1	Coca-Cola	USA	56 Mrd. EUR
2	Microsoft	USA	50 Mrd. EUR
3	IBM	USA	44 Mrd. EUR
4	GE	USA	39 Mrd. EUR
5	Intel	USA	30 Mrd. EUR
6	Nokia	Finnland	21 Mrd. EUR
...			
11	Mercedes	Deutschland	17 Mrd. EUR
16	BMW	Deutschland	14 Mrd. EUR
45	Siemens	Deutschland	6 Mrd. EUR

Abb. 9: Die weltweit wertvollsten Marken 2005 (Quelle: Interbrand Zintzmeyer & Lux 2006b)

Marken – Allheilmittel der globalen Informationsinflation?

Einen Bezugsrahmen für die Markenführung stellt der annähernd gleiche qualitative Standard zahlreicher Produkte dar. Die Produktparität erschwert es Produktmanagern und Werbestrategen in zunehmendem Maße, differenzierte und unverwechselbare Versprechen zu formulieren.

Markenverantwortliche und Werber stehen ferner vor dem Problem, dass die Mediaforschung sinkende Reichweiten aufzeigt: Konsumenten sind der Werbung überdrüssig, vor allem Medienwerbung wird vom Rezipienten oft als nicht unterhaltsam oder informativ begriffen, sondern als wenig glaubwürdig und störend empfunden (vgl. Rüby 2003, S. 46).

Bereits vor über 15 Jahren wurde in Studien zur Informationsüberlastung festgestellt, dass 98 Prozent der dargebotenen Informationen ihre Adressaten nicht erreichen und somit „auf dem Müll landen" (vgl. Kroeber-Riel 1987, S. 259). Angesichts dieser Tatsache ist es bemerkenswert, dass die Zahl der Fernsehsender, Radiostationen, Tageszeitungen usw. drastisch zugenommen hat. Nach Angaben des Zentralverbandes der deutschen Werbewirtschaft (ZAW) hat sich im Jahr 2005 die Anzahl der Wochenzeitungen um 8 Prozent, die Anzahl der TV-Programme um 46 Prozent und die Anzahl der Hörfunkprogramme um 40 Prozent gesteigert (ZAW 2006). Im Online-Bereich verlaufen die Entwicklungen noch rasanter: So vervierfachten sich beispielsweise die Visits der 400 Werbeträger, die bei der IVW registriert sind, innerhalb der letzten vier Jahre (vgl. Informationsgemeinschaft zur Feststellung der Verbreitung von Werbeträgern e.V. 2006). Damit ist auch ein Zuwachs an Werbebotschaften verbunden, denn

Medien- und Werbewirtschaft stehen aufgrund finanzieller Erfordernisse in einem symbiotischen Verhältnis zueinander.

Neben der Informationsüberlastung durch die massenmediale Werbung werden immer mehr Instrumente für die Markenkommunikation eingesetzt bzw. ihr Einsatz intensiviert; stellvertretend seien hier das Internet, Product-Placement und Sponsoring genannt (vgl. Gerhards/Klingler 2003; vgl. Willems 2002b, S. 56; vgl. Siegert 2000, S. 22 ff.). Es werden eigens Erlebniswelten geschaffen, in denen Besucher die Marke mit allen Sinnen wahrnehmen sollen. In Deutschland erleben Automobilfans beispielsweise in Dresden, wie der Volkswagen Phaeton „in Handarbeit gefertigt" wird. Die „Autostadt Wolfsburg" wird als touristisches Ziel aufgebaut, die Abholung der Neuwagen als Erlebnis für die Kunden inszeniert. Vollautomatisch werden aus einem zwanzig Stockwerke hohen Autoturm die Fahrzeuge überbracht: „Neufahrzeuge schweben aus riesigen Tabernakeln auf die Erde, von wartenden Käufern gläubig empfangen." (Assheuer 2004, S. 47).

Kritiker betrachten Erlebniswelten als ein New-Economy-Phänomen: Im Fall von Volkswagen stehen die Erlebniswelten – gerade vor dem Hintergrund von Produktmängeln und Entlassungen – „für die Maßlosigkeit einer Zuwachsgesellschaft, die den Hals nicht voll kriegt" (Assheuer 2004, S. 47). Dem Automobilkonzern wird damit Selbstüberschätzung attestiert und die Autostadt als ein sinnentleerter überdimensionierter Freizeitpark ohne Relevanz für die Besucher bloßgestellt.

Zusammenfassend lässt sich feststellen, dass die aktuellen Herausforderungen der Markenproduzenten komplexer Natur sind. Die Ansicht, dass die postmoderne Welt nur aus Zeichen besteht und der Käufer mit einem Produkt keinen Nutzwert, sondern lediglich ein Symbol erwirbt, hat ausgedient.

„Wenn ein notorisch defekter Fensterheber bei Regen auf der Autobahn den Geist aufgibt, verlangt der Kunde nicht nach einem Mythos, sondern nach dem Schraubenzieher." (Assheuer 2004, S. 47)

Ebenso unzeitgemäß ist die Annahme, man könne die Konsumenten ausschließlich über die Massenmedien erreichen. Die „Echtheit", d.h. sinnliche Erfassbarkeit von Produkten und ihrer Kommunikation, hat an Bedeutung gewonnen. Es ist anzunehmen, dass dies vor allem für den Luxus- und Designsektor gilt, der im Hinblick auf multisensorisches Branding die meisten Gestaltungsmöglichkeiten verspricht.

2.2.2 Perspektive der Konsumenten

Nicht nur Markenproduzenten sind durch die gesellschaftlichen Trends dazu gezwungen, ihre Sichtweise der Marken in gewissen Zeitabständen zu revidieren, auch die Konsumenten definieren ihre Haltung zu Marken ständig neu (vgl. Askegaard/ Bamossy/

Solomon 2001, S. 23 ff.). Ähnlich wie die oben erwähnte Produktparität bildet die Fülle von Informationen einen Bezugsrahmen für die Wahrnehmung der Marke durch die Konsumenten. In der Flut der Informationen überlagern sich die (charakteristischen) Botschaften von Marken und Medien zu einem unspezifischen „weißen Rauschen". Ebenso wie es nicht möglich ist, in einem weißen Lichtstrahl mit dem bloßen Auge die Spektralfarben zu erkennen, ist es nicht möglich, aus einem Rauschen die einzelnen Töne herauszuhören. Den Rezipienten gelingt es im übertragenen Sinne demnach (oft) nicht mehr, medial vermittelte Botschaften zu unterscheiden und zuzuordnen.

„Wir sind auf die Marke angewiesen, weil sie wirtschaftliche Komplexität reduziert, aber uneingeschränkt glauben wollen wir ihr nicht mehr." (Gronert 2004, S. 70)

Zudem erscheint es schwierig, den Menschen mit seinen komplexen Bedürfnissen und Wünschen unter den Begriffen Konsument, Nutzer, Verwender, User, Teil einer Ziel- oder Bezugsgruppe oder als Vertreter eines bestimmten Milieus zu fassen und zuzuordnen. Der Betriebswirtschaftler und Experte für strategisches Marketing Franz Liebl schlägt vor, den Konsumenten als Kommunikations- und Interaktionspartner zu begreifen und ihn mit seinen Vorstellungswelten und komplexen Deutungsprozessen der Marke ernst zu nehmen. Schließlich seien Marken das, was die Verwender daraus machen (vgl. Liebl/Hermann 2001, S. 6; Liebl 2005, S. 37).

So sollen im Folgenden verschiedene Wahrnehmungsebenen, Bedeutungszuschreibungen sowie Verwendungs- sowie Interpretationskontexte von Marken dargestellt werden. Markenprodukte werden beispielsweise als Kultgegenstände rezipiert: Im Jahr 2000 wurden im Guggenheim Museum in New York in einer Sonderausstellung 400 Kreationen des Modeschöpfers Giorgio Armani gezeigt. Die Ausstellung gehörte zu den meistbesuchten überhaupt in diesem Museum (vgl. Kunstagentur Thomessen 2006). Auch Rennwagen werden als Exponate inszeniert: In der Ausstellung „Mythen – Automobili Lamborghini" in der Münchner Pinakothek der Moderne im Jahr 2004 wurden die Fahrzeuge als „Ikonen des Unverfügbaren" (Liebs 2004, S. 14) hochstilisiert.

Menschen lassen sich Markennamen wie beispielsweise Gucci auf ihren Körper tätowieren (und wieder entfernen) (vgl. Lindstrom 2005, S. 1). Hier kann eine Fetischfunktion der Marke festgestellt werden: der Konsument könnte mit der Tätowierung zum einen kenntlich machen, dass sein Körper Eigentum der Marke Gucci ist und die Marke so Zugehörigkeit symbolisiert. Zum anderen könnte es die für den Träger des Tattoos sicher nicht bewusst intendierte Bedeutung haben, dass er von der Marke Gucci produziert wurde. Ebenso denkbar wäre es, dass Gucci für ihn ein Apotropaion darstellt: eine Schutzmaßnahme, die Unheil abwendet und böse Kräfte bannt.

Im Gegensatz dazu können Marken auch zu Feindbildern mutieren. Naomi Klein veröffentlichte am Anfang dieses Jahrzehnts den mittlerweile populären Bestseller „No Logo" (Klein 2001). Sie wirft darin global agierenden Großunternehmen vor, Kinderar-

2. Marke

beit und Niedriglöhne zu unterstützen sowie die Medien und den öffentlichen Raum zu beherrschen. Nicht erst seit der von Klein formulierten Kritik an weltweit agierenden Konzernen bilden Marken wie Levi's oder Nike Zielscheiben von Boykottaufrufen und Demonstrationen. So brachten im Jahr 2001 Teenager bei einer Demonstration vor dem Nike Flagship-Store in New York mit der Parole „Nike we made you, we can break you!" ihren Protest gegen die Preis- und Mitarbeiterpolitik des Unternehmens zum Ausdruck (vgl. Klein 2001, S. 383 f.)

Weitaus weniger brisant erscheinen dagegen aus heutiger Perspektive die Vorwürfe gegen das Schnellrestaurant McDonald's am Anfang der 1980er Jahre. Günther Wallraff berichtete damals über die nicht einwandfreien hygienischen Zustände des Restaurants.[3] Dass mit dem Toilettenputzlappen die Tische gewischt wurden, ist heute dennoch Teil einer kollektiven Erinnerung.

Seitdem die Erdölfirma Shell 1995 die Ölplattform „Brent Spar" in der Nordsee versenken wollte, wurde die Marke Shell nicht nur zum Erzfeind von Umwelt- und Menschenrechtsgruppen „ernannt", auch Tausende von Autofahrern demonstrierten ihren Protest, indem sie die Tankstellen mit dem gelben Muschellogo boykottierten. Die damals von Greenpeace initiierte Kampagne war in ihren Aktionen und Wirkungen beispiellos: Die Plattform wurde besetzt, an 1700 Tankstellen in Deutschland wurden Flugblätter verteilt, 100 000 empörte Bürger schrieben daraufhin Protestkarten an den Erdölkonzern, 300 Bomben- und Brandanschlagsdrohungen wurden registriert (vgl. Czégé/Kruse 2006, S. 51).

Unumstritten ist, dass die damals erzwungene Gesetzesänderung zur Entsorgung von Plattformen an Land die richtige ist. Es wurde Shell bescheinigt, in der damaligen Situation nach „bestem Gewissen" gehandelt zu haben. Greenpeace wurde dagegen falsche Angaben über die an Bord der Brent Spar befindlichen Giftstoffe nachgewiesen – statt 5500 Tonnen Öl, die nach Aussage von Greenpeace entsorgt werden sollten, handelte es sich tatsächlich nur um einen Bruchteil der Menge, nämlich ca. 75 Tonnen Öl (vgl. Czégé/Kruse 2006, S. 51). Greenpeace wurde außerdem vorgeworfen, die Popularität der Marke Shell ausgenutzt zu haben und durch gezielte mediale Inszenierung und Polarisierung die Bekanntheit der Marke Shell für seine eigenen (und nicht für die öffentlichen) Interessen bewusst umfunktioniert zu haben.

Nicht erst seit dem Fall „Brent Spar" wird Shell einerseits als Paradebeispiel für sein karitatives Wirken und seine unternehmerische Verantwortung gerühmt; andererseits werden die Umwelt- und Sozialberichte von Kritikern nicht nur als Ausdruck einer „Corporate Responsibility" wahrgenommen, sondern als „Werbegag" abgetan: Dem

---

[3] Wallraff arbeitete maskiert mit dunklen Kontaktlinsen und schwarzem Haarteil als Angestellter „türkischer Herkunft" unter dem Decknamen Ali Levent bei McDonald's (Wallraff 1985).

Konzern wird vorgeworfen, dass die nach wie vor durch seine Aktivitäten entstehenden Umweltschäden durch die hohe Summen, die für soziales Engagement aufgewendet werden, nicht ausgeglichen werden könnten.

Die Kritik an den globalen Marken reiht sich lückenlos ein in allgemeine Globalisierungskritik, Kritik an der World Trade Organization (WTO), der Weltbank oder dem Internationalen Währungsfonds (IWF). Institutionalisiert gehen Globalisierungsgegner wie Attac oder Adbuster[4] gegen die globalen Markenkonzerne in die Offensive. Diese wiederum klagen wegen Verunglimpfung der Marken.

Auch durch die Inflation der Markenpiraterie wird eine ambivalente Haltung zu Marken durch ihre Konsumenten augenscheinlich. Fälschungen von Markenprodukten werden von der breiten Öffentlichkeit nicht als Bestandteil einer Straftat gesehen, sondern als Kavaliersdelikt. Und doch verletzen diejenigen, die Produkte und Marken kopieren und vertreiben, den Schutz von Geschmacksmustern und das Wettbewerbsrecht. Sie verletzen ferner das Urheberrecht, indem sie Filme, Musik, Bücher oder Software kopieren – Schnäppchenjäger nehmen dies billigend in Kauf.

Die inflationäre Herstellung und der Verkauf von kopierten Markenprodukten zeigen, dass Käufer oft nicht bereit sind, die „sonst üblichen" Preise für Marken zu zahlen. Es ist anzunehmen, dass dafür neben den oft knappen Budgets für Haushaltswaren, Bekleidung oder Freizeitgestaltung auch die Vermutung auf Seiten der Verbraucher verantwortlich sein könnte, dass viele Produkte die kommunizierten Versprechen von Qualität oder Komfort womöglich sowieso nicht einhalten.

Schlussfolgerungen
Marken werden von Konsumenten auf ganz unterschiedliche Weise erfahren und verwendet. Sie werden als quasi-religiöse Kultobjekte, Ideengebilde oder Lifestyle-Berater verehrt oder als Feinbild verachtet. Betrachtet man Marken als Objekte der Faszination (vgl. Geldmacher 1983, S. 538), wird deutlich, dass die oben dargestellten unterschiedlichen Kontexte der Markenwahrnehmung in Zusammenhang stehen.

Der Begriff „Faszination" stammt vom lateinischen „fascinare" (behexen) ab. Wer behext ist, steht unter dem Einfluss einer höheren Macht, die in ihm bestimmte Vorgänge auslöst, die er nicht selber bestimmen kann (vgl. Burke 1980, S. 91). Faszination kann ein starkes Beeindrucktsein, eine Bezauberung oder einen Bann bedeuten. In der Religionswissenschaft wird Faszination von Rudolf Otto als starke, die Sinne erregende Kraft dargestellt, die uns auf nicht erklärbare Weise bewegt und die Orientierung verlieren lässt:

---

[4] Markengegner, die Werbeplakate oder Logos satirisch verfremden und damit ihre kritische Haltung gegenüber Marken zum Ausdruck bringen.

„Und neben das Sinn-verwirrende tritt das Sinn-berückende, Hinreißende, seltsam Entzückende, das oft genug zu Taumel und Rausch sich Steigernde, das Dionysische der Wirkung des Numen." (Otto 1997, S. 42)[5]

Otto setzt den Begriff der Faszination mit der Ambivalenz des Göttlichen gleich: Faszination ergebe sich aus dem gemeinsamen Auftreten des beglückenden und daher anziehenden Erlebnis des Heiligen und dem „mysterium tremendum", dem furchterregenden Geheimnis. In der psychologischen Deutung des Begriffs Faszination werden Symbole und Archetypen als Auslöser für ein Hingerissen- und Gebanntsein betrachtet, als dessen Folge psychische Energie freigesetzt und die Libido aktiviert wird (vgl. Dorsch 1994, S. 245).

Die Markenproduzenten bewegen sich folglich in einem sowohl von äußerster Anziehungskraft als auch von heftigem Abscheu geprägten Spannungsfeld, das überaus labil und verletzlich ist. Aufgrund der dargestellten Rahmenbedingungen wird es für sie immer schwieriger, ein stabiles langfristiges Verhältnis zwischen Mensch und Marke aufzubauen.

---

[5] Dionysos steht für eine rauschhaft ekstatische Lebensweise. Numen bezeichnet ein göttliches Wesen, das als „wirkende Macht" wahrgenommen wird.

2.3 Diskussion aktueller Ansätze zum Markenverständnis

Vor dem Hintergrund der oben dargestellten kommunikativen Rahmenbedingungen werden in den folgenden Abschnitten die gegenwärtig diskutierten und im Hinblick auf den Untersuchungsgegenstand relevanten theoretischen Konzepte zum Markenverständnis dargestellt. Ziel ist es, ein eigenes Markenmodell für den Bereich des multisensorischen Brandings zu entwickeln. Zu diesem Zweck werden die verschiedenen Konzepte unter den folgenden Fragestellungen erörtert.

1. Wie werden die Begriffe „Produkt" und „Marke" zueinander in Beziehung gesetzt (Abschnitt 2.3.1)?
2. Welchen Nutzen können Marken für die Bezugsgruppen bieten (Abschnitt 2.3.2)?
3. Welche Konzepte für eine multisensuelle, insbesondere klangliche Markengestaltung werden präsentiert (Abschnitt 2.3.3)?

2.3.1 Interdependenzen von Produkt und Marke

Im folgenden Abschnitt werden die Beziehungen zwischen Produkt und Marke eingehend betrachtet. Es wird dargelegt, welche Rolle das Produkt in der Gesamtwahrnehmung der Marke durch die Bezugsgruppen spielt. Ziel ist zu klären, ob das „physische Produkt" dazu geeignet ist, Gestaltungsoptionen in Bezug auf Brand Sounds zu eröffnen.

Ein Produkt ist keine Marke

In diesem Punkt gleichen sich alle untersuchten Ansätze: Das physische Produkt oder entsprechend eine Dienstleistung und die Situation, in der sie erlebt wird, stellen nur einen Teil der Marke dar: „A brand is more than a product." (Aaker 1996, S. 72). In Anlehnung an Aaker werden die Bestandteile einer Marke dargestellt, die zusammengenommen den Markenmehrwert ergeben. Die folgende Abbildung zeigt die Unterschiede zwischen einem Produkt und einer Marke auf.

2. Marke

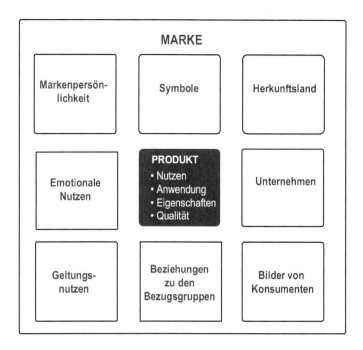

Abb. 10: Produkt und Marke (Quelle: Aaker 1996, S. 74)

Ein *Produkt* ist demnach gekennzeichnet durch seinen funktionalen Nutzen, die Anwendung, Eigenschaften und Qualität. Das Produkt als sinnlich wahrnehmbares Faktum vermittelt dem Nutzer im alltäglichen Umgang spezifische visuelle, akustische, haptische, olfaktorische oder gustatorische Informationen durch die Farbe, den Klang, das Material, den Geruch oder den Geschmack.

Abbildung 11 zeigt eine Matrix der diversen Gestaltungsmittel eines Produktes und der fünf Sinnesmodalitäten. So sind wir in der Lage, ein *Material* wie Holz zu sehen, zu riechen und zu fühlen. Das Material gibt zum Beispiel beim darauf klopfen spezifische Klänge wieder, die dem Nutzer vermitteln, dass es sich um Holz (und nicht um Plastik) handelt. Holz hat auch einen spezifischen Geschmack, der beispielsweise beim Essen mit Einweg-Besteck zum Tragen kommt: Von Holzgabeln gegessen schmecken Gerichte anders als von Plastikgabeln.

Klang als Gestaltungsmittel kann selbstverständlich gehört, aber auch indirekt gefühlt werden: durch den Schalldruck spüren wir laute Musik in der Magengegend.

Klang kann gesehen werden, wenn Schallwellen sich auf einer Wasseroberfläche fortbewegen oder Gläser zum Zerspringen gebracht werden.

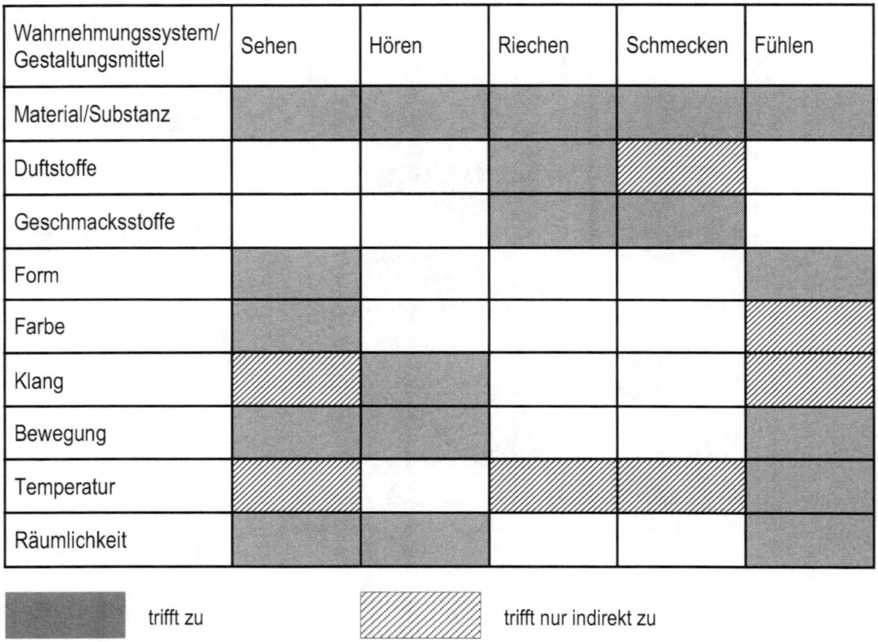

Wahrnehmungssystem/ Gestaltungsmittel	Sehen	Hören	Riechen	Schmecken	Fühlen
Material/Substanz	■	■	■	■	■
Duftstoffe			■	▨	
Geschmacksstoffe			■	■	
Form	■				▨
Farbe	■				▨
Klang		▨			▨
Bewegung	■	■			
Temperatur	▨		▨	▨	■
Räumlichkeit	■				

■ trifft zu   ▨ trifft nur indirekt zu

Abb. 11: Matrix der Gestaltungsmittel und Wahrnehmungssysteme (erweitert und modifiziert nach Linxweiler 1999, S. 39)

Sachlich-funktionale Produktnutzen wie Wiedererkennung und die damit verbundene Informationsentlastung sowie der Nachweis von einwandfreier Qualität und Frische des Produktes entstehen durch charakteristische Verpackungsgeräusche wie beispielsweise dem Klang beim Öffnen einer Flasche Flensburger Pilsener. Dieses unverwechselbare Geräusch wird auch in den entsprechenden Werbespots eingesetzt.

Produktsounddesign ist mittlerweile in einer Vielzahl von Branchen ein unverzichtbarer Teil der Produktgestaltung geworden: Automobile, Haushaltsgeräte, Lebensmittel, Kosmetik oder Spielzeug werden in ihren Klangeigenschaften gezielt verändert. Dabei werden „aktive und passive Geräusche" erzeugt: Als aktiv wird beispielsweise das Klicken eines Schalters bezeichnet, das beim Drücken desselben erzeugt wird; passive Geräusche entstehen beispielsweise beim Klopfen mit der Hand auf die Armatur des Fahrzeugs (vgl. Bernsen 1999, S. 43). Heute gehen Experten davon aus, dass in zehn Jahren kein Produkt mehr auf den Markt kommt, dessen Klangqualitäten nicht eingehend geprüft und positiv bewertet wurden.[6]

Neben der physischen Gestalt des Produktes wird der Aspekt der Produktqualität als grundlegend betont. Domizlaff verweist auf die Notwendigkeit einer hohen Warenqualität im ersten seiner „22 Grundgesetze der Markenbildung": „Die Voraussetzung der natürlichen Markenbildung ist die Warenqualität." (Domizlaff 1981, S. 79). Dabei sei Qualität als ein subjektiver Begriff zu verstehen. Die Qualität eines Produktes kann demnach nicht ausschließlich nach technischen Kriterien oder anhand einer DIN-Norm beurteilt werden. Entscheidend bei der Präferenzbildung durch den Konsumenten sei vielmehr das Qualitätsempfinden, die *wahrgenommene* Warenqualität (vgl. Domizlaff 1981, S. 79).

Merten bezieht seine Position zum Markenverständnis aus der Perspektive eines Kommunikationstheoretikers und Medienwirkungsforschers. Die Entstehung und die Verwendung von Marken korrespondieren nach seiner Darstellung mit der Evolution der Mediengesellschaft. In Mertens konstruktivistischer Sicht tritt neben die „reale Wirklichkeit" (tatsächliche Handlungen) und die fiktionale Wirklichkeit (kommunikativ abgebildetes Handeln) eine dritte Welt, die transklassische Wirklichkeit, in welcher Fakten und Fiktionen sich wechselseitig ersetzen können.

„Von Mediengesellschaft kann man also spätestens ab dem Zeitpunkt sprechen, ab dem es nicht prinzipiell, sondern laufend möglich ist, dass Fiktionen faktische Wirkungen ausüben oder als Fakten definiert werden können." (Merten 2003b, S.16) Als Beispiele für die transklassische Wirklichkeit, in der sich Fakt und Fiktion verschränken, dienen Merten die gefälschten Hitlertagebücher und die fiktiven Interviews („Borderline-Journalismus") des Journalisten Tom Kummer, die bis zum Jahr 2000 im Magazin der Süddeutschen Zeitung veröffentlicht wurden (vgl. Tröbinger 2006).

Im Bereich der Markenführung bezeichnet Merten folglich Produkte als „Fakten" und Marken als „Fiktionen": Der Fakt ist dabei die reale Wirklichkeit, die Marke eine Idee, eine fiktionale Wirklichkeit. Die „aktuelle Wirklichkeit" ergebe sich aus der Verschränkung von Fakt und Fiktion. So fällt eine bewusste Unterscheidung zwischen dem, was tatsächlich wahrgenommen wird (zum Beispiel dem tatsächlichen Geschmack eines Getränkes) und medial vermittelten imaginativen Erlebnissen (dem erfrischenden Charakter eines Getränkes) oft schwer.

---

[6] TV-Dokumentation über Produktsounddesign „Im Reich der Töne" vom 01.07.2005, Ausstrahlung auf Arte.

Eine Marke ist kein Produkt

Im Folgenden werden diejenigen Merkmale einer Marke betrachtet werden, die nicht physisch präsent sind, sondern medial kommuniziert werden. Abbildung 12 gibt eine für Sonic Branding relevante Übersicht über Medien und Wahrnehmungssysteme.

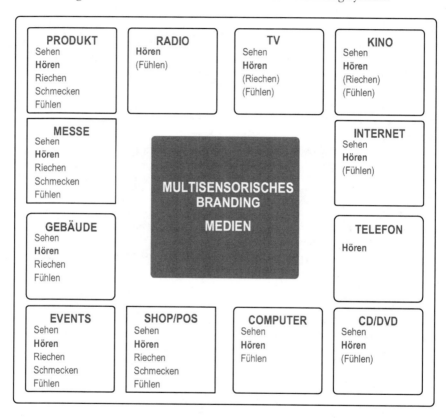

Abb. 12: Multisensorisches Branding: Medien und Wahrnehmungssysteme (eigene Darstellung)

Zusätzlich zu den oben erwähnten Produktmerkmalen werden weitere Bestandteile eine Marke erläutert (siehe Abbildung 10): Symbole, Herkunftsland, Unternehmen, Bilder vom Konsumenten, Beziehungen zu den Bezugsgruppen, Geltungsnutzen, emotionale Nutzen sowie Markenpersönlichkeit.

Konstitutiv für Marken ist die Verwendung von *Symbolen* (vgl. Krippendorf 1994, S. 82): Das springende schwarze Pferd des italienischen Sportwagenherstellers Ferrari lässt edle Noblesse, gepaart mit ungezähmtem Freiheitsdrang und Vitalität assoziieren.

Neben Symbolen bestimmt sich das Bild einer Marke durch ihre *Beziehungen zu den Bezugsgruppen* (z.B. „Bacardi ist dein Kumpel zum Spaß haben") sowie vom *Bild des typischen Verwenders* („der typische Apple-User ähnelt einem Art Director in einer Werbeagentur"). Das *Herkunftsland* spielt bei Marken wie Mercedes (deutsche Ingenieursqualität) oder Ikea (skandinavisches Design) eine besondere Rolle. Aspekte des *Unternehmens* tragen ebenfalls zur Wahrnehmung der Marke durch die Bezugsgruppen bei, wie beispielsweise die Aktivitäten im Bereich des Tierschutzes der Kosmetikmarke The Bodyshop: „Wir sind der Meinung, dass Tierversuche in der Kosmetikindustrie weder notwendig noch moralisch vertretbar sind." (vgl. The Body Shop International 2006).

Eine weitere Rolle spielen die *emotionalen Nutzen* und die *Geltungsnutzen* (siehe auch Abschnitt 2.3.2). Der Sound einer Autotür der Marke Volvo assoziiert emotionale Markennutzen wie Sicherheit und Vertrauen, der patentierte Sound eines Motorrades der Marke Ducati kann dazu beitragen, den Fahrer von der Schnelligkeit und der Qualität des „Ferrari unter den Motorrädern" zu überzeugen und diese Merkmale auf seine Persönlichkeit zu übertragen: So ermöglicht die Motorradmarke Identifikation und Expression beim Fahrer.

Markenpersönlichkeit

In den untersuchten Ansätzen wird übereinstimmend betont, die *Markenpersönlichkeit* sei ein wichtiger Aspekt in der Konzeption einer Marke (vgl. Domizlaff 1939, S. 100 ff.; vgl. Geldmacher 1983, S. 65; vgl. Meffert/Burmann 2002b, S. 47; vgl. Merten 2003c, S. 11; vgl. Weis/Huber 2000, S. 3). Dass Marken in Modellen mit Menschen (Marke als Freund, Marke als Familienmitglied) verglichen werden, ist möglicherweise Ausdruck der Bestrebungen, sie sich in ihrer Komplexität und Lebendigkeit vorzustellen und sie zu verstehen.

Als Persönlichkeitsmerkmale von Menschen gelten unter anderem physische Charakteristika, soziodemographische und psychographische Merkmale (Einstellungen, Überzeugungen, Verhalten). Im Falle einer Marke tragen das physische Produkt, der kommunikative Auftritt, der Preis oder die Vertriebsstrukturen zum Set von Persönlichkeitsmerkmalen bei. Der Marke als „lebenden Person" lassen sich Merkmale wie Geschlecht, Alter, Wohnort, Einkommen oder Freizeitverhalten zuordnen.

Meffert/Burmann verweisen auf vier konstitutive Merkmale der Identität von Personen und Marken: Wechselseitigkeit, Kontinuität, Konsistenz und Individualität (vgl. Meffert/Burmann 2002b, S. 44 ff.). Der Aspekt der Wechselseitigkeit bezieht sich bei

Menschen auf die Wechselwirkung zwischen dem Individuum und der ihn umgebenden Außenwelt, bei Marken auf die wechselseitigen Beziehungen mit den Bezugsgruppen sowie die Abgrenzung gegenüber Wettbewerbern. Das Merkmal der Kontinuität beschreibt bei Menschen die unveränderlichen körperlichen Merkmale beziehungsweise die zur Identifizierung benötigten Daten. Bei Marken stellen beispielsweise der Markenname oder die Markenphilosophie unveränderliche Konstanten dar. Das dritte Merkmal Konsistenz bezeichnet eine widerspruchsfreie Kombination von Persönlichkeitsmerkmalen beziehungsweise von Aktivitäten im Rahmen der Markenführung. Individualität schließlich meint beim Menschen die biologisch und soziologisch bedingte Einzigartigkeit, bei Marken hingegen die von den Bezugsgruppen wahrgenommene Einzigartigkeit der dargebotenen Produktmerkmale oder Markenbildern.

Konstitutive Merkmale	Individuum	Marken
Wechselseitigkeit	- Erkenntnis vom Anderssein - Beziehungen zu anderen Menschen	- Abgrenzung gegenüber Wettbewerbern - Wechselbeziehungen zwischen Marke und Konsument
Kontinuität	- unveränderbare Merkmale wie Geschlecht, Geburtsdatum, Konstitution	- Markenname - Markenphilosophie - Leitbilder
Konsistenz	- widerspruchsfreie Kombination von Persönlichkeitsmerkmalen	- innen- und außengerichtete Abstimmung aller Aktivitäten im Rahmen der Markenführung
Individualität	- biologische und soziologisch bedingte Einzigartigkeit	- vom Kunden wahrgenommene Einzigartigkeit im Vergleich zu konkurrierenden Marken

Abb. 13: Konstitutive Merkmale der Identität von Personen und Marken (modifiziert nach Meffert/Burmann 2002b, S. 45)

Die Dimensionen der Markenpersönlichkeit werden auch durch psychologische Erklärungsmodelle abgebildet und beurteilt (vgl. Aaker 1997, S. 352;vgl. Costa/McCrae 2003, S.4 ff.). Das am häufigsten benutzte Konzept ist das der „Big Five": Ein Fünf-Faktoren-Modell der Persönlichkeit, das die Psychologen Costa und McCrae in Langzeitstudien über Persönlichkeitstheorien entwickelten und erstmals Mitte der 1980er Jahre publizierten (Costa/McCrae 1985). Erfasst wurden die Persönlichkeitsfacetten durch etwa sechzig Items, die mithilfe der Faktorenanalyse auf fünf Faktoren verdichtet wurden.

Der Faktor *Neurotizismus* bewertet dabei die Anpassungsfähigkeit eines Individuums bzw. dessen Neigung zu seelischem Leid und wirklichkeitsfremden Ideen. *Extraversion* bezeichnet die Quantität und Intensität menschlicher Interaktion. Der dritte Faktor *Offenheit* steht für die Fähigkeit, Erfahrungen um ihrer selbst willen zu schätzen bzw. Unbekanntes zu tolerieren. Unter *sozialer Verträglichkeit* wird die Qualität der zwischenmenschlichen Kooperationen verstanden. Schließlich fasst der Faktor *Gewissenhaftigkeit* Eigenschaften wie Zuverlässigkeit oder Nachlässigkeit im zielgerichteten Handeln zusammen. Abbildung 14 zeigt das Modell der „Big Five" mit den fünf Persönlichkeitsfaktoren und ihren entsprechenden Facetten.

Persönlichkeits-Faktor	Facette		Facette
Neurotizismus	Anpassung	↔	emotionale Labilität
Extraversion	intensive menschliche Interaktion	↔	Reserviertheit
Offenheit	intellektuelle Offenheit	↔	konventionelle Routiniertheit
soziale Verträglichkeit	Mitgefühl	↔	Feindseligkeit
Gewissenhaftigkeit	Zuverlässigkeit	↔	Verantwortungslosigkeit

Abb. 14: Das Fünf-Faktoren-Modell der Persönlichkeit (Quelle: eigene Darstellung in Anlehnung an Costa/McCrae 2003, S. 4)

Die US-amerikanische Betriebswissenschaftlerin Jennifer Aaker hat das Modell der „Big Five" von Costa und McCrae für die Analyse und Konzeption von Markenpersönlichkeiten modifiziert (vgl. Aaker 1997, S. 352). Sie entwickelte ein Bezugssystem, in dem sich die Persönlichkeit einer Marke durch die Eigenschaften Aufrichtigkeit, Erregbarkeit, Kompetenz, Kultiviertheit und Robustheit erfassen lässt. Abbildung 15 zeigt die fünf Persönlichkeitsdimensionen einer Marke mit den jeweiligen Eigenschaften und einem Markenbeispiel.

Dimension	Eigenschaften		Markenbeispiel
Aufrichtigkeit (Sincerity)	• ehrlich • aufrichtig	• bodenständig • freundlich	Intel
Erregung/Spannung (Excitement)	• aufregend • temperamentvoll	• unabhängig • gewagt	Absolut, Porsche
Kompetenz (Competence)	• zuverlässig • intelligent	• technisch • führend	IBM
Kultiviertheit (Sophistication)	• charmant • vornehm	• gut aussehend • glamourös	Mercedes
Robustheit (Ruggedness)	• naturverbunden • männlich	• zäh • abenteuerlich	Levi's, Nike

Abb. 15: Brand Personality Scale (Quelle: Aaker 1997, S. 144)

Die Brand Personality Scale von Aaker wird nicht nur zur Analyse von Marken genutzt. Sie dient auch dazu, Sprecher für die Gestaltung interaktiver Sprachdialogsysteme auszuwählen, bei denen Kunden sich am Telefon über Produkte und Dienstleistungen eines Unternehmens informieren. Die Auswahl der Sprecher fällt hier oft nicht leicht: zum einen soll die Stimme für möglichst viele Anrufer sympathisch wirken, zum anderen aber auch einen markentypischen Klang besitzen.

Einige Parameter der menschlichen Stimme sind einfach zu bestimmen: dazu gehören die Muttersprache, ein Akzent oder ein spezifisch verwendetes Vokabular (vgl. Jackson 2003, S. 136). Ebenso können die Tonhöhe, Lautstärke und Klangfarbe der Stimme beschrieben werden. Schwierig hingegen ist es, die Sprechstimme einer spezifischen Persönlichkeit zuzuordnen (siehe auch Abschnitt 3.2).

Für den Prozess von Sonic Branding stellt die Brand Personality Scale von Aaker deshalb ein Bestimmungssystem dar, das sowohl geeignet erscheint, die menschliche Stimme samt den mit ihr assoziierten Persönlichkeitsmerkmalen darzustellen, als auch die Persönlichkeit von Marken zu bestimmen und abzubilden.

Schlussfolgerungen

Aus den vorangehenden Ausführungen ergibt sich, dass ein Produkt als Faktum einen unmittelbaren Wahrnehmungskomplex darstellt. Durch die auditiven, visuellen, olfaktorischen, taktilen und gustatorischen Produkteigenschaften werden körperliche Modalitäten angesprochen und sensorische Erlebnisse erzeugt.

Im Bereich der Integration von Produktsounds in den Prozess von Sonic Branding besteht außerordentlicher Entwicklungsbedarf: in der Betrachtung der Vorgehensweise der untersuchten Agenturen zeigte sich, dass eine systematische, kontinuierliche Zusammenarbeit mit Produktssounddesignern nicht besteht und die Zusammenhänge von Produkt- und Markensounds nur am Rande reflektiert werden (vgl. Abschnitt 3.3 bzw. 5.4.2). Die Einbeziehung von Brand Sounds in die Kommunikation bietet Chancen: Angesichts der großen Fülle an Me-too-Produkten im Konsumgüterbereich kann der Sound ein Alleinstellungsmerkmal erzeugen. Zwar können technische Innovationen heute leichter kopiert werden als früher. Dennoch kann ein gutes Design nicht unbemerkt imitiert werden. Das Produktsounddesign appelliert an die Gefühle des Nutzers und schafft Gebrauchserlebnisse. Zudem können die Produktsounds gerade vor dem Hintergrund von Markentransfers ein Gestaltungsmittel zur Dachmarkenbildung darstellen.

Zusätzlich zu dem wahrnehmbaren Produkt besteht eine Marke aus einem mittelbaren Wahrnehmungskomplex, der aus ebenfalls auditiven, visuellen, olfaktorischen, taktilen und gustatorischen Markenbildern besteht, aber als Fiktion zu betrachten ist. Hier spielen immaterielle, imaginierten Erlebnisse und geistige Modalitäten eine Rolle; sie werden durch Erinnerungen und Geschichten, Persönlichkeiten, Identitäten und die Werte der Marke geprägt.[7] Entscheidend ist nicht die Situation, in der die Marke verwendet wird, sondern wie der Kontext der Verwendung vom Konsumenten interpretiert wird. Für die Entwicklung des Markenmodells bedeutet dies zusammengefasst:
1. Das physische Produkt sollte in das Modell integriert werden.
2. Es soll zwischen direkten, physisch präsenten „Fakten" und indirekten, medial gebildeten Fiktionen unterschieden werden.
3. Sowohl in Hinblick auf das Produkt als auch auf die Kommunikation sollen die sinnlichen Wahrnehmungskomplexe aufgeführt werden.
4. Das Modell soll aus der Perspektive des subjektiven Erlebens der Bezugsgruppen gesehen und strukturiert sein.

---

[7] Gelungenes Beispiel für imaginierte Erlebnisse ist das Corporate Design des Fürstentums Liechtenstein, das im Jahr 2004 von der Agentur Wolff Olins, London neu gestaltet wurde. Das Logo, die Symbole und Motive lassen gustatorische Erlebnisse assoziieren. Olins selbst stellt fest: „The design prompts a strange oral pleasure. You want to consume." (vgl. Stabsstelle für Kommunikation und Öffentlichkeitsarbeit des Fürstentums Liechtenstein 2006; vgl. O'Reilly 2004, S. 40 ff.).

2.3.2 Lebensmotive und Markennutzen

Wie bereits in Abschnitt 2.2.2 festgestellt, wird die Aufgabe, Gruppen von Markennutzern zu identifizieren und zu benennen, aufgrund der Individualisierung der Lebensentwürfe und wegen des schnellen Wandels gesellschaftlicher Gruppierungen immer komplexer.

Neben den *Kunden* lassen sich weitere Bezugsgruppen als Kommunikations- und Interaktionspartner für die Markenkommunikation feststellen: Zum einen sind es *Medien*, die im symbiotischen Verhältnis zu Marken stehen und in deren Umfeld die Marken wahrgenommen werden, beispielsweise als Anzeigen in Zeitschriften. *Mitarbeiter* und deren Angehörige tragen das Selbstbild der Marke nach außen, *prominente Verwender* dienen als Multiplikatoren und Testimonials. Auch Interessenvertretungen wie *Verbände* können relevante Kommunikatoren sein. *Konkurrenten* bilden eine Bezugsgruppe in dem Sinne, als die nach außen sichtbaren Aktivitäten aufmerksam von konkurrierenden Unternehmen als Benchmark geprüft werden. Schließlich stellen *Dienstleister* und Zulieferer sowie *Kreditgeber* und Aktionäre wesentliche Interaktionspartner dar.

Abb. 16: Bezugsgruppen einer Marke: Kommunikations- und Interaktionspartner (eigene Darstellung)

Zunächst wird ein Überblick über die Entwicklung verschiedener Verkaufsargumente und der zugrunde liegenden Bedürfnisse und Motive anhand ausgewählter Beispiele gegeben. So galt in den 1950er Jahren die Marke Braun als Synonym für exzellentes funktionales Design. Der von Dieter Rams 1956 entworfene Rundfunk-Plattenspieler SK 4, von Zeitgenossen als „Schneewittchensarg" tituliert, schien eine Sehnsucht nach Klarheit und *Ordnung* befriedigen zu wollen. Der Plattenspieler bestand aus einem schlichten weißen Metallkorpus mit durchsichtiger Plexiglashaube. Bereits drei Jahre nach Markteinführung wurde er in die Dauerausstellung des Museum of Modern Art in New York aufgenommen (vgl. Herwig 2005, S. 15).

In den 1960er Jahren warb Coca-Cola mit dem Slogan „Besser geht's mit Coca-Cola – mach' mal Pause mit Coke". Es bestand damals die Sehnsucht nach *Unabhängigkeit*, also wurde den Konsumenten ein einzigartiges amerikanisches Lebensgefühl versprochen. Im Film „Eins, Zwei, Drei" von Billy Wilder aus dem Jahr 1961 wurde dies mit unverhüllter Ironie deutlich: Coca-Cola hat die „Mission", die Bewohner der damaligen sozialistisch geführten Staaten vom freiheitlichen amerikanischen Lebensstil zu überzeugen.

1988 erfand die Agentur Wieden & Kennedy, Portland (USA), deren erster und größter Kunde Nike war (und immer noch ist), den inzwischen in der Populärkultur verwurzelten Slogan „Just do it". Ob als Lebensmotto oder materialisiert durch ein Tattoo des Logos „Swoosh" auf den Waden der Mitarbeiter – der Slogan scheint das Bedürfnis nach *körperlicher Aktivität* und (sportlicher) *Ehre* widerzuspiegeln.

In den 1990er Jahren transportierten Marken unabhängig vom Produkt eine einzigartige Geschichte, beispielsweise den Mythos um Harry Potter und seine Erfinderin Joanne Rowling. Dieser Mythos beinhaltet zum einen die Erzählung über den Zauberlehrling Harry Potter, aber zum anderen auch die Geschichte der Autorin: Die Romane der bettelarmen, allein erziehenden Mutter Rowling wurden (so heißt es zumindest) zunächst von vielen Lektoren abgelehnt. Später wurde sie dank ihrer Phantasie, die die *Neugier* und den Wunsch ihrer Leser nach *Freundschaft* und *Humor* befriedigte, reicher als die Queen.

Joanne Rowling verfügt mittlerweile über ein Vermögen von einer Milliarde US-Dollar (vgl. Associated Press 2006). Für die Marke Harry Potter wurde 2004 durch das Wirtschaftsmagazin Forbes ein Markenwert von 2,7 Milliarden Dollar geschätzt (vgl. Petrick-Löhr 2006).[8] Die Marke Harry Potter umfasst Produkte wie Spielwaren, Bekleidungsartikel, Schreibwaren, Einrichtungsgegenstände etc.

---

[8] Diese Angabe ist nicht mit den in Kapitel 2.2.1 dargestellten Markenwerten vergleichbar. Dennoch stellt der Wert einen Anhaltspunkt für die Attraktivität der Marke Harry Potter dar.

Die von Lindstrom festgestellte „Holistic Selling Proposition" der vergangenen zehn Jahre vereinigt wieder Produkt, Marke und Kommunikation. Am Beispiel des iPod von Apple wird deutlich, dass die Werbemaßnahmen ein multimodal erfassbares Versprechen geben: Sinnliches Vergnügen, einfache Bedienung, Möglichkeiten zur Kommunikation, Kreativität und zum Austausch befriedigen *Sinnlichkeit* und *Neugier* der Nutzer (vgl. Lindstrom 2005, S. 2 ff.).[9] Abbildung 17 gibt eine Übersicht über die Entwicklung der Versprechen von Marken.

Jahr	Marke	Versprechen	Befriedigt Sehnsucht u.a nach
1950	Braun	einzigartiges funktionelles Design	Ordnung
1960	Coca-Cola	einzigartiges amerikanisches Lebensgefühl	Unabhängigkeit
1980	Nike	einzigartige Zusammengehörigkeit der Mitarbeiter	Körperliche Aktivität, Ehre
1990	Harry Potter	Marke transportiert unabhängig vom physischen Produkt einzigartige Geschichte	Neugier, Beziehungen
2000 - ...	Apple	Identität der Marke spiegelt sich in einzigartiger multisensorisch dargebotenen Formen, Ritualen und Traditionen wieder	Sinnlichkeit, Neugier

Abb. 17: Evolution von Markenversprechen (eigene Darstellung)

Im Folgenden sollen die verschiedenen Nutzenversprechen der Markenhersteller aufgezeigt werden und mit zentralen Lebensmotiven der Verbraucher in Verbindung gebracht werden. Der US-amerikanische Verhaltenspsychologe Steven Reiss hat in den 1990er Jahren in einer weltweit angelegten Untersuchung 16 zentrale Lebensmotive ermittelt (vgl. Reiss 2004, S. 305 ff.). Diesen Motiven werden die in den untersuchten Ansätzen zum Markenverständnis am häufigsten erwähnten funktionalen, emotionalen oder expressiven Markennutzen zugeordnet. Die folgende Abbildung setzt die verschiedenen Lebensmotive der Konsumenten und die Nutzendimensionen einer Marke in Relation zueinander.[10]

---

[9] Zum sinnlichen Erfahrungsspektrum im Design siehe Schneider 1995.
[10] In der Abbildung wurden die 16 Motive in vier Gruppen eingeteilt.

2. Marke

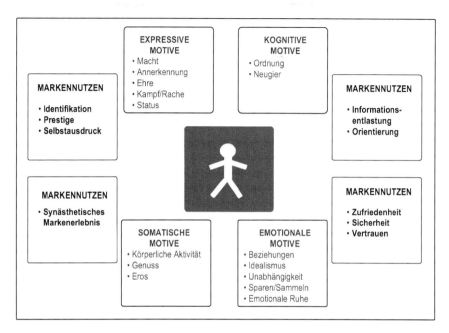

Abb. 18: Lebensmotive und Markennutzen (eigene Darstellung)

Die einzelnen Lebensmotive mit den dahinter stehenden Werten werden erläutert und mit den Nutzenversprechen in Beziehung gebracht. Im Idealfall korrespondieren die Versprechen der Marke mit den Beweggründen der Nutzer, die Marke gewinnt in diesem Fall an Faszinationskraft für die Bezugsgruppen.

Kognitive Motive

Unter kognitiven Motiven werden nach Reiss *Ordnung* und *Neugier* subsumiert. Ordnung ist beispielsweise mit Werten wie Stabilität, Klarheit und Organisation verknüpft, Neugier durch das Streben nach Wissen, Wahrheit oder Intellektualität gekennzeichnet. Marken bieten in diesem Zusammenhang die Nutzen *Orientierung* und *Informationsentlastung*: Ein (Sonic) Logo oder ein Jingle strukturieren die Wahrnehmung, erleichtern die Identifikation der Marke und machen sie „einfach, sekundenschnell und jederzeit und in jeder Umgebung erfassbar" (Geldmacher 1983, S. 538). Der kognitive Nutzen einer Marke besteht hier in der Vereinfachung von Informationsverarbeitungsprozessen für den Konsumenten (vgl. Aaker 1996, S. 9).

Emotionale Motive
Emotionale Lebensmotive lassen sich nach Reiss beispielsweise im Streben nach *Beziehungen* und *Familie* wieder finden. Damit werden Werte wie Freundschaft, Freude und Humor oder ein Familienleben mit der Erziehung eigener Kinder verfolgt. Etwas abstrakter erscheint das Lebensmotiv *Idealismus*, worunter Reiss das Verlangen nach sozialer Gerechtigkeit und Fairness versteht. Durch Nutzung einer Marke können die Konsumenten auch ethisch-ideelle Werte wie „Sinn, Verantwortung, Glaubwürdigkeit, Natürlichkeit" demonstrieren (Linxweiler 1999, S. 70). Das Motiv *Unabhängigkeit* mit den Werten Freiheit und Selbstgenügsamkeit schließt sich an. Unter *Sparen* bzw. *Sammeln* wird das Streben nach materiellen Gütern und Eigentum verstanden, unter *emotionaler Ruhe* eine Art „geistige Entspannung". Dieser Zustand korrespondiert mit den Nutzenversprechen *Zufriedenheit* und *Sicherheit*: Marken können zur Zufriedenheit während ihrer Nutzung beitragen (vgl. Aaker 1996, S. 9) und Sicherheit im Laufe der Gebrauchs-, Verbrauchs- und Entsorgungsphase erzeugen (vgl. Meffert/Burmann/ Koers 2002b, S. 10). In diesem Zusammenhang spielt nach Merten auch eine Rolle, dass eine Marke „immer und unbegrenzt verfügbar" sei (Merten 2003c, S.14). Domizlaff bemerkt hierzu, die Marke solle sich „an Stelle der Unsicherheit als geistigen Halt in der Vorstellungswelt [verankern]" (Domizlaff 1981, S. 179).

Domizlaff beschreibt das *Vertrauen* in Marken als „Triebfeder", die immer wieder zum Kauf der Marke veranlasse.[11] Das Markenvertrauen setzt sich demnach aus drei Elementen zusammen (vgl. Domizlaff 1982, S. 147):
1. Glauben an die Qualität
2. Preiswürdigkeit
3. langjährige Gewohnheit

Domizlaff versteht unter dem Begriff Vertrauen nicht das persönliche Vertrauen einer großen Zahl von Kunden, sondern ein „öffentliches Vertrauen", womit er das kollektive Vertrauen eines Publikums oder einer Kundschaft meint. Aaker schreibt dem Konzept der Markentreue ebenfalls den am höchsten einzustufenden Wert zu: „First, a brand's value to a firm is largely created by the customer loyalty it commands." (Aaker 1996, S. 21). Der Soziologe Alexander Deichsel bemerkt hierzu:

„Der einzelne Kunde vertraut vorwiegend deshalb, weil auch die anderen vertrauen – und er vertraut auf die Stabilität des Vertrauenssystems." (Deichsel 2004, S. 126)

Diese Aussage korrespondiert mit dem Kommunikationsmodell von Merten. Dieser geht von einem Kommunikationssystem aus, das aus reflexiven Strukturen besteht. Zu diesem System gehören zum Beispiel nicht nur die Zuschauer einer Nachrichten-

---

[11] Zum Aufbau von Vertrauen für Marken siehe auch Oetker 2003, S. 72 ff.

sendung, sondern auch alle Personen, von denen man vermutet, dass auch sie das Medium wahrnehmen und ihrerseits anderen unterstellen, dass sie es wahrnehmen (wobei der erste Zuschauer wiederum eingeschlossen ist) (vgl. Merten 1993, S. 197 f.).

Merten stellt heraus, dass ein zentrales Motiv menschlichen Handelns – zeitlich unabhängig und quer durch alle bekannten Kulturen – das Streben nach Sicherheit ist. Er stellt der „archaischen Urfurcht", die zum Gottglauben führt, die „Konsum-Unsicherheit" gegenüber, die zu Markenvertrauen führt:

„Völlig analog baut der Konsument seine ‚Marke' auf – als Fiktion, die nur geschaffen wird, um Unsicherheit im Umgang mit oder in der Nutzung von Fakten (Produkten) dauerhaft zu absorbieren." (Merten 2003c, S. 12)

Expressive Motive

Im Bereich der expressiven Motive ist nach Reiss zunächst *Macht* zu nennen, die durch die Werte Einfluss, Erfolg und Führung demonstriert werden kann. Ferner ist hier das Streben nach *Anerkennung* von Bedeutung, Anerkennung, die durch soziale Akzeptanz und Zugehörigkeit erreicht wird. Der Konsument profitiert in diesem Falle von der „Übertragung der positiven Eigenschaften einer Marke, die von allen geschätzt wird und einen hohen Bekanntheitsgrad aufweist" (Merten 2003c, S. 14). Meffert/Burmann sprechen in diesem Zusammenhang von einer Identifikationsfunktion, die verstanden werden kann als „Übertragung der Attribute der Marke auf die eigene Persönlichkeit, Definition des Eigenbildes und der sozialen Gruppenzugehörigkeit" (Meffert/Burmann/Koers 2002b, S. 10).

Ebenso stellt Reiss in diesem Zusammenhang ein Streben nach *Ehre* fest, das sich in den Werten Loyalität und Integrität manifestiert. Eine Demonstration des eigenen *Status* kann durch öffentliche Aufmerksamkeit und Prestige erreicht werden. *Rache* und *Kampf* werden nach Reiss durch Aggression, Konkurrenz und Vergeltung ins Zentrum der Bedürfnisse gestellt.

Somatische Motive

Somatische Motive sind für den Gegenstand der multisensorischen Markenführung von besonderem Interesse. Hierbei werden nach Reiss drei Grundmotive deutlich: Das Streben nach *körperlicher Aktivität* durch Bewegung und Fitness, nach *Eros* im Sinne von körperlicher Schönheit, Sinnlichkeit und sexueller Aktivität sowie *Genuss* im Sinne von Befriedigung durch Nahrung. Linxweiler spricht in diesem Zusammenhang von Selbstausdruck durch emotional-motivierende Werte wie Liebe, Erotik, Angst oder Luxus (vgl. Linxweiler 1999, S. 70). Der Markennutzen besteht hier in einem intermodal integrierten Markenerlebnis.

Schlussfolgerungen
Die in den untersuchten Ansätzen zum Markenverständnis erwähnten Nutzenversprechen verweisen am häufigsten auf die Nutzen Orientierung, Vertrauen und Sicherheit. Diese Nutzen sind zweifellos relevant, wenn es darum geht, kognitive aber auch emotionale Grundmotive des menschlichen Handelns zu reflektieren. Aus Perspektive der Konsumenten jedoch wurden in den bisherigen Ansätzen die somatischen Lebensmotive nicht ausreichend berücksichtigt. Es ist davon auszugehen, dass Markennutzen wie ein intermodal integriertes Markenerlebnis Aufmerksamkeit und Wahrnehmung der Marke beeinflussen und so positiv zur Präferenzbildung durch die Bezugsgruppen beitragen können.

2.3.3 Multisensorisches Branding

In diesem Abschnitt werden die Ansätze erläutert, die sich mit dem Gegenstand des multisensorischen Branding auseinandergesetzt haben.

Konzept von Jackson
Der Ansatz zum Markenverständnis von Jackson soll dargestellt und kritisch hinterfragt werden (vgl. Jackson 2003, S. 49 ff.). Nach Jackson bildet eine Idee oder eine Überzeugung den Ausgangspunkt einer Marke:

„An idea, stemming from belief, that through its consistent identity, experience and the positive emotional investment (PEI) of stakeholders, creates sustainable benefits." (Jackson 2003, S. 169)

Jackson geht in seinem Ansatz nicht von einem physischen Produkt aus, sondern von einer Annahme, einer Behauptung oder einem Glauben, der von möglichst vielen Menschen geteilt wird, beispielsweise im Falle der Marke Starbucks: „European-style coffee shops are cool places to hang out." (Jackson 2003, S. 169). Daraus leitet sich nach Jackson die Idee ab, die von den unterschiedlichen Bezugsgruppen geteilt und unterstützt wird: „We think a European-style coffee shop run by you would work in the USA." (Jackson 2003, S. 169).

Der Markenname, Logo sowie weitere Symbole bilden die Brand Identity. Diese ist Gestaltungsgrundlage für alle Kommunikationsmittel und -maßnahmen, mit denen die Bezugsgruppen in Berührung kommen und die die Marke sinnlich erfahrbar machen (Brand Experience): Architektur, Telefonwarteschleife, Musik, Verpackungsdesign etc.

2. Marke

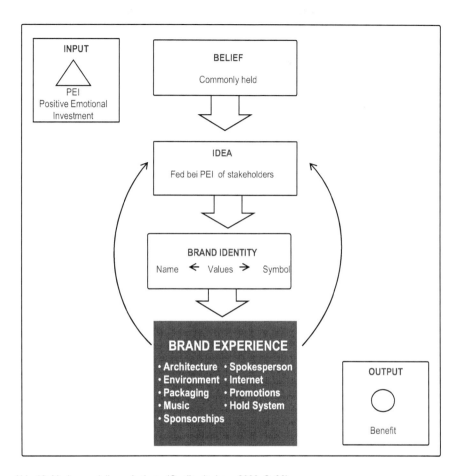

Abb. 19: Markenmodell von Jackson (Quelle: Jackson 2003, S. 86)

Kritik am Modell von Jackson

Jackson beschreibt den Entwicklungsprozess einer Marke weitgehend aus Herstellersicht: Ausgehend von einer Überzeugung wird eine Idee für ein bestimmtes Produkt oder eine Dienstleistung abgeleitet und mit einer spezifischen Brand Identity ausgestattet. Der Konsument erscheint isoliert in Form von Input (Glauben an die Idee der

Marke) und Output (Nutzen von der Marke). Das physische Produkt spielt in den Betrachtungen von Jackson keine Rolle. Jackson vernachlässigt ebenfalls die kommunikativen Aspekte der Marke.

Konzept von Domizlaff

Domizlaff verwendet eine Analogie aus dem Bereich der Musik zur Verdeutlichung der Wahrnehmung einer Marke durch den Konsumenten. Eine Marke bildet demnach in ihrer Gesamtwirkung einen „Akkord aus allen Sinnen" (Domizlaff 1982, S. 139). Domizlaff bezeichnet die werbliche Kommunikation als „Stimme des Unternehmens" (und nicht etwa als „Aushängeschild"): Die Stimme bringe den besonderen Charakter des Unternehmers oder des Unternehmens zum Ausdruck (Domizlaff 1982, S. 71). Domizlaff betont die harmonische Abstimmung aller Gestaltungsparameter:

> „Ebenso wird ein musikalischer Mensch auch die geringste Änderung im Zusammenklang eines Akkordes bemerken, mag es auch eine ganz untergeordnete Stimme sein, die er als einzelnen Bestandteil gar nicht zu bestimmen vermag." (Domizlaff 1982, S. 139)

Der Ansatz von Domizlaff ist insofern für das multisensorische Branding interessant, als er aus der Perspektive der Konsumenten argumentiert und die Wichtigkeit der synästhetischen Gesamtwahrnehmung der Marke herausstellt.

Konzept von Geldmacher

Wie bereits in Abschnitt 2.2.2 dargelegt, bietet der Begriff der Faszination viele Ansatzpunkte, um die Marke als kommunikatives Phänomen zu untersuchen. Der Terminus erscheint ebenfalls geeignet, um die Aspekte des multisensorischen Brandings zu erfassen. Geldmacher definiert in seinem GER-Markenführungssystem eine Marke als „eine durch besondere Produkt-, Angebots-, Preis- und Kommunikationsfaszination gekennzeichnete und wiedererkennbare Ganzheit" (Geldmacher 1983, S. 542).

Geldmacher stellt fest, dass eine besondere und typische Farbe, Klang, Duft, Konsistenz oder Geschmack eines Produktes nicht nur eine sinnliche Faszination auf den Konsumenten ausübt – sie macht es ihm auch möglich, das Produkt leicht wieder zu erkennen und von anderen konkurrierenden Produkten zu unterscheiden. Der Ansatz von Geldmacher bietet für die Analyse und Konzeption multisensuell orientierter Marken ein Grundraster, das sowohl Aspekte des Produktes, des Angebots und der Kommunikation integriert.

Konzept von Linxweiler

Richard Linxweiler vertritt einen pragmatischen Ansatz zur Konzeption und Gestaltung von Marken (Linxweiler 1999).

> „Die wahrgenommene Marke beinhaltet neben der physischen Präsenz ebenso die symbolischen inneren Bilder (...) einschließlich all der multisensualen Erlebnisse, wie Geschmack, Geruch, Haptik, Akustik etc." (Linxweiler 1999, S. 17)

Nach Linxweiler unterscheiden sich Produkt und Marke durch „direktes Markendesign" und „indirektes Markendesign" (Linxweiler 1999, S. 21). Direktes Markendesign bezieht sich demnach auf alle dem Konsumenten unmittelbar physisch präsenten Objekte oder Ereignisse: die Gestaltung des Produktes, die der Verpackung, die Beratung. Unter indirektem Markendesign versteht er alle Maßnahmen, die medial vermittelt werden: Werbung, Sponsoring etc. Wahrnehmbar werden die durch das direkte und indirekte Markendesign vermittelten Markeninformationen wie Material, Form, Farbe, Duftstoffe usw. Der Konsument erfasst diese kognitiven und affektiven Informationen durch seine fünf Sinne, sie haben im Idealfall eine aktivierende Wirkung und verschaffen dem Konsumenten sensuale Konsumerlebnisse.

Abb. 20: Struktur der pragmatisch orientierten Markenführung (Quelle: Linxweiler 1999, S. 148)

Grenzen des Modells von Linxweiler

Linxweiler orientiert sein Markenmodell in kommunikativer Hinsicht entlang der Lasswell-Formel (Linxweiler 1999, S. 137). Dies ist insofern zu kritisieren, als der Aspekt der Wechselseitigkeit der Kommunikation sowie Feedbackprozesse weitgehend ausgeklammert werden.

Auch die Unterscheidung von direktem und indirektem Markendesign ist nicht immer sinnvoll. Linxweiler ordnet letzterem auch Sponsoring-Maßnahmen wie beispielsweise Events zu. Dass man hier nicht nur von indirektem Markendesign sprechen kann, wird am Beispiel eines Streetball-Wettbewerbs mit Sponsor Adidas deutlich. Hier haben die Besucher unmittelbare physisch präsente Erlebnisse. Diese bestehen nicht nur aus dem Produkt an sich (dem Turnschuh oder der Bekleidung), sondern möglicherweise aus Musik, Gedränge, lauten Begeisterungsstürmen, Getränken und Speisen.

Konzept von Lindstrom

Lindstrom hat im Jahr 2003 gemeinsam mit dem US-amerikanischen Marktforschungsunternehmen Millward Brown eine global angelegte Studie durchgeführt (vgl. Millward Brown 2006). Zunächst wurden in 13 Ländern qualitative Erhebungen mit Fokusgruppen durchgeführt. In einem zweiten Schritt wurden 2000 Personen in einer quantitativ angelegten Online-Studie befragt.

Untersucht wurden dabei globale Marken wie Coca-Cola, Mercedes-Benz, Ford, Gillette, Nike und McDonald's. Als zentrale Ergebnisse der Studie stellt Lindstrom heraus, dass der Einsatz multisensorischer Parameter synergetische Effekte haben kann, sofern den einzelnen Gestaltungsmitteln ein gemeinsames „Leitmotiv" zugrunde liegt. Zweitens wurde nachgewiesen, dass die Rezeption olfaktorischer, gustatorischer und haptischer Stimuli eng mit dem Erlebniswert von Marke und Markenvertrauen verknüpft ist. Im Bereich des auditiven Systems hebt Lindstrom hervor, dass ein Drittel aller Befragten die Marke eines Automobils am Klang der zuschlagenden Tür erkennen kann (vgl. Millward Brown 2006). Lindstrom visualisiert die Wahrnehmungsprofile der Marken mithilfe eines „Sensogramms".

2. Marke

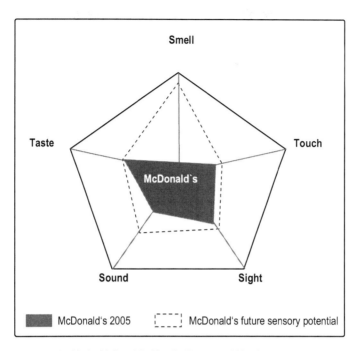

Abb. 21: Sensogramm der Marke McDonald's (Quelle: Lindstrom 2005, S. 71)

Die Abbildung zeigt aktuelle und potenzielle Assoziationen von Konsumenten, die für die Marke McDonald's ermittelt wurden. Überwiegend wurden visuelle und gustatorische Assoziationen genannt, taktile und auditive Verknüpfungen wurden als weniger bedeutend eingestuft. Lindstrom stellt heraus, dass das Potenzial der Fast-Food-Kette zukünftig in den Bereichen der olfaktorischen und auditiven Gestaltung der Produkte, Restaurants und kommunikativen Aktivitäten liegt.

Die Studie von Lindstrom ist die erste global angelegte Untersuchung im Bereich der multisensorischen Markenführung. Ihr Hauptnutzen ist nicht in den tatsächlichen Ergebnissen und Analysen für einzelne Marken zu sehen, sondern darin, dass eine Methodik entwickelt wurde, um die multisensorischen Aspekte einer Marke in Bezug auf einen größeren Personenkreis zu erfassen.

Konzept von Schmitt/Simonson

Die amerikanischen Betriebswissenschaftler Bernd Schmitt und Alexander Simonson haben den Begriff der „Marketing-Ästhetik" geprägt (Schmitt/Simonson 1998). Sie messen den ästhetischen Erfahrungen im Alltagsleben der Konsumenten einen grundsätzlich hohen Stellenwert bei und betonen das daraus resultierende große Bedürfnis der Kunden, über eine Vielzahl von sensorischen Erlebnissen angesprochen zu werden.

Schmitt/Simonson betonen die Wichtigkeit des Aufbaus einer Tonidentität insbesondere für geräuschintensive Dienstleistungen wie denen von Fluggesellschaften, Ärzten, Friseuren, Hotels oder Restaurants:

> „Ihre inhärente Veränderlichkeit und Variationsleichtigkeit macht Geräusche zu einem flexiblen, kostengünstigen Instrument für die Schaffung und Optimierung von Identitäten." (Schmitt/Simonson 1998, S. 136)

Schmitt/Simonson versuchen anhand vieler Praxisbeispiele – etwa einer Untersuchung visueller und akustischer Elemente der Marken Nike oder Absolut Wodka – nachzuweisen, dass es ein Bedürfnis auf Seiten des Konsumenten nach mehr sinnlichem Erleben gibt. Auf Herstellerseite sehen sie die Chance, durch „ästhetische" multisensuelle Markengestaltung Me-too-Produkten eine Alleinstellung und damit einen Mehrwert zu verschaffen. Eine theoretische Einbindung in die Bereiche der Ästhetik oder Wahrnehmungspsychologie erfolgt jedoch in nicht ausreichendem Maß.

Konzept von Weinberg

Weinberg stellt neben den weiter oben bereits behandelten Elementen einer Marke – wie kommunikative Maßnahmen und dem Produkt als solchen – vor allem die Potenziale der Ladengestaltung im Hinblick auf sinnliche Konsumerlebnisse heraus. Auf emotionaler Ebene erfolge die „Ansprache" hier durch nicht-sprachliche Reize, die angenehme Gefühle erzeuge. In den als Erlebniswelt gestalteten Läden sollen zum einen spezifische Kenntnisse über die Marke vermittelt, zum anderen angenehme Gefühle ausgelöst werden. Ziel ist, eine persönliche Relevanz für den Konsumenten zu kreieren. Sie soll von den Käufern mit möglichst vielen Sinnen wahrgenommen werden und ganzheitlich wirken (vgl. Weinberg/Diehl 2001). Weinberg attestiert den Markenerlebniswelten mit den in ihnen erfahrbaren sinnlichen Erlebnissen einen Beitrag zur Steigerung der Lebensqualität von Konsumenten zu leisten.

Die Idee, den Umsatz durch originell gestaltete Verkaufsräume zu verbessern, ist naturgemäß nicht neu: Die Inszenierung von geheimen oder für den Kunden normalerweise nicht zugänglichen Orten verlieh schon einer Vielzahl von Produkten zusätzliche Ausstrahlung. Ein prominentes Beispiel hierfür ist die aufwändige Inszenierung der „Egyptian Escalators" im Kaufhaus Harrods in London. Als Mohamed Al Fayed in der Mitte der 1980er Jahre Harrods übernahm, ließ er gemeinsam mit Experten des British

Museum für 20 Millionen Pfund im Kaufhaus eine Kulisse von ägyptischen Tempeln aufbauen – eine von vielen Maßnahmen, die das Kaufhaus für Besucher attraktiver machen sollte (vgl. Harrods 2006).

Nicht nur in Fachkreisen sorgte das 2003 in Birmingham eröffnete Kaufhaus der Marke Selfridges für Furore. Wegen seiner schillernden Außenhaut, die einem Kleid des Modedesigners Paco Rabane nachempfunden ist, wurde das Kaufhaus längst zum Wahrzeichen der britischen Metropole (vgl. Osten-Sacken 2004, S. 14 ff.; vgl. Parker/Long 2004, S. 52 f.; vgl. Leuschel 2004, S. 82 ff.).

Erlebniswelten bieten den Kunden eine Vielzahl von sensorischen Stimuli: Neben Texten, Bildern und Videos sollen Geräusche, Gerüche und haptische Erfahrungen die Aufmerksamkeit der Verbraucher auf die Marke lenken und dauerhaft als Kunden binden (vgl. Schmitt/Simonson 1998, S.45; vgl. Knoblich 1994, S. 850 ff.; vgl. Opaschowski 1993, S. 77). Gerhard Schulze hat Erklärungen für den Erfolg der Erlebniswelten gefunden: Seinen Studien zufolge verhalten sich die Motive der Produzenten und der Konsumenten komplementär zueinander: Während die Produzenten Einfluss auf das Innenleben der Konsumenten nehmen wollen, möchte das Publikum (der Konsument) innerlich bewegt werden (vgl. Schulze 2002, S. 976).

Phänomen Gesamtkunstwerk
Den Themenkomplex der Erlebniswelt soll auch aus dem Blickwinkel des Phänomens „Gesamtkunstwerk" betrachtet werden. Der Begriff des Gesamtkunstwerks wird aus zwei unterschiedlichen Perspektiven gesehen und diskutiert:
1. Gesamtkunstwerk als synästhetische Kunst: Als Gesamtkunstwerk wird die Addierung der einzelnen Kunstgattungen wie z.B. Poesie, Musik, Bildende Kunst usw. verstanden (vgl. Kremer 1994, S. 11).
2. Gesamtkunstwerk als Auflösung der Grenzen zwischen Akteuren und Zuschauern: Der Zuschauer soll gleichzeitig Akteur sein, der Akteur auch Zuschauer (vgl. Uhlenbruch 1994, S. 185).

Der Literaturwissenschaftler Hans Günther zeigt ein weites Spektrum von Ansätzen aus kunst- und gesellschaftswissenschaftlichen Perspektiven auf (vgl. Günther 1994).[12] Die Spanne dessen, was als Gesamtkunstwerk bezeichnet wird, reicht von den Opern Richard Wagners über literarische Salons, die russisch-orthodoxe kirchliche Liturgie bis hin zu Popstars wie Madonna (vgl. Lange 1994, S. 276 ff.)

Der Begriff des Gesamtkunstwerks eignet sich, um mit seiner Hilfe weitere Aspekte des multisensorischen Brandings aufzuzeigen. Zum einen macht er deutlich,

---

[12] Zum digitalen Gesamtkunstwerk vgl. Rötzer 1993, S. 11 ff.

dass die Trennung zwischen Marke und Konsument in Auflösung begriffen sein könnte: der Konsument als Kommunikations- und Interaktionspartner formt die Marke in dem Maße, wie die Marke ihn formt. Er wird durch die Verwendung der Marke selber Teil des Gesamtkunstwerkes.

Zum anderen zeigt das Phänomen des Gesamtkunstwerkes auf, dass durch die Zusammenführung der verschiedenen Kunstgattungen oder analog durch den Einsatz der verschiedenen Kommunikationsmittel nicht bloß eine Addition stattfindet, sondern dass vielmehr etwas Neues entsteht, welches nur in seiner Ganzheit beurteilt werden kann.

Schlussfolgerungen
Aus den aufgeführten Ansätzen können für die Konzeption eines intermodal integrierten Markenmodells die folgenden Schlüsse gezogen werden: Zum einen sollte der Konsument als Interaktionspartner der Marke in den Mittelpunkt gestellt werden. Seine Sichtweise und seine Interpretation der einzelnen Bestandteile der Marke sind entscheidend. Bei der Vermittlung multimodaler Markenbilder sollten sowohl die mittelbaren als auch die unmittelbaren Wahrnehmungskomplexe berücksichtigt werden. Ferner ist davon auszugehen, dass eine intermodal integrierte Wahrnehmung mehr als eine Addition der einzelnen Teile darstellt.

2.4 Konzept eines intermodal integrierten Markenerlebnisses

Im Folgenden werden die Elemente eines intermodal integrierten Markenerlebnisses erläutert und abschließend in einem Modell miteinander in Beziehung gesetzt. Zuvor werden die für das Konzept relevanten theoretischen Positionen der synästhetischen Wahrnehmung aufgezeigt.

Die Koppelung verschiedener Sinnesmodalitäten wird als intermodale Verknüpfung bezeichnet. Der Produktsounddesigner Michael Haverkamp, der sich auf synästhetisches Design spezialisiert hat, stellt fünf verschiedene Verknüpfungsstrategien fest, die in der folgenden Abbildung zu vier Strategien verdichtet wurden.

2. Marke

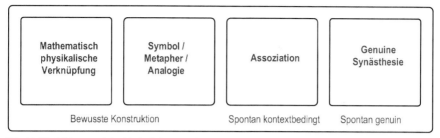

Abb. 22: Modell intermodaler Verknüpfungen (Quelle: Haverkamp 2006, S. 1)

Zu den bewusst konstruierten Kombinationen zählen mathematisch physikalische Verknüpfungen. Darunter werden beispielsweise die Frequenz und Wellenlänge eines auditiven Reizes und seine Entsprechung im visuellen Bereich verstanden. Symbole, Metaphern und Analogien zeichnen sich durch vielfältige, anschauliche Begriffsinhalte mit repräsentativer Bedeutung aus (vgl. Kurz 2004, S. 71 ff.). Als intersensoriell symbolische Orientierungen gelten (vgl. Kurz 2004, S. 72):

- rechts – links
- oben – unten
- hell – dunkel
- innen – außen
- kalt – warm

Im Bereich der auditiven Wahrnehmung haben die folgenden Klänge einen hohen symbolischen Gehalt: Meer, Wind, Glocke, Hörner und Sirenen. Schafer bezeichnet sie deshalb als Archetypen (vgl. Schafer 1988, S. 217 ff.).

Metaphern werden als erkenntnisorientierende Modelle dazu genutzt, neue Wirklichkeiten zu schaffen. Beispiele für metaphorische Kopplungen sind die Bezeichnungen von warmen oder kalten Farben, hellen oder dunklen Tönen, trockenem oder schwerem Wein. Intermodale Metaphern oder Analogien bilden dabei nicht nur die empfundene Ähnlichkeit ab, sie rufen sie vielmehr für den Wahrnehmenden hervor.

Die Assoziation lässt sich in die spontan kontextbedingten intermodalen Verbindungen von Vorstellungen einordnen. Eine solche liegt vor, wenn die „Identifikation von Objekten in einem Sinnesbereich (z.b. Glockenklang) zur Verknüpfung von Objekteigenschaften eines anderen Sinnesbereiches (visuelle Erscheinung einer Glocke) führt" (Haverkamp 2006b, S. 14).

Im Gegensatz zur intermodalen Assoziation, zu der jeder Mensch in der Lage ist, lässt sich eine genuine (angeborene) Synästhesie nur bei sehr wenigen Menschen feststellen. Auch hier erfolgt eine Vermischung der Sinneswahrnehmungen. Bei der Stimulation einer Sinnesqualität kommt es in einer anderen Sinnesqualität zu einer Wahrnehmung. Beispielsweise wird beim Hören eines Klangs gleichzeitig eine Farbe wahrgenommen. Bei genuinen Synästhetikern ist diese Kopplung determiniert, das heißt, es wird beim Eintreffen identischer Reize immer dieselbe Sinnesqualität mit erregt.

Durch die Erforschung des Phänomens der Synästhesie hoffen Neurologen, die auf dem Gebiet der Wahrnehmung forschen, besser zu verstehen, wie der Wahrnehmungsprozess und die intermodale Integration entstehen können (vgl. Cytowic 1996). Nach Ansicht des Synästhesieforschers Hinderk Emrich gliedert sich der Wahrnehmungsprozess in drei Abschnitte. Zunächst werden die Sinnesdaten gesammelt:

„Das Nervensystem geht bei der Wahrnehmung selektiv, konstruktiv und interpretativ vor: Es wählt Wichtiges aus den vielen Informationen aus, die die Sinnesorgane aufnehmen, es ergänzt unvollständige oder uneindeutige Informationen und versucht sie richtig einzuordnen." (Emrich/Schneider/Zedler 2002, S. 31)

Wahrnehmung ist demnach kein geradliniger Prozess, sondern vielmehr das Ergebnis einer ständigen „Konzeptualisierung" durch ein „mitlaufendes inneres Weltbild" im Sinne einer konstruktivistischen Weltsicht (vgl. Damasio 2003, S. 381 ff.; Schmidt 1994, S. 10) Bei widersprüchlichen Reizen werden die Sinnesdaten laut Emrich so interpretiert, dass sie den Regeln der bisherigen Wirklichkeitserfahrung entsprechen:

„Die Bilder, die unsere Augen melden, werden gewissermaßen ‚online' mit internen, d.h. im Gehirn vorhandenen ‚Weltbildern' verglichen. Zusätzlich zu den Sinnesdaten, die z. B. aus der Netzhaut des Auges in das Gehirn gelangen, kommt es quasi zu einer Art Gegenbewegung: Das Ergebnis der Auswertung wird von innen nach außen projiziert – aufgrund intern erzeugter ‚Weltmodelle'." (Emrich/Schneider/Zedler 2002, S. 31)

Emrich/Schneider/Zedler verweisen in diesem Kontext auch auf den amerikanischen Kommunikationsforscher Paul Watzlawick und sein Konzept der „wirklichkeits

2. Marke

schaffenden Fiktion".[13] Der Prozess der Wahrnehmung von Fakten und Fiktionen beeinflusst sich demnach gegenseitig: Das, was tatsächlich gesehen, gehört, gefühlt etc. wird, hängt maßgeblich von den vorab gespeicherten Informationen und Weltmodellen ab. Dabei ist für den Wahrnehmenden oft nicht mehr klar zu trennen, was Fakt und was Fiktion ist. Beides vermischt sich in einem intermodal integrierten Gesamterlebnis.

Konzeptvorschlag

Die bisherigen Überlegungen resultieren in der folgenden Markendefinition, die dem Konzeptvorschlag zugrunde liegt:

> **Eine Marke ist als kommunikatives Phänomen zu verstehen, dessen Wirkung sich aus unmittelbar wahrnehmbaren Produktmerkmalen und mittelbar wahrnehmbaren Markenbildern zusammensetzt. In der Wahrnehmung durch die Bezugsgruppen verschränken sich beide konstitutiven Markenelemente zu einem intermodal integrierten Markenerlebnis.**

Das Modell gliedert sich folglich in drei Teile: das Produkt, die Kommunikation und das daraus resultierende intermodal integrierte Markenerlebnis. Die einzelnen Teile des Konzeptes werden im Folgenden erläutert:

Produkt

Das materielle Produkt als Faktum oder auch die Dienstleistung und die Situation, in der sie erlebt wird, werden zunächst durch die Sinnenwelt (mundus sensibilis) der Bezugsgruppen unmittelbar wahrgenommen. Alle sichtbaren, hörbaren, fühlbaren, riechbaren oder schmeckbaren Produktmerkmale werden ganzheitlich durch die Sinnesmodalitäten erfasst. Der Verwendungskontext schließt dabei sowohl intendierte als auch nicht intendierte Nutzungsmöglichkeiten des Produktes ein. Die sensorischen Erlebnisse ergeben eine intermodal integrierte Gesamtwahrnehmung des Produktes.

Kommunikation

Die Kommunikation beinhaltet visuelle, auditive, olfaktorische, taktile und gustatorische Markenbilder. Sie sollen die geistigen Modalitäten, den Bereich des Denk- und Vorstellbaren (mundus intelligibilis) der Bezugsgruppen stimulieren.

---

[13] Die Interaktion von mentalen Konzepten, Vorurteilen und Sinnesdaten korrespondiert demnach mit dem von Watzlawick entwickelten Modell der „wirklichkeitsschaffenden Fiktion" (Watzlawick 1985).

Die kommunikative Inszenierung der Inhalte erfolgt medial und wird dementsprechend als mittelbarer, immaterieller Wahrnehmungskomplex bezeichnet. Die Inhalte haben jedoch fiktiven Charakter, sie werden vom Produkt abgelöst, beeinflussen aber die Wahrnehmung des Produktes durch vorgestellte Erlebnisse und Geschichten. Maßgeblich ist der Interpretationskontext der Markenbilder – so können auch hier intendierte und nicht intendierte Bedeutungsinhalte durch die Bezugsgruppen interpretiert werden. Die fiktionalen Markenbilder ergeben eine intermodal integrierte Gesamtwahrnehmung der Kommunikation.

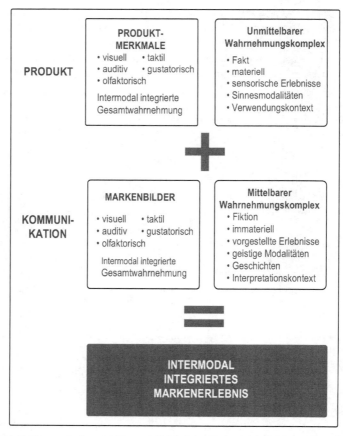

Abb. 23: Produkt, Kommunikation und intermodal integriertes Markenerlebnis (eigene Darstellung)

Intermodal integriertes Markenerlebnis
Im Zusammenschluss von Produkt und Kommunikation wird die Verschränkung von Fakt und Fiktion deutlich. Die Gesamtwahrnehmung des Faktes, des materiellen Produktes, überlagert die Gesamtwahrnehmung der Fiktion, der „immateriellen" Kommunikation. Dabei verschränken sich der Fakt und die Fiktion, das Produkt und die Kommunikation über das Produkt, das sich aus symbolischen Markenbildern zusammensetzt. Im intermodal integrierten Gesamterlebnis kann nicht mehr zwischen Fakt und Fiktion unterschieden werden. Beide Wahrnehmungen – die Gesamtwahrnehmung des Produktes sowie die Gesamtwahrnehmung der Kommunikation werden miteinander kombiniert: das Gesamterlebnis wiederum wirkt jeweils auch rückwärts gerichtet auf die einzelnen Wahrnehmungen.

2.5 Zusammenfassung

Nach der Untersuchung und Bewertung spezifischer Markenkonzepte hinsichtlich ihrer Realitätsnähe und ihres Gestaltungspotenzials für Sonic Branding hat sich die eingangs festgestellte Forschungslücke nicht nur bestätigt, sondern noch erhärtet: Es fehlen Konzepte für die stimmige Integration der auditiven Gestaltungsdimensionen einer Marke und deren Widerspiegelung in den verschiedenen Medien. Auf der Basis der erarbeiteten theoretischen Grundlagen sollen im folgenden Kapitel Möglichkeiten einer klanglichen Gestaltung von Marken aufgezeigt werden.

> „Ich verstehe nichts von Musik.
> In meinem Fach ist das nicht nötig."
> *Elvis Presley (1935-1977)*

3 Brand Sounds: Begriffsklärung und theoretische Grundlagen

In diesem Kapitel werden zunächst die akustischen Basiselemente Klang, Geräusch und Ton näher bestimmt. Des Weiteren werden die Komponenten von Brand Sounds – Produktsound, Sonic Logo, Jingle etc. – mit ihren Gestaltungskriterien erläutert. Unter besonderer Berücksichtigung der knapp bemessenen Anzahl von Publikationen zum Thema Sonic Branding soll dieses Kapitel einen Überblick über den aktuellen Kenntnisstand geben und durch die Definition grundlegender Begriffe eine Basis für die empirische Untersuchung bilden.

Um die Relevanz von Sonic Branding zu begründen, werden die physiologischen und psychologischen Grundlagen auditiver Gestaltwahrnehmung expliziert. Besonders im Hinblick auf die praktische Arbeit mit Brand Sounds werden abschließend Methoden zur Verbalisierung von Klängen präsentiert.

3.1 Akustische Basiselemente: Begriffsbestimmungen

Im Zusammenhang mit der Konzeption von Sonic Branding ist oft von Sounds, Geräuschen, Tönen und Klängen die Rede. Dabei können auch Tonarten, Akkorde, Tonfolgen, Melodien oder Klangfarben gemeint sein. In vielen Musikstücken werden Geräusche gemeinsam mit Klängen eingesetzt. Vor diesem Hintergrund wird klar, dass eine klare Abgrenzung zwischen einzelnen klanglichen Phänomenen nur aus theoretischer Perspektive möglich ist. In der Fachliteratur werden oft unterschiedliche Begriffsbestimmungen von einem Autor synonym verwendet – dabei wird die damit verbundene Bedeutungsvielfalt selten erläutert und die mit einer mangelnden Definition der Begriffe verbundenen Unsicherheiten werden verschwiegen. Auch in den im Rahmen dieser Untersuchung geführten Experteninterviews betonten die Vertreter der Sonic Branding-Agenturen, dass Verständigungsschwierigkeiten bei der Analyse und Bewertung von Klängen eine Hauptursache für aufwändige Korrekturschleifen und Feedbackprozesse zwischen den Agenturen, Komponisten und Kunden sind (vgl. Abschnitt 5.4.4). In den folgenden Abschnitten soll deshalb die Begriffsgeschichte und die Verwendung der Begriffe Klang, Ton, Geräusch und Sound nachgezeichnet und definiert werden.

Abgrenzung der Begriffe Sonic und Sound

Sonic Branding und Sound Branding werden meist synonym benutzt. Der Begriff „Sonic" wird mit „Ton, Schall, Ultraschall" übersetzt, der Begriff „Sound" meint „Schall, Ton, Klang" (Weißing 1992, S. 105). Mit Produktsound ist der typische Klang eines Produktes gemeint. Man spricht auch von Sounds, wenn es im Tonstudio um die

Bearbeitung von Klängen im Bereich von Rock- und Popmusik geht. Dies gilt ebenso für die Regisseure der Generation „New Hollywood", die in den 1970er Jahren in Filmen wie Star Wars (USA 1977, George Lucas) oder Apocalypse Now (USA 1979, Francis Ford Coppola) gemeinsam mit Sounddesignern die Tonspur zu einem „atemberaubenden Spektakel" erhöhten (vgl. Flückiger 2002, S. 13 ff.). Im Bereich der digitalen Medien werden heute oft alle klanglichen Elemente, die nicht konkret zu benennen sind, unter dem Begriff „Sound Effects" zusammengefasst.[1]

Im Vergleich der Begriffe „Sound Branding" und „Sonic Branding" ist letzterer zu bevorzugen, da „Sonic" im deutschen Sprachraum noch nicht mit den verschiedensten Bedeutungen belegt ist.

Begriffsbestimmungen: Schall, Geräusch, Ton, Klang
In der Umgangssprache werden Geräusche, vor allem, wenn sie laut sind, auch als Lärm bezeichnet. Laute werden zumeist Menschen oder Tieren zugeordnet – als menschliche Laute gelten seufzen oder kichern, wohingegen meckern, piepen, schnauben oder röhren eher der Tierwelt zugeordnete Verben sind.

In der deutschen und der fremdsprachigen Fachliteratur werden die Begriffe Geräusch, Klang und Ton uneinheitlich benutzt. Der englische Begriff *noise* bedeutet nicht nur Geräusch, sondern auch Rauschen oder Lärm. Im französischen Sprachraum wird *sound effect* mit *bruit* übersetzt. *Bruit* bedeutet im Englischen *noise* und wird ins Deutsche ebenfalls durch die Begriffe *Geräusch* sowie *Krach* und *Lärm* übertragen.

Der Begriff Schall wird als Oberbegriff für sich in der Luft oder in anderen Medien ausbreitende Druckschwankungen verwendet und bezeichnet unbestimmt jede Art von Reizen, die durch das auditive Sinnessystem wahrnehmbar sind: „Sound is essentially mechanical radiation in material media." (Lindsay 1973b, S. 3). Schall breitet sich in Luft mit ca. 340 Metern pro Sekunde aus, in Wasser dagegen ist er mehr als viermal so schnell (1531 Meter pro Sekunde).[2] Dabei werden die Luftmoleküle in Pendelbewegungen versetzt. Bereits in der späten Antike wurde der Bewegungsaspekt von Schall durch den Philosophen und Übersetzer von Aristoteles, Anicius Boethius (480-524), betont:

„With all things motionless no sound can be produced. Hence sound is defined as a due to a percussion of the air, which persists undissipated until it is heard." (Boethius 1867, S. 36)

---

[1] Beispielsweise die Vertonung von Simulation und Animation in Computerspielen.
[2] Dieses Phänomen wird in Wellness-Bädern genutzt: Unterwassermusik kann hier von Badenden gehört werden, sofern sich die Ohren unterhalb der Wasseroberfläche befinden. Die Anbieter von „Liquid Sound" versprechen einen entspannenden Effekt und Stressabbau (vgl. Toskana Therme Bad Sulza 2006).

3. Brand Sounds

Der Physiker Hermann von Helmholtz Klang definiert Klang in seinem Standardwerk „Die Lehre von den Tonempfindungen" in der Mitte des 19. Jahrhunderts in Abgrenzung zum Geräusch:

„Die Empfindung eines Klanges wird durch schnelle periodische Bewegungen der tönenden Körper hervorgebracht, die eines Geräusches durch nicht periodische Bewegungen." (Helmholtz 1913, S.15 f.)

In der Umgangssprache gilt diese Trennung zwischen Klang und Geräusch immer noch. In der Fachliteratur jedoch werden zwei Argumente gegen die Helmholtz'sche Definition von Klang und Geräusch vorgebracht: Der Musikwissenschaftler Wolfgang Thies kritisiert die Beschreibung von Schallmerkmalen und Höreindrücken von Helmholtz (vgl. Thies 1982, S. 18 ff.). Er stellt fest, dass Helmholtz den Komplex der „Geräusche" zu Unrecht aus den Betrachtungen von Klängen ausklammere. Thies zufolge ist die Helmholtz'sche Auffassung, Geräusche wiesen keine musikalischen Eigenschaften auf, nicht haltbar.

In diesen Argumentationszusammenhang reiht sich der kanadische Komponist und Klangkünstler Murray Schafer[3] ein, der die Unterscheidung von Klang und Geräusch ebenfalls als nicht gerechtfertigt begründet: periodisch schwingende Körper produzieren nach Ansicht von Schafer nicht ausschließlich Musik, genauso wie nichtperiodisch schwingende Körper nicht ausschließlich Geräusche hervorbringen. Als Beispiel führt Schafer eine Pauke an, die nicht-periodisch schwingt, aber als Musikinstrument bezeichnet wird. Ebenso stellt Schafer fest, dass ein Motorrad der Marke Harley Davidson nicht als Musikinstrument gelte, obwohl der Motor des Fahrzeugs periodische Schwingungen erzeuge (vgl. Schafer 1972a, S. 10).

Zusammenfassend lassen sich Töne und Klänge demnach wie folgt unterscheiden: Töne können durch einfache Schwingungen (Sinusschwingungen) abgebildet werden, sie besitzen keine Obertöne und werden beispielsweise durch das Anschlagen einer Stimmgabel erzeugt. Klänge hingegen beinhalten einen Grundton sowie Obertöne, die die Klangfarbe bestimmen.

Für den weiteren Verlauf der Arbeiten scheint eine Definition von Klang sinnvoll, die wie bei Thies (und Schafer) weiter gefasst ist und Geräusche nicht ausschließt. So soll Klang als Oberbegriff für alle Hörwahrnehmungen begriffen werden, der sowohl geräuschhafte als auch tonartige Klänge einschließt.

---

3 Schafer gründete 1970 das „World Soundscape Project", das dem Schutz der natürlichen akustischen Umwelt vor den Auswirkungen technologischer Eingriffe dienen sollte (vgl. Westerkamp 1991).

3.2 Komponenten von Brand Sounds

Es wurde einleitend bereits beschrieben, dass sich Brand Sounds aus verschiedenen Elementen zusammensetzen. In diesem Abschnitt nun werden die am häufigsten verwendeten Komponenten von Brand Sounds erläutert und definiert.

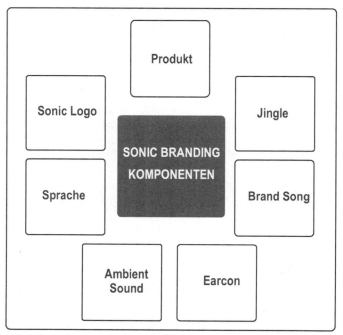

Abb. 24: Sonic Branding — Komponenten (eigene Darstellung)

Wie bereits in Kapitel 2 dargelegt, stellt das „physische" Produkt einen wesentlichen Bestandteil der Markengestalt dar. Deshalb soll es an erster Stelle als Komponente von Sonic Branding erläutert werden.

Produktsound

Produktsounds werden im Vergleich zu den anderen Komponenten von Sonic Branding wie beispielsweise Jingles meist nicht bewusst wahrgenommen. Gleichwohl transportieren sie aber emotionale Markenbotschaften und stellen einen bedeutenden Faktor im Gesamterlebnis des Produktes für den Konsumenten und sein unmittelbares Umfeld dar. Eine ausführliche Klassifizierung von Produktsounds erfolgt in Abschnitt 3.3.

Sonic Logo

Ein Sonic Logo ist ein auditives Symbol der Marke. Über die in Deutschland bekanntesten Sonic Logos verfügen die Marken Telekom, Intel, Audi und BMW.[4] Während Kroeber-Riel Anfang der 1990er Jahre noch von einem „Markensignal" sprach (vgl. Kroeber-Riel 1993, S. 44), werden heute die Begriffe „Akustisches Signet" oder „Akustische Signatur" verwendet. Diese Bezeichnungen sollen kurz erläutert werden. „Signet" bedeutet „Superzeichen" und meint damit ein bestimmtes Image, eine Denkweise oder Identität. Signet wie auch Logo verschaffen einer Marke leichte Erkennbarkeit und Signifikanz. Ihr semiotischer Gehalt und ihre Prägnanz sind wesentliche Bestandteile für Qualität und Langlebigkeit einer Marke.

Der Begriff „Signatur" bezeichnete ursprünglich die Herkunft eines Kunstwerks und verweist durch den voll ausgeschriebenen oder abgekürzten Namen auf den Urheber. Die Signatur wird so als Schutzmarke und Qualitätsgarantie verstanden. Hieraus folgt, dass die Bezeichnungen „Sonic Logo" und „Akustisches Signet" als Synonyme betrachtet werden: beim Begriff der „Akustischen Signatur" liegt der Bedeutungsschwerpunkt aber eher auf der Identifikation des Absenders als auf einem eigenständigen semiotischen Gehalt. Jackson grenzt Logo und Jingle bildhaft voneinander ab: Ein Jingle ist als Gedächtnisstütze, als mnemotechnischer Code, ein Sonic Logo dagegen als Sammelgefäß für Assoziationen zu verstehen (vgl. Jackson 2003, S. 9).

Ein Sonic Logo als Symbol dient der Vermittlung von Ideen, die nicht ausschließlich rational fassbar sind. Es kann verschiedene Bedeutungsinhalte haben.

Sonic Logo – Gestaltungskriterien

Ein Sonic Logo ist in der Regel zwei bis vier Sekunden lang. Die Gestaltung kann geräuschhaft sein (z. B. Audi = Herzschlag, BMW = Amboss[5]) oder an eine Melodie erinnern (z. B. Telekom, Intel). Dabei sind Rhythmus und Tonhöhen vorgegeben, die Klangfarbe kann variiert werden, das heißt die Interpretation erfolgt durch verschiedene Instrumente. Ein Sonic Logo kann auch aus einem gesungenen Markennamen bestehen (z. B. Vitaminpräparat Sanostol), diese Gestaltungsvariante wird jedoch heute vernachlässigt und ist zudem als Kurzvariante des Jingles zu verstehen.

Die Struktur von Sonic Logos orientiert sich oft an derjenigen von visuellen Logos. Beispielsweise erklingen analog zum visuellen Logo des Unternehmens Telekom – es besteht aus der Wortmarke „Telekom" und fünf kleinen magentafarbenen Quadraten –

---

4   Diese Marken wurden in den Experteninterviews am häufigsten zitiert.
5   Amboss und Schmiedehammer waren bis zur industriellen Revolution vermutlich „der mächtigste Klang, der von Menschenhand je produziert wurde – ein wundervoller Klang" (Schafer 1988, S. 80).

im Sonic Logo fünf Töne. Die Bezeichnung „Deutsche Telekom" hat ebenso viele Silben. Am Beispiel des Schweizer Telekommunikationsanbieters Swisscom ist dasselbe zu beobachten: Sechs roten Balken entsprechen im Auditiven sechs Töne. Beim Konzern Siemens wird ebenfalls eine Entsprechung zwischen visuellem und auditivem Design realisiert. Das Layout orientiert sich bei der Aufteilung einer Seite an den Proportionen der so genannten Fibonacci-Zahlen[6]. Das Kompositionskonzept des Sonic Logos von Siemens bildet die Fibonacci-Rhythmik ab (vgl. Barthel 2004, S. 12).

Die Gestaltungsoptionen für kurze, prägnante Tonfolgen sind nicht unerschöpflich. Somit wird es immer schwieriger werden, Sonic Logos zu kreieren, die das Potenzial haben, Aufmerksamkeit und Vertrauen der Bezugsgruppen zu erlangen und sich als entscheidendes Differenzierungskriterium in der akustischen Markenkommunikation darzustellen.

Jingle

Ein Jingle kann in Form eines gesungenen Claims oder Slogans (z.B. Bausparkasse LBS: „Wir geben Ihrer Zukunft ein Zuhause") oder als reine Instrumental-Version bzw. ohne Verbalisierung des Claims auftreten (Beispiel Mc Donald's „Ich liebe es"). Er sollte als mnemotechnischer Code einfach zu erinnern sein und sich wie ein „Ohrwurm" schnell im Gedächtnis der Bezugsgruppen festsetzen: als Zeichen für dasselbe Objekt mit einer bestimmten Bedeutung.

Gesungene Jingles sind im deutschsprachigen Raum kaum noch zu hören, es ist eine „Jingle-Fatigue" (Jackson 2003, S. 9) im Sinne eines zurückhaltenden Einsatzes festzustellen. Eine mögliche Ursache könnte sein, dass Werbebotschaften die Jingles zu offensichtlich penetrieren.

Sonic Logo und Jingle sind im Bereich Sonic Branding die kürzesten Einheiten, in denen eine Melodie wahrgenommen werden kann. In den Gesprächen mit den Experten wurde immer wieder betont, dass die melodische Struktur das tragende Element der Wiedererkennung und damit der Zuordnung zur Marke ist (vgl. Künzler 2005, S. 52).[7]

---

[6] Die nach dem Mathematiker Leonardo Fibonacci von Pisa (1170-1240) benannten „Fibonacci-Zahlen" bestehen aus einer Zahlenreihe, die mit 1 beginnt und sich unendlich fortsetzen lässt. Dabei setzt sich jede Zahl aus der Summe der beiden vorangegangenen Zahlen zusammen. Die mathematische Formel von Binet setzt die Fibonacci-Zahlen in Verbindung zum Goldenen Schnitt, den man als ein der Natur innewohnendes Harmonieprinzip vielfach beobachten kann. Als Beispiel sei das Pentagramm der Venus genannt, das sich dem Betrachter beim horizontalen Halbieren eines Apfels zeigt.

[7] Als Melodie werden nacheinander gespielte Töne bezeichnet, als Harmonie gleichzeitig gespielte Töne.

3. Brand Sounds

Sprache

Als Hauptbestandteil von Kommunikation stellt die gesprochene Sprache einen Träger rationaler und emotionaler Informationen über die Marke dar. Gesprochener Text wird mittels vieler Medien eingesetzt: von Radio- und Fernsehwerbung über telefonische Dialoginformationssysteme bis zu mobilen Geräten wie Navigationssytemen im Auto.

Die Stimme ist neben Klang und Musik ein Hauptgestaltungsmittel für Sonic Branding. Der menschlichen Stimme wird generell die Funktion eines „Aufmerksamkeitsmagneten" zuerkannt, denn sie lenkt unabhängig von der Geräuschkulisse die Aufmerksamkeit auf den Sprecher und fokussiert die Wahrnehmung des Hörers. Konkurrierende Geräusche wie Musik oder Verkehrslärm treten in den Hintergrund (vgl. Chion 1983, S. 6).

Die Stimme ist darüber hinaus als maßgeblicher Ausdruck von Individualität und Persönlichkeit zu verstehen (vgl. Tembrock 1996, S. 152 f.). Der Begriff „Person" setzt sich aus den lateinischen Wörtern „per" (durch oder für) und „sonor" (Klang) zusammen; damit ist der Begriff „Person" als „durch den Klang" zu übersetzen (vgl. Coblenzer/Muhar 1976, S. 35).

Die österreichische Kulturwissenschaftlerin Brigitte Felderer[8] stellt ebenfalls den individuellen Ausdruck der Stimme heraus:

„Trotz der kommunikativen Vielfalt und informativer Komplexität heute verfügbarer Medien bleibt die Stimme signifikant für die unverwechselbare Individualität, für den Ausdruck authentischer Gefühle, für das erfolgsgewisse Charisma, für den spezifischen persönlichen Charme, für die Überzeugungskraft schlüssiger Argumentation." (Felderer 2004b, S. 19)

Oft wird ein Sonic Logo mit dem gesprochenen Markennamen oder Claim kombiniert, dadurch können Sonic Logos leichter behalten sowie eindeutig einer Marke zugeordnet werden. Beispielsweise wird nach dem Sonic Logo des Automobilherstellers BMW der Claim „Freude am Fahren" gesprochen.

Die Auswahl der Stimmen, die die Marke repräsentieren, fällt oft nicht leicht und ist von vielen Unsicherheiten begleitet. Jackson bemerkt hierzu, dass die meisten verwendeten Stimmen im angelsächsischen Raum stereotyp klingen, ähnlich wie das gesprochene Englisch des Fernsehsenders BBC in den 1980er Jahren (vgl. Jackson 2003, S. 134).

---

[8] Brigitte Felderer war Kuratorin der Ausstellung „Phonorama. Eine Kulturgeschichte der Stimme als Medium", die vom 19.09.2004 - 30.01.2005 im ZKM Zentrum für Kunst und Medientechnik Karlsruhe zu sehen war. Das dazugehörige Katalogbuch gibt eine Übersicht über künstlerische Arbeiten und Installationen, die sich mit dem Medium Stimme auseinandersetzen. Präsentiert werden Bestände aus Stimmarchiven, Sprechmaschinen sowie technische Manipulationsmöglichkeiten der Stimme (Felderer 2004a).

Dabei ist offensichtlich, dass die Vielfalt der unterschiedlichen Markencharaktere durch individuelle Sprechstimmen besonders zum Ausdruck gebracht werden könnte. Genauso, wie nicht jedes Unternehmen Arial oder Helvetica als Hausschrift verwendet, bietet die Sprechstimme ein hohes Potenzial, der Marke einen unverwechselbaren Charakter in der Wahrnehmung des Rezipienten zu verschaffen (vgl. Abschnitt 2.3.1):

„The human individual is probably the only cause that can produce a sound, the speaking voice that characterizes that individual alone. Different dogs of the same species have the same bark." (Chion 1983, S. 26)

Sobald freilich Stimmen von hohem Wiedererkennungswert von mehreren Anbietern eingesetzt werden – und seien es nur zwei – wird dieser Effekt durch die Verwechslungsgefahr zunichte gemacht.

Brand Song

Der Begriff Brand Song (auch Werbesong oder Markenlied) meint ein Lied, das neu komponiert, neu interpretiert, adaptiert oder als „Original-Lied" verbreitet wird. Dabei steht das „Selbersingen" nicht mehr im Vordergrund der Brand Songs. In den 1920er Jahren beispielsweise sangen die Angestellten des New Yorker Kaufhauses Macy's täglich vor Ladenöffnung zu Motivationszwecken die eigens komponierte Macy's-Hymne (vgl. Jackson 2003, S. 12).

Heute können zwei Formen von Brand Songs unterschieden werden, die sich nach der Dauer des Einsatzes bestimmen: Exklusiv lizenzierte Titel, die über einen längeren Zeitraum hinweg eingesetzt werden, sind als Brand Theme zu bezeichnen. Typisches Beispiel ist hierfür der seit dem Jahr 2001 von Mobiltelefonanbieter Vodafone in Fernsehspots eingesetzte Titel „Bohemian Like You" von der US-amerikanischen Rockband The Dandy Warhols.

Songs, die zeitlich begrenzt beispielsweise in einem Werbespot Verwendung finden, werden als Commercial Songs betitelt (vgl. Kosfeld 2004, S. 48). So wurde die aus Chicago stammende Marla Glen 1995 mit ihrem Song „Believer" bekannt, der einen Werbespot der Bekleidungsfirma C&A musikalisch untermalte.

Der Anteil der Musik in Radio- und TV-Spots beträgt circa 90 Prozent, die Musik wird häufig jedoch nach persönlichen Vorlieben oder durch Zufall bestimmt (vgl. Bernays 2004, S. 44; vgl. Kiefer 2001, S. 463 ff.). Die Auswahl eines Brand Songs ist komplex: Der Einsatz bekannter Lieder von prominenten Interpreten ist mit hohem Kosteneinsatz verbunden, Lizenzen für die Benutzung der Titel laufen nach ein bis zwei Jahren aus. Für die Bezugsgruppen ist es dabei oft schwierig, das Lied einer bestimmten Marke zuzuordnen. Auch neu komponierte Hits schaffen aus sich heraus noch keine exklusive, einer Marke vorbehaltene Erlebniswelt.

In diesem Zusammenhang ist oft von einer Verschmelzung von Kunst und Kommerz die Rede. Unklar ist dabei, ob Models, Popstars und sonstige Celebrities ihre eige-

3. Brand Sounds

nen Marken gestalten. Oder gründen Marken ihre eigenen Plattenlabels? Mercedes-Benz beispielsweise bietet im Rhythmus von sechs bis acht Wochen 15 neue Stücke unterschiedlicher Stilrichtungen von unbekannten Künstlern zum kostenlosen Download an (vgl. Mercedes Benz Mixed Tape 2006).

Kooperationen zwischen Künstlern und Markenartiklern kommen aus verschiedenen Gründen zustande: zum einen werden in Zeiten der Digitalisierung neue Erlösquellen für Musik gesucht. Markenartiker haben andererseits das Ziel, mit „Quotenbringern" wie Christina Aguilera (Mercedes A-Klasse) oder Elton John (BMW 5er-Reihe) in den audiovisuellen Medien große Aufmerksamkeit zu erreichen.[9]

Musik wird als *emotionales Gut*[10] eingesetzt, um neue Bezugsgruppen und Szenen zu erschließen: Im Idealfall bewegt sich die Marke glaubhaft im musikalischen Umfeld der avisierten Gruppen und vermittelt so ihre „Authentizität". Musik wird auch dazu eingesetzt, alltägliche, einförmige oder wenig Aufmerksamkeit auf sich ziehende Inhalte expressiv aufzuladen oder bestimmte Atmosphären wie „Entspannung", „Exotik" oder „Coolness" zu erzeugen.

Die dabei zu beobachtenden Probleme lassen sich wie folgt zusammenfassen[11]: Zum einen haben Musiker – als „lebendige Produkte" sozusagen – ihre eigenen Gedanken, die sich nicht immer decken mit denjenigen der Marketingverantwortlichen der Plattenlabels und Marken (und deren Kooperationsverträgen). Zum anderen verfügen die Plattenlabels bei kurzfristigen Anfragen von Markenartiklern, die beispielsweise noch eine Musik für einen Werbespot suchen, oft nicht über genügend Ressourcen, passende Künstler aufzubauen oder auszuwählen. So wird oft derjenige Interpret ausgewählt, der gegenwärtig den dringendsten Bedarf an Promotion-Aktivitäten hat – und nicht derjenige, der mit seiner Musik am besten zur Marke passt. Diese beliebige Zuordnung von Musik und Marke hilft nur selten, die Spezifika der Marke zu transportieren.

Die Verschmelzung von Musik und Marken wird auch deutlich, wenn bestimmte Produkte in Songtexten genannt werden. Die Erwähnung von Marken in Popsongs dient dabei längst als Indikator für den Wert einer Marke. Für den US-amerikanischen Trendforscher und Unternehmensberater Lucian James bilden beispielsweise die ameri-

---

[9] Zur Auswahl geeigneter Musikstile und der Bestimmung musikalischer Parameter zur Definition der Sound Identity einer Marke vgl. Langeslag/Hirsch 2000, S. 241 f.
[10] Zum Themenkomplex „Medien und Emotionen" vgl. Schwender 2001.
[11] Zusammenfassung einer Diskussion mit dem Titel „Sound Sells" im Rahmen der Berliner Wirtschaftsgespräche am 06.04.2006 in der Mercedes-Benz-Niederlassung am Salzufer in Berlin. Teilnehmer der Podiumsdiskussion waren Sven Dörrenbacher (DaimlerChrysler), Christopher Gersten (Universal Music, Strategic Marketing), Raik Hölzel (Kitty-Yo Musicproductions), Dietrich Pflüger (www.soklingtberlin.de), Tim Stickelbrucks (I-D Media) sowie Alec Völkel (Band The BossHoss). Moderation: Tim Renner (Motor Entertainment).

kanischen Billboard-Charts das Barometer für den Wert einer Marke. Im Januar 2005 identifizierte James 62 Markennamen in den aktuellen Charts. Mercedes-Benz wurde in insgesamt 100, Nike in 63 und Cadillac in 62 Songs genannt. Zu den von James identifizierten bekanntesten Werbeinterpreten zählen der Rapper 50 Cent und die R&B-Sängerin Mariah Carey (vgl. Agenda Inc. 2006).

Automobil	1. Mercedes-Benz
	2. Cadillac
	3. Bentley
Bekleidung	1. Nike
	2. Louis Vuitton
	3. Dolce &Gabbana
Getränke	1. Hennessy
	2. Cristal
	3. Dom Pérignon

Abb. 25: Die am häufigsten genannten Marken in den amerikanischen Billboard-Charts 2005 (Quelle: Agenda Inc. 2006)

Im Automobilbereich stehen die Luxus-Marken Mercedes-Benz, Cadillac und Bentley auf den ersten drei Plätzen der am häufigsten genannten Marken. Für die Bekleidungsbranche führt Nike die Liste an, gefolgt von Louis Vuitton und Dolce & Gabbana. Für die Getränkeindustrie stehen mit dem Cognac Hennessy und dem Champagner Dom Pérignon zwei weitere im Luxussegment angesiedelte Marken auf den ersten Plätzen, die peruanische Lifestyle-Biermarke Cristal wird am zweithäufigsten in den Songs genannt.

Mit Ausnahme von Nike und Cristal sind überwiegend Luxusmarken vertreten, die solche Motive wie Macht, Anerkennung, Ehre, Kampf und Status bedienen (siehe Kapitel 2.3.2). Dies ist wohl auch auf die Tatsache zurückzuführen, dass ein Großteil der Sänger, die die Markennamen verwenden, aus dem Rap-Bereich stammt, in welchem der Gebrauch dieser Produkte als Ausruck eines erstrebenswerten Lebensstils zu verstehen ist. Auch trifft der Interpret mit der Auswahl der Marken eine Aussage hinsichtlich seiner (gehobenen) Positionierung innerhalb des Musikgeschäftes.

Ambient Sound
Die Begriffe „Ambient Sound" und „Klangteppich" werden oft synonym verwendet. Sie bezeichnen längere Klangsequenzen, die oft mit dem Ziel eingesetzt werden, eine bestimmte Atmosphäre zu erzeugen. Dazu können auch Geräusche wie Tierlaute, Regen oder Maschinengeräusche zählen (vgl. Jackson 2003, S. 40). Im Medium Internet wird Ambient Sound oft als Hintergrundsound oder Klangkulisse verwendet.

Die Komponente Ambient Sound soll im Rahmen der vorliegenden Untersuchung auch funktionale Hintergrundmusik umfassen. Musik im Kaufhaus, Supermarkt oder Shopping-Zentrum hat die Funktion, Langeweile und Müdigkeit vergessen zu lassen, störende Geräusche zu überlagern, eine behagliche Atmosphäre zu erzeugen – eine Stimmung, die zum Kauf von Waren animieren soll. Als Adressaten sind hier nicht nur die Kunden, sondern auch das Verkaufspersonal zu nennen. Die Musik soll aber nicht nur die Atmosphäre im Laden verbessern, sondern auch die Kommunikation, das heißt, sie soll die Verkaufsgespräche zwischen Verkäufer und Käufer anregen.

Bereits in den 1980er Jahren wurden die Zusammenhänge zwischen funktionaler Musik in Supermärkten und dem Einkaufsverhalten oder zwischen Hintergrundmusik in Restaurants und der Ess- und Verweildauer untersucht. Kritiker des Einsatzes von Musik zu kommerziellen Zwecken stellen fest, dass in Supermärkten beispielsweise durch die Berieselung mit „Muzak"[12] die Konzentrations- und Kritikfähigkeit der Kunden verloren geht – damit verbunden entsteht eine kauffreudige, leicht euphorische Stimmung (vgl. Gerwin 1999, S. 16).

Earcon
Earcons[13] sind akustische Symbole, die spezielle Objekte oder Ereignisse repräsentieren. Als Earcon wird beispielsweise ein gurgelnder Sound bezeichnet, der einen Piloten im Flugzeug darauf hinweist, dass dringend der Tank mit neuem Kraftstoff gefüllt werden muss. In digitalen Medien werden Earcons unter anderem dazu eingesetzt, um die Benutzbarkeit einer Website (Usability) zu steigern. So verdeutlichen kürzere Tonfolgen beim Überfahren unbeschrifteter oder abstrakter Buttons mit der Maus (Rollover) ihre jeweiligen Funktionen.

Zusammenfassend lässt sich feststellen, dass – wie auch bei der visuellen Markenkommunikation – das Sonic Logo als immer wiederkehrende Komponente in den verschiedenen Medien eine zentrale Rolle einnimmt. Alle weiteren Komponenten von Sonic Branding wie Brand Song oder Ambient Sound unterliegen in stärkerem Maße Trends und Entwicklungen der digitalen Medien und werden sich in ihrer Form und Verwendung weiter entwickeln: eine genaue Abgrenzung der verschiedenen Komponenten wird darum oft schwer fallen.

---

[12] Muzak ist ein Gattungsname für funktionelle Hintergrundmusik, die in Fahrstühlen, Hotellobbys, Flughäfen etc. eingesetzt wird. Muzak soll heute die größte Hörerschaft weltweit haben. „Erfinder" von Muzak war der amerikanische General George Squire, dem es in den 1930er Jahren erstmals gelang, Musik durch Telegrafendrähte zu übermitteln. Squire nannte sein Unternehmen „Muzak": Den Namen leitete er von seiner Lieblingsmarke Kodak ab (vgl. Jackson S. 2003, S. 13).

[13] Wortkreuzung aus den Begriffen „ear" und „icon" (Piktogramm, Symbol).

3.3 Klassifizierung von Produktsounds

Werden Klänge von Produkten gezielt verändert, geschieht dies entweder, um bestimmte Frequenzbereiche oder den gesamten Geräuschpegel zu reduzieren, oder aber um bestimmte Klänge hervorzuheben (vgl. Bernsen 1999, S. 49). Produktsounds werden unter anderem nach ihrer *Intention*, *Aktivität*, *Dauer*, *Quelle* und *Funktion* klassifiziert. Zunächst lassen sich *nicht-beabsichtigte* von *absichtlich* gestalteten Klängen unterscheiden. Beispielsweise entstehen beim Drücken von Schaltern (unbeabsichtigt) mechanische Geräusche wie ein Klacken. Ebenso gibt es aber auch Geräusche, die absichtlich ergänzt bzw. verändert werden, zum Beispiel wird ein Klang zu einem Schalter hinzugefügt, der sonst „stumm" ist, um dem Nutzer zu zeigen, dass er den Schalter richtig gedrückt hat. Eine weitere grobe Unterteilung von Geräuschen lässt sich nach den Merkmalen *aktiv-passiv* vornehmen: Aktive Geräusche werden vom Produkt erzeugt, passive Geräusche entstehen erst durch den Gebrauch seitens des Nutzers, wenn er beispielsweise ein Produkt in die Hand nimmt oder auf das Produkt klopft (vgl. Bernsen 1999, S. 43).

Thies bezieht sich bei der Definition und Unterteilung von Geräuschen auf den Psychologen Carl Stumpf, der Ende des 19. Jahrhunderts das umfangreiche Werk „Tonpsychologie" vorlegte. Demnach gibt es drei verschiedene Variationsmöglichkeiten von Geräuschen, die von der Dauer des Lautereignisses abhängen (vgl. Thies 1982, S. 20):

1. Dauergeräusche (gleich bleibende oder stetig veränderliche Beschaffenheit über einen längeren Zeitraum)
2. Unterbrechungsgeräusche (z.B. Rattern eines defekten Motorrades oder Fingernagelkratzen auf rauer Fläche)
3. Augenblicksgeräusche (z.B. leises Ticken oder lauter Krach)

3. Brand Sounds

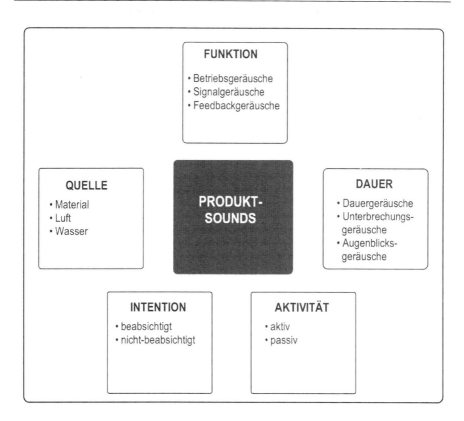

Abb. 26: Kategorisierung von Produktgeräuschen (eigene Darstellung)

Der dänische Produktsounddesigner Jens Bernsen unterscheidet Geräusche zunächst nach ihrer *Quelle* (vgl. Bernsen 1999, S. 43). Eine Dimension von Klängen ist demnach diejenige, die durch das Material oder die Konstruktion erzeugt wird: das Dröhnen eines Motors, Luft, die durch ein Gebläse gezogen wird, das Gurgeln des Wassers in einer Waschmaschine.

Bernsen schlägt weiterhin eine Unterscheidung nach der *Funktion* der Geräusche vor (vgl. Bernsen 1999, S. 43 ff.):[14] Hier wird der Klang eines laufenden Motors als

---

[14] Diese Unterscheidung gilt nur für aktive Geräusche.

Betriebsgeräusch, das Klacken eines Schalters als *Feedbackgeräusch* oder der Summton eines Weckers als *Signalgeräusch* bezeichnet. Im Zusammenhang mit Brand Sounds erscheint die Kategorisierung nach der Funktion des Klangs sinnvoll – geht es doch darum, das Produkt mit seinen vielfältigen Funktionalitäten gezielt im Sinne von Sonic Branding zu modifizieren.

Betriebsgeräusche sind maßgeblich auf die Konstruktion eines Produktes zurückzuführen. Produkte, die ähnlich gebaut sind oder ähnlich funktionieren, können sich jedoch sehr unterschiedlich anhören. Bernsen stellt dazu fest, dass nur sehr selten absichtlich ein Sound in das Produkt konstruiert wird (vgl. Bernsen 1999, S. 47).

Feedbackgeräusche unterstützen die Interaktion zwischen Mensch und Produkt. Wenn beispielsweise der Einschaltknopf des Computers gedrückt wird, ertönt eine Klangsequenz – der Computer fährt hoch und signalisiert, dass der Einschaltknopf richtig gedrückt wurde und der Befehl ausgeführt wird. Eine Autotür teilt beim Ins-Schloss-Fallen mit einem satten, präzisen, schweren Klang nicht nur mit, dass sie richtig verschlossen wurde, sondern auch, dass sich das gesamte Automobil durch eine solide Bauweise auszeichnet.

Als Signalgeräusche werden diejenigen Geräusche bezeichnet, die vom Produktnutzer bewusst wahrgenommen und als Signale für etwas verstanden werden, wie beispielsweise das Klingeln eines Telefons. Akustische Warnsignale stehen meist in direkter Beziehung zu visuellen Warnsignalen, das blaue Blinklicht auf dem Dach des Polizeiautos wird begleitet vom Martinshorn im Quart-Intervall. Akustische Signale können wesentlich effektiver sein als rein optische Signale, da sie auch schneller von einer größeren Anzahl von Menschen wahrgenommen werden.

Die Klassifikation von Produktsounds macht das große Gestaltungsspektrum deutlich, das Sounddesigner zur Verfügung haben. Die Unterscheidung von Sounds nach den oben aufgeführten Merkmalen dient ebenso zur Analyse, Bewertung und Optimierung bestehender Klänge. Die Klassifikation kann neben Produkten auch für andere Medien eingesetzt werden, zum Beispiel für die Gestaltung digitaler Medien.

3.4 Physiologische Grundlagen auditiver Gestaltwahrnehmung

Die physiologischen Grundlagen des Hörens werden im Folgenden für das Grundverständnis der Vielfältigkeit von Schallempfindungen dargestellt. Dies ist unter anderem dann unentbehrlich, wenn es darum geht, die möglichen positiven wie auch negativen Wirkungen von Klängen im Bereich Brand Sounds im Vorfeld prognostizieren oder ex post beurteilen zu können.

Die Aufgaben der auditiven Gestaltwahrnehmung – der Wahrnehmung einzelner Töne und Geräusche aus den uns umgebenden Schallquellen – sind sehr komplex. Das Ohr ist ein empfindliches Organ: im Gegensatz zu den Augen können die Ohren nicht mit „Ohrenlidern" (Schafer 1972b, S. 6) verschlossen werden, sondern nur durch Zu-

3. Brand Sounds

halten mit den Händen oder durch Hilfsmittel wie Gehörschutz. Die Ohren nehmen innerhalb bestimmter Grenzen alle Signale aus verschiedenen Richtungen auf.[15] Insofern benötigt das auditive System keine Distanz zum Erkennen wie das visuelle System. Klänge sind deshalb oft „zudringlich" und „eindringlich", sie kommen nahe und können uns nahegehen: „Das Gesicht wendet sich nach außen, dem Gegenstand der Wahrnehmung zu, das Gehör zieht diesen an, zieht ihn in sich hinein." (Schafer 1972b, S. 6).

Hör- und Tastsinn hängen zusammen: Bei niedrigen Frequenzen (etwa zwanzig Hertz und weniger) werden hörbare Klänge auch als fühlbare Schwingungen erlebt. Wenn ein Yogi das Mantra „Om" summt, fühlt er den Klang auch als Vibration des Körpers. Eine ähnliche Vibration ist auch zu spüren, wenn sehr tiefe Töne auf einer großen Kirchenorgel gespielt werden.

Das Ohr ist in seiner Aufgabe, dem Registrieren von Luftdruckschwankungen, sehr genau und schnell: Ein harmonischer Klang innerhalb der hörbaren Frequenzen kann innerhalb von einer Zehntelsekunde identifiziert werden (vgl. Lindsay 1973b, S. 14).

Das auditive System dient nicht nur zur Wahrnehmung von akustischen Signalen, sondern auch zur räumlichen Orientierung.[16] In ganz besonderem Maße trifft dies für Erblindete zu, die durch ihr trainiertes Gehör über eine gesteigerte räumliche Hörwahrnehmung verfügen. Mittels der Reflexion von Echos können sie sogar Hindernisse wahrnehmen. Diese gesteigerte räumliche Hörwahrnehmung, das heißt die Verbesserung der neuronalen akustischen Informationsverarbeitung, konnte sogar für Dirigenten nachgewiesen werden, die im Orchester präzise bestimmen müssen, welches der Instrumente einen falschen Ton spielt (vgl. Münte/Kohlmetz/Nager/Altenmüller 2001, S. 52).

Wie gelangen die Schallwellen in das Ohr und werden zu Impulsen umgewandelt? Das auditive Wahrnehmungssystem besteht aus den drei Teilen Außen-, Mittel- und Innenohr. Die äußere Ohrmuschel sorgt zunächst dafür, dass der eintreffende Schall gebündelt wird. Aufgrund ihrer Form können Schallquellen genauer lokalisiert werden: ein Klang wird als „vor", „neben" oder „hinter" unserem Standort wahrgenommen. Der von hinten kommende Schall klingt anders als der von vorn kommende Schall, da hohe Frequenzen beim „Umweg" um die Ohrmuschel stärker gedämpft werden als tiefe Töne (vgl. Spitzer 2002, S. 56).

---

[15] Nicht zur Schallempfindung gehört die „Erschütterung elastischer Körper", welche neben dem Ohr auch von der Haut empfunden werden. Helmholtz bezeichnet diese Empfindung als „Schwirren" (Helmholtz 1913, S. 13).

[16] Vor allem im Tierreich ist dieses Phänomen zu beobachten: Delphine orientieren sich mittels ihres Gehörs, sie konstruieren aus Schallwahrnehmung ihre Umgebung (Echolot). Die Verarbeitung der Signale ist dabei sehr aufwändig. Spitzer vermutet, dass dies der Grund dafür ist, dass Delphine die größten Gehirne besitzen, die es überhaupt gibt (vgl. Spitzer 2002, S. 51).

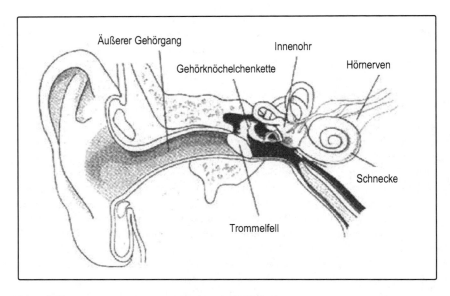

Abb. 27: Äußeres Ohr und Innenohr (modifiziert nach Spitzer 2002, S. 55)

Das äußere Ohr trägt den Schall zum Trommelfell, von wo der Schall mithilfe der drei Knöchelchen Hammer, Amboss und Steigbügel zum Ovalen Fenster weitergeleitet wird – der Grenze zum Innenohr. Hier befindet sich neben dem Hörorgan, der Schnecke, auch das Gleichgewichtsorgan.

Die Schnecke besteht aus drei mit Flüssigkeit gefüllten Kanälen, die die mechanischen Schwingungen weitertransportieren. Hier werden sie schließlich in Nervenimpulse umgewandelt. 3500 Haarzellen, die sich in der Schnecke befinden, verbiegen durch die Bewegung der Flüssigkeit ihre feinen Fortsätze. Dies führt zu einer Öffnung von Kanälen für elektrisch geladene Teilchen und zur Erregung der sensorischen Nervenfasern.

3.5 Psychologische Grundlagen auditiver Gestaltwahrnehmung

Im Folgenden werden diejenigen Funktionsweisen des Gedächtnisses dargestellt und erläutert, die im Prozess der auditiven Gestaltwahrnehmung grundlegende Bedeutung haben. Dies ist insofern wichtig, als ohne das Gedächtnis keine Wahrnehmung von Klängen und Musik möglich wäre. Musik wird in diesem abstrakten Sinne als eine Zeitstruktur verstanden, bei der vergangene Klänge mit gegenwärtigen in Beziehung gesetzt werden (vgl. Spitzer 2002, S. 114).

Das Ultrakurzzeitgedächtnis (Echogedächtnis) trennt und bindet den Klang bis zu einer Sekunde lang in voneinander abgegrenzte Ganzheiten wie Geräusche und Klänge. Das Kurzzeitgedächtnis nimmt eine Gruppierung von Klängen nach den Gestaltgesetzen vor: Drei bis fünf einzelne Ereignisse werden zu kleinen Gruppen zusammengefasst. Dies entspricht einem musikalischen Motiv (kleinste durch Gruppierung entstehende Einheit), einem Sirenenklang (Tatütata) oder einem Sonic Logo. Eine Phrase, die von der Länge dem „einfachen Satz" entspricht, kann man als Ganzes unmittelbar vor Augen bzw. im Ohr haben; die Phrase kann auch mit einem Atemzug gesprochen oder gesungen werden (Jingle).

Das Langzeitgedächtnis speichert unsere Erfahrungen und kulturellen Gewohnheiten. Diese Schemata bilden ein Hintergrundwissen, das die Aufmerksamkeit leitet, indem es auf Neues hinweist und von Gewohntem unterscheidet. Schemata existieren beispielsweise für bestimmte Musikstücke: Schlager, Sonaten, Trauermärsche etc. (vgl. Spitzer 2002, S. 115).

Als Priming bezeichnet man einen Gedächtnisprozess, der neue Wahrnehmungserlebnisse durch frühere Erfahrungen „anbahnt". Dinge werden schneller erkannt, und in ungewohnter Umgebung findet man sich leichter zurecht. Je mehr Wissen gesammelt ist, desto schneller gelingt eine Neuaufnahme, da die Strukturen bereits erkannt worden sind und während des Hörens nur wenig Aufmerksamkeit erfordern (vgl. Spitzer 2002, S. 118). Demzufolge sollte es den Bezugsgruppen einer Marke einfacher fallen, ähnliche Komponenten von Brand Sounds einer Marke zu identifizieren und zuzuordnen.

Demgegenüber steht der Prozess der Habituierung, der dazu führt, dass oft Gehörtes in den Hintergrund tritt und weniger intensiv wahrgenommen wird: „Wird eine Zelle mit immer dem gleichen Stimulus wiederholt gereizt, so nimmt ihr Output auf den gleichen Reiz mit der Zeit ab." (Spitzer 2002, S. 124). Dies ist beispielsweise bei Fahrstuhlmusik (Muzak) der Fall: Die Musik wird nicht bewusst wahrgenommen, sie stellt lediglich einen akustischen Hintergrund dar, der ein Gefühl von Privatheit, Vertrautheit und Sicherheit der Fahrgäste erzeugen soll.

3.6 Wahrnehmungsebenen von Klängen

Eine große Anzahl alltäglicher Klänge wird im Zusammenhang mit Brand Sounds wahrgenommen. Dabei wird die Rezeption dieser Klänge von einer Reihe von Faktoren beeinflusst.

Abbildung 28 zeigt Elemente der alltäglichen Klangumgebung. Dabei sind Geräusche aufgeführt, die zuhause, im Arbeitsalltag oder in der Freizeit zu hören sind (vgl. The League for the Hard of Hearing 2006). Vor dieser Kulisse werden Brand Sounds wahrgenommen. Dies bedeutet, dass spezifische Produktklänge wie die von Kühlschränken, Waschmaschinen oder Haartrocknern immer noch zusätzlich bzw. gemeinsam mit den übrigen Klängen wahrgenommen werden: Hintergrundmusik aus dem

Radio, Polizeisirenen oder Babygeschrei. Die aus den verschiedenen Kombinationen von Geräuschquellen vorstellbaren Missklänge sollten den Sounddesigner zu einer Vermeidung unnötiger Geräuschemissionen sowie einer harmonischen Gestaltung nötiger Klänge bewegen.

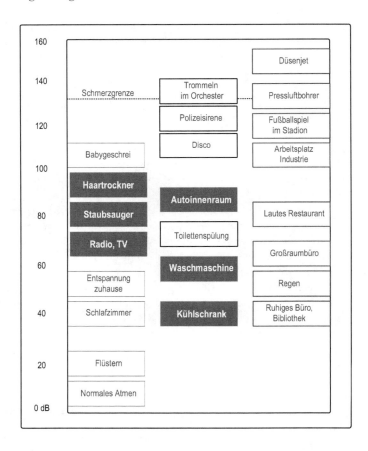

Abb. 28: Alltägliche Geräusche (eigene Darstellung, Datenquelle: The League for the Hard of Hearing 2006)

Die einzelnen Klänge werden – abgesehen von ihrer tatsächlichen Lautstärke – unterschiedlich wahrgenommen: In einer leisen Umgebung hört man beispielsweise das eigene Atmen. Bei Tätigkeiten im Büro, die die volle Aufmerksamkeit erfordern, nimmt

3. Brand Sounds

man die Polizeisirenen der Wagen, die draußen vorbeifahren, nicht wahr. Dies ist aber sehr wohl der Fall, wenn man im Bett liegt und versucht einzuschlafen.
Wovon ist die Wahrnehmung also abhängig? An den folgenden Beispielen sollen die verschiedenen Ebenen der auditiven Gestaltwahrnehmung näher betrachtet werden. Es soll dabei geklärt werden, dass eine Beurteilung der Wirkung von bestimmten Klängen auf die Hörer oft nur unter Einbeziehung verschiedenster Parameter möglich ist. Dies ist unter anderem darauf zurückzuführen, dass der Prozess der auditiven Wahrnehmung kein passiver Akt der Verarbeitung von Schall ist,

„sondern stets ein von Erwartungen geprägtes Horchen, wie auch der Mensch insgesamt (...) nicht nur als informationsverarbeitendes Wesen verstanden werden darf, sondern als informationssuchendes und informationsbedürftiges Wesen verstanden werden muss" (Allesch 1987, S. 17)

Bei der Analyse der Rezeption von Klangereignissen werden Erkenntnisse aus den Disziplinen Akustik, Semantik und Ästhetik einbezogen. Sie untersuchen jeweils einen Teilaspekt der auditiven Gestaltwahrnehmung. Grundlegend wichtig für das Verständnis ist jedoch zunächst die Unterscheidung der Begriffe „Klangobjekt" und „Klangereignis".

Klangobjekt
Die Betrachtung und Benennung von Klangobjekten geht ursprünglich auf den französischen Komponisten und Klangkünstler Pierre Schaeffer („Objet Sonore") zurück. Ein Klangobjekt meint demnach

„tout phénomène et événement sonore perçu comme en ensemble, comme un tout cohérent, et entendu dans une écoute réduite qui le vise pour lui-même, indépendamment de sa provenance out de sa signification" (Chion 1983, S. 34)

Als Klangobjekte sind nach Schaeffer isolierte, unter Laborbedingungen betrachtete kleinste Einheiten von Klangereignissen zu verstehen, die psychophysikalische Erkenntnisse, Semantik und Beziehungsaspekte von Klängen ausschließen. Der „Ereignischarakter" – also etwas, das an einem bestimmten Ort zu einer bestimmten Zeit eintritt – hat hier ebenfalls keine Relevanz. Grundsätzlich können vier Hördimensionen bestimmt werden (vgl. Helmholtz 1913; vgl. Schafer 1972a; vgl. Schafer 1972b; vgl. Thies 1982): Frequenz, Amplitude, Klangfarbe und Dauer. Während letztere sich einfach bestimmen lässt, sollen die Begriffe Frequenz, Amplitude, Klangfarbe und Rhythmus kurz erläutert werden.

Frequenz
Klänge werden durch Frequenz und Amplitude beschrieben. Die Frequenz gibt die Anzahl der Schwingungen pro Sekunde an, gemessen wird die Frequenz in Hertz (Hz). Schall ist für menschliche Ohren zwischen 16 und 20 000 Schwingungen pro Sekunde wahrnehmbar (Schafer 1972a, S. 10). Der wahrgenommene Frequenzbereich entspricht

dem Umfang von zehn Oktaven und umfasst einen – verglichen mit dem visuellen System – zehnmal größeren Wahrnehmungsbereich. Das Auge nimmt Schwingungen nur innerhalb einer Frequenzverdopplung wahr.

Amplitude
Die Amplitude bildet die Intensität des Schalldrucks ab und meint die Lautstärke, die in Dezibel (dB) angegeben wird. Die Schmerzschwelle liegt bei 120 Dezibel, das entspricht der Lautstärke einer Polizeisirene (vgl. Abbildung 28).

Klangfarbe
Musikinstrumente produzieren so genannte harmonische Teilschwingungen, die ein ganzzahliges Vielfaches der Grundfrequenz sind. Diese Teilschwingungen werden als Obertöne bezeichnet, sie bestimmen die Klangfarbe (Timbre). Bei einer Grundfrequenz von 110 Hz sind die Obertöne 220 Hz, 330 Hz, 440 Hz, usw. Die Klangfarbe der Instrumente ist unterschiedlich, auch wenn sie den gleichen Ton spielen. So klingt eine Trompete anders als eine Posaune oder Orgel.

„Wenn eine Trompete, eine Klarinette und eine Violine gleichzeitig denselben Ton spielen, dann ist Timbre das, was die Trompetigkeit, die Klarinettigkeit und die Violinigkeit des Tons ausmacht." (Schafer 1972b, S. 17)

Dies liegt unter anderem daran, dass die mitschwingenden Obertöne sich bei den unterschiedlichen Instrumenten anders zusammensetzen. Als noch reicher an möglichen Klangfarben im Vergleich zu Musikinstrumenten gilt die menschliche Stimme. Weitere Nuancen in der Klangfarbe werden hier überdies noch durch die verschiedenen Buchstaben hervorgebracht: Vor allem Vokale können verschiedene Klangfarben erzeugen, Konsonanten bringen dagegen eher kürzere, geräuschhafte Töne hervor und sind deshalb weniger bedeutend für die Variation von Klangfarben (vgl. Helmholtz 1913, S. 31).

Helmholtz erklärt die Unterschiedlichkeit der Klangfarben mit den Unterschieden der Bewegung innerhalb jeder einzelnen Schwingungsperiode, die unabhängig von der Weite der Schwingung (Stärke) und der Dauer der Schwingung (Höhe) sind. So stellt die Kurve einer vom Violinbogen aktivierten Saite eine andere Wellenform dar als beispielsweise eine pendelartige Schwingung, deren Klang keine Obertöne enthält, wie es etwa beim Anschlagen einer Stimmgabel der Fall ist.

Die Klangfarben werden überwiegend subjektiv empfunden, nur Experten mit geschultem Gehör sind in der Lage, die verschiedenen Töne zu bestimmen. Die Klangfarbe lässt sich aber physikalisch mithilfe der Spektralanalyse messen. In der Spektralanalyse werden die einzelnen Teiltonbereiche voneinander getrennt grafisch dargestellt (vgl. Flückiger 2002, S. 205).

Das große Spektrum an Klangfarben eröffnet den Gestaltern von Brand Sounds mehr Möglichkeiten als dies Tönhöhe oder Rhythmus tun. Sonic Logos und Jingles können beispielsweise in ihren Klangfarben verändert werden, ohne dass die Wiedererkennung oder die Zuordnung zur Marke erschwert werden.

Hüllkurve
Der Klang eines Tons hängt nicht nur von den Obertönen ab, sondern davon, wie schnell oder langsam der Ton „anschwillt" beziehungsweise wieder leiser wird. Dieses Phänomen – die Lautstärke eines Tons bezogen auf Zeit – wird als Hüllkurve bezeichnet. Dabei werden verschiedene Einschwing- und Ausklingvorgänge unterschieden: Eine Autotür zeichnet sich durch eine steile, das heißt schnell an- und wieder abfallende Hüllkurve aus, bei einem Staubsauger hingegen verläuft der Graph zu Beginn weniger steil, zum Ende jedoch ähnlich der Autotür. Ein vorbeifahrender Zug zeichnet sich durch eine langsam ansteigende Hüllkurve aus (vgl. Flückiger 2002, S. 228 f.).

Rhythmus
Der Begriff Rhythmus bezeichnet die Folge unterschiedlicher Klangdauern beziehungsweise Pausen im Zeitverlauf. In der Notation der abendländischen Musik lassen sich Rhythmen durch Notenwerte schriftlich festhalten. Neben musikalischen Rhythmen sind für die Gestaltung von Brand Sounds ebenso die vom Körper erzeugten Herz- und Atemrhythmen beachtenswert, so lässt beispielsweise das Hören des Sonic Logos der Marke Audi einen Herzschlag assoziieren.

Klangereignis
Das Klangereignis wird zum einen bestimmt durch physikalische Parameter, zum anderen bedarf es der *mentalen Tätigkeit* des Rezipienten, das Klangereignis als solches zu entdecken. In diesem Sinne kann das Klangereignis von zwei Seiten dargestellt werden: zum einen als *akustisches* Element, das sich auf Produzentenseite objektiv messbar durch Schall festlegen lässt (also als Klangobjekt), zum anderen als *auditives* Element, dass seine Bedeutung und Wirkung allein durch den Gehörsinn des Rezipienten erhält.

Abbildung 29 stellt die unterschiedliche Rezeption von Klängen anhand von drei Beispielen dar. Das erste Beispiel zeigt, dass *dieselben* Klangobjekte *unterschiedliche* Wirkungen auslösen können. Ein Weckerklingeln kann signalisieren, dass es Zeit zum Aufstehen ist und aus dem Schlaf in den Wachzustand versetzen. Dies wird meist als unangenehm empfunden. Das gleiche Weckerklingeln kann aber auch ankündigen, dass die Backzeit für einen Kuchen im Ofen abgelaufen ist. In diesem Falle wird das Klingeln des Weckers mit positiven Assoziationen verknüpft.

Im zweiten Beispiel haben zwei *unterschiedliche* Klangobjekte *dieselbe* Bedeutung und rufen die gleiche Empfindung hervor. Egal, ob ein Bariton den Markennamen Siemens oder eine Altstimme den Claim der Marke Siemens spricht, der Zuschauer kann dem Werbemittel eindeutig einen Absender zuordnen, beide Stimmen vermitteln einen klaren, hellen Eindruck.

Das dritte Beispiel verdeutlicht die *unterschiedlichen* Wirkungen von zwei Klangobjekten mit *ähnlichen* physikalischen Merkmalen. Sowohl ein kochender Wasserkessel als auch eine Schlange produzieren einen hohen Zischlaut. Befindet sich der Zuhörer zuhause in der Küche, ordnet er den Zischlaut dem Wasserkessel zu, der signalisiert, dass das Wasser die richtige Temperatur zur Bereitung von Tee hat. Hält sich der Zuhörer dagegen in einem tropischen Land in der freien Natur auf, würde er den Zischlaut als Äußerung einer Schlange verstehen, die sich nähert. In diesem Fall wäre der Höreindruck nicht angenehm, sondern äußerst beängstigend.

Dieses Phänomen kann auch beobachtet werden, wenn zwei Filme mit identischem Bildmaterial mit unterschiedlicher Musik unterlegt werden. Man sieht beispielsweise einen englischen Sportwagen, der über eine einsame Landstraße in sanft geschwungener Landschaft mit hoher Geschwindigkeit fährt. Hört man dazu die typische James-Bond-Musik, vermutet man, in dem Auto sei der Agent einem Gangster auf der Spur. Hört man zu denselben Bildern eine romantisch verträumte Ballade, kann eher der Eindruck entstehen, der Geschäftsmann habe es eilig, zu seiner Geliebten zu gelangen.

Es wird deutlich, dass von Hörobjekten allein nicht auf die Wirkung der Klänge auf den Rezipienten geschlossen werden kann. Wie ein Zusammenklingen von Tönen erlebt wird, hängt von vielen Faktoren ab. Einige davon sind:

- persönlicher Musikgeschmack
- Hörgewohnheiten
- Rezeptionssituation/Verwendungssituation
- Befindlichkeit
- Hörerwartung
- Kulturkreis

In der Expertenbefragung der vorliegenden Untersuchung wurde häufig angemerkt, dass bei der Beurteilung von Brand Sounds oft der persönliche Musikgeschmack sowie die Hörgewohnheiten maßgeblich seien und nicht der (vermutete) Geschmack der Bezugsgruppen. Maßgeblich ist auch der Kulturkreis, aus dem der Hörer stammt: Melodie und Harmonie der westlich-abendländisch geprägten Musik basieren auf physikalisch und mathematisch beschreibbaren Gesetzmäßigkeiten. Daneben gibt es aber immer die aus Sicht westlich geprägter Hörgewohnheiten andersartige Musik mit ihren eigenen Tönen und Harmonien, beispielsweise indische Sitar-Musik, die Musik der chinesischen Oper oder der Gesang des Muezzin (vgl. Spitzer 2002, S. 81ff.).

Die Aspekte der Rezeptionssituation und Hörerwartung sind auch im Zusammenhang mit einer Evaluation von Brand Sounds von größter Bedeutung. Werden einem

3. Brand Sounds

Testpublikum lediglich „isolierte" Klänge präsentiert, die nach „angenehm" oder „unangenehm" oder „gefällt mir" bzw. „gefällt mir nicht" beurteilt werden sollen, ist ein verfälschtes Untersuchungsergebnis zu befürchten.[17] Den Probanden muss vielmehr ebenfalls vermittelt werden, welche Funktion der Klang hat, in welchem Umfeld er auftritt usw.

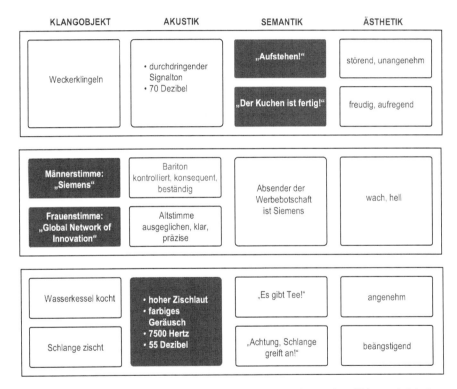

Abb. 29: Rezeption von Klangereignissen (eigene Darstellung, erweitert und modifiziert nach Schafer 1988, S. 187 f.)

---

[17] vgl. hierzu beispielsweise die Studien des Radio Marketing Service RMS, in denen geprüft wurde, ob Sonic Logos in den Medien Radio und TV von den Zuhörern und Zuschauern erkannt und zuge-ordnet werden können (vgl. Radio Marketing Service 2004a; Radio Marketing Service 2004b).

Formen des Hörens

Der französische Komponist Michel Chion hat darüber hinaus drei verschiedene Formen der auditiven Gestaltwahrnehmung identifiziert (vgl. Chion 1983, S. 25). Diese (theoretische) Trennung bietet in der Praxis die Vorteile, dass bei der Bewertung von Klangobjekten im Prozess von Sonic Branding die Urteile von Klanggestaltern und Bezugsgruppen eingehender aufgeschlüsselt und interpretiert werden können.

Causal Listening

Causal Listening bezeichnet die am häufigsten gebrauchte Hörmodalität, bei der Informationen über die Quelle oder Ursache des Klangobjektes gewonnen werden. Es wird beispielsweise wahrgenommen, dass es sich um ein vorbeifahrendes Motorrad handelt oder um eine Autotür, die geschlossen wird.

Semantic Listening

In dieser Hörmodalität wird die Bedeutung des Gehörten erfasst. So wird beispielsweise festgestellt, dass es sich bei dem vorbeifahrenden Motorrad um eine „Ducati", also den erwarteten Besuch handelt, oder dass bei der geschlossenen Autotür die Fahrt beginnen kann.

Reduced Listening

Der Begriff bezeichnet eine Hörmodalität, bei der man sich ausschließlich auf den Klang selbst konzentriert – und die Ursache, Quelle und Bedeutung des Klangs unberücksichtigt lässt. Chion hebt die Bedeutung dieser Hörmodalität für professionelle Klanggestalter heraus: sie erweitere das Hörspektrum und verbessere das Leistungsspektrum des Hörapparats (vgl. Chion 1983, S. 31).

3. Brand Sounds

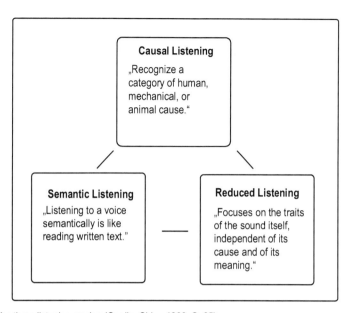

Abb. 30: The three listening modes (Quelle: Chion 1983, S. 25)

Im Bereich von Sonic Branding ist das Wissen um diese drei Hörmodalitäten von größter Bedeutung. Die befragten Experten dieser Untersuchung wiesen darauf hin, dass eine Fähigkeit zum analytischen Hören von Musik bei deren Konzeption und Bewertung davor schützt, reine Geschmacksentscheidungen zu treffen. Die Entscheidungsprozesse würden in diesem Falle effizienter, erfolgversprechender und professioneller.

Das Konzept von „Reduced Listening" vereinfacht die Verbalisierung von möglichen Wirkungen bezüglich Musik oder Klängen. Dies ist unter anderem beim Briefing mit Kunden und bei Entscheidungen für oder gegen bestimmte Brand Sounds von Bedeutung.

3.7 Verbalisierung von Klängen

Es ist schwierig, über Klänge und deren Wirkung zu sprechen. Dies ist nicht zuletzt auf die Tatsache zurückzuführen, dass immer nur über ein bereits vergangenes Hörerlebnis gesprochen werden kann und nicht über einen allen dauernd präsent vorliegenden Gegenstand wie beispielsweise eine Fotografie. Die Verbalisierung von Klängen und die Beschreibung von deren Wirkungen stellt eine zentrale Herausforderung für die Akteure von Sonic Branding dar.

Neben physikalischen Erklärungen (z.B. dem Hinweis, dass ein Trägersignal nebst Seitenbändern zu hören sei) und musikalischen Fachausdrücken (wie Triller und Tremolo) nehmen nach Thies die Vergleiche mit traditionellen Musikinstrumenten, der menschlichen Stimme, Tierlauten sowie Geräuschen aus Natur und Technik den größten Raum ein (vgl. Thies 1982, S. 33).

Schafer kritisiert, dass das gängige theoretische Vokabular im Bereich der Musik lediglich zur Beschreibung okzidentaler Musik zwischen Renaissance und Gegenwart reiche. Es habe vorrangig zum Ziel, die technische Beherrschung von Instrumenten zu beschreiben. Schafer schlägt deshalb vor, stattdessen von Klangobjekten zu sprechen und dabei die Einheiten eines Normensystems (Hertz für Frequenz bzw. Dezibel für Schalldruck) zu verwenden.

Thies legt eine empirisch belegte Typologie der Klänge vor. Er testete einen Wortbestand von 433 Adjektiven zur Beschreibung von Klängen in mehreren Schritten an einer Gruppe von Versuchspersonen. Ihre jeweiligen Hörwahrnehmungen sollten zeigen, mit welchen Adjektiven Klänge beschrieben werden können. Er bezog Instrumental-, Vokal- sowie elektronisch erzeugte Klänge mit ein, die Klangdauer lag zwischen Bruchteilen einer Sekunde und acht Sekunden (vgl. Thies 1982, S. 77). Es handelte sich um „elementare Klangerscheinungen" (Thies 1982, S. 70), nicht um Akkorde (gleichzeitig erscheinende Klänge) oder Melodien (Klangfolgen). Die Ergebnisse der Studie von Thies werden im Folgenden skizziert: Das Vokabular zur Klangbeschreibung gliedert sich demnach in vier Hauptgruppen (vgl. Thies 1982, S. 51 ff.):

	Gruppe	Adjektivbeispiele
1	Lautmalerische Adjektive	gurgelnd, peitschend, zwitschernd
2	Körperhafte Merkmale, die Aussehen, mechanische Eigenschaften, Geschmack oder Temperatur betreffen	abgeschnitten, massig, strahlend
3	Adjektive, die Aktivität oder Nicht-Aktivität beschreiben	anschwellend, rutschend, zögernd
4	Materialbezeichnungen oder menschliche Stimme	gläsern, samtig, stimmhaft
5	Sonstige Adjektive: • Intensität • Deutlichkeit • Kontinuität bzw. Nicht-Kontinuität • den Raum betreffend	• kräftig, mild, verhalten • bestimmt, umwölkt, verwischt • anhaltend, stetig, unbeständig • fern, niedrig, hallend

Abb. 31: Vokabular zur Beschreibung von Klängen (Quelle: Thies 1982, S. S. 51 ff.)

Das von Thies vorgeschlagene Vokabular zu Beschreibung von Klängen kann zusätzlich zu den oben erwähnten Einsatzmöglichkeiten in der Evaluation von Klängen eingesetzt werden. Hier bilden die Adjektive die Basis für die Konstruktion eines semantischen Differenzials (vgl. Abschnitt 5.3.6).

3.8 Zusammenfassung

In diesem Kapitel wurden für Sonic Branding relevante akustische Basiselemente vorgestellt und erläutert. Dabei wurde ein Schwerpunkt auf die Klassifizierung von Produktsounds gelegt. Aus den Grundlagen über die Physiologie und Psychologie der auditiven Gestaltwahrnehmung wurde deutlich, dass man Klänge nur im Zusammenhang mit der Umgebung, Bildern, Text, Raumwirkung etc. beurteilen kann. Hieraus ergeben sich zwei Handlungsmaximen. Zum einen müssen Gestalter im Bereich Sonic Branding bei der Realisation von Komponenten Kenntnisse über die Funktion, Umgebung etc. mit einbeziehen. Zum anderen ist die Kenntnis der verschiedenen Wahrnehmungsebenen für eine ex post-Evaluation interessant. Die Klänge sollten demnach nur unter Berücksichtigung ihrer Funktion und ihres Verwendungszusammenhangs von den Versuchsgruppen beurteilt werden. Die Schwierigkeiten bei der Verbalisierung von Klängen wurden dargestellt und Lösungsansätze aufgezeigt.

> „Wenn man sagt Oboe, dann meint man das Instrument.
> Aber einen Oboenton als solchen kann doch niemand
> unter Musikern beschreiben. Wir haben ein ganz kleines,
> beschränktes Reservoir an Tönen, die wir benennen können,
> und das ist miserabel."
>
> *Karlheinz Stockhausen (geb. 1928)*

4 Methodik der empirischen Untersuchung: Theoriebildende Fallstudienanalyse

Die Kapitel 2 und 3 stellten die begrifflichen Grundlagen zu den Themenfeldern „Marke" und „Klang" vor. Auf der Basis dieser theoretischen Reflexionen wurden Konzepte zur Kategorisierung akustischer Basiselemente sowie zur Verbalisierung von Klängen präsentiert und ein eigenes Markenmodell abgeleitet. Diese Ergebnisse bilden das Fundament für den folgenden empirischen Teil der Untersuchung.

In diesem Kapitel werden das Studiendesign und die Methoden der Datenerhebung und Datenanalyse ausführlich dargestellt. Es erfolgt eine detaillierte Dokumentation der Forschungsdurchführung und sämtlicher Forschungsquellen. Das Kapitel schließt mit einer Diskussion der Chancen und Risiken, die das Studiendesign impliziert.

4.1 Studiendesign

Im Folgenden werden das Studiendesign der Untersuchung und insbesondere die Vorgehensweise der theoriebildenden Fallstudienanalyse erläutert. Diese setzt einen zyklischen Verlauf des Forschungsprozesses voraus: Ausgehend von den ersten durch Befragung gewonnenen empirischen Daten werden neue Überlegungen zur Auswahl von Fällen und zur Gewinnung von Datenmaterial angestellt, die wiederum zu neuen empirischen Daten führen. Abbildung 32 verdeutlicht die Elemente und den Ablauf der Fallstudienanalysen.

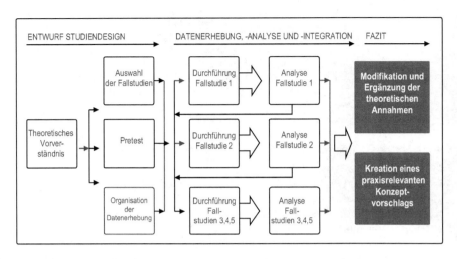

Abb. 32: Prozess der Fallstudienanalyse (Quelle: modifiziert nach Yin 1994, S. 49)

Nach dem Aufbau eines theoretischen Vorverständnisses wurde das Studiendesign entworfen. Parallel dazu erfolgten die Auswahl der Fallstudien und die Organisation der Datenerhebung (Reisen, Termine, Aufzeichnungsmethode etc.). Die Fallstudien wurden nacheinander durchgeführt und zunächst einzeln, dann fallübergreifend analysiert. Anhand der Ergebnisse erfolgten Modifikation und Ergänzung der theoretischen Vorüberlegungen. Die Ergebnisse der Fallstudienanalysen münden in einen praxisrelevanten Konzeptvorschlag für ein Briefing im Bereich Sonic Branding (siehe Kapitel 6).

4.1.1 Auswahl der Fallstudien

Die Auswahl der „Stichprobe" erfolgte gemäß der Methodik nicht nach statistischen Gesichtspunkten, sondern sie ergab sich aus den theoretischen Anforderungen des Erkenntnisprozesses. Die Stichprobenauswahl diente dem Ziel, ein möglichst breites Spektrum an Branchen und Gestaltungsansätzen abzudecken sowie Agenturen unterschiedlicher Größe und mit verschiedenartiger Zusammensetzung des Mitarbeiterstabes zu untersuchen. Dabei wurde zunächst jeweils eine Untersuchungseinheit analysiert; auf der Grundlage der so gewonnenen Ergebnisse und Konzepte wurden weitere Fälle untersucht, die die bisherigen Ergebnisse bestätigen, modifizieren oder erweitern sollten (Theoretical Sampling[1]).

---

[1] Theoriegeleitete Stichprobenziehung, im Rahmen der Grounded Theory entwickeltes Konzept der Auswahl von Untersuchungseinheiten (vgl. Strauss/Corbin 1996; vgl. Flick 1995, S. 254).

4. Methodik

Wie eingangs erwähnt, sind derzeit im deutschsprachigen Raum etwa 30 Sonic Branding-Agenturen tätig. Abbildung 33 zeigt eine Übersicht der Unternehmen, die im Rahmen der Fallstudienanalysen untersucht wurden.

Unter-nehmen	Ort	Gründung	Branchen
1	Berlin	2002	Messe/Entertainment, Medien, Finanzdienste
2	Hamburg	2001	Finanzdienste, Konsumgüter
3	Unterföhring	1994	Medien
4	Zürich	2002	Finanzdienste, Telekommunikation, Medien
5	Zürich	1989	Kulturelle und soziale Organisationen

Abb. 33: Übersicht der Fallstudien (eigene Darstellung)

4.1.2 Identifizierung der Experten

Es mag zunächst nicht folgenschwer erscheinen, dass der Expertenbegriff in der Fachliteratur unterschiedlich interpretiert wird. Bei näherer Betrachtung der Konsequenzen für die Qualität der erhobenen Daten stellt sich jedoch heraus, dass die Identifikation und Auswahl der Experten einen theoretisch fundierten Hintergrund erfordert.

Folglich werden die verschiedenen Definitionen des Expertenbegriffs kurz erläutert (vgl. Bogner/Menz 2002b, S. 39 ff.). Gemäß der voluntaristischen Definition kann jeder Experte sein: Die meisten Menschen verfügen über besondere Informationen und sind mit speziellen Fähigkeiten für die Bewältigung des eigenen Alltags ausgestattet. Dieser spezifische Wissensvorsprung macht sie zu Experten – für ihr eigenes Leben (vgl. Bogner/Menz 2002b, S. 40).

Neben dieser für die Untersuchung wenig nützlichen Auffassung vom Begriff des Experten steht die konstruktivistische Definition, nach welcher derjenige als Experte angesehen werden kann, dem sein Umfeld oder die Gesellschaft eine solche Rolle zuerkennt. Eine Auswahl der Experten gemäß dieser Begriffsbestimmung ist aber ebenfalls zu verwerfen, da die Relevanz der zu erhebenden Daten in professionellen Kontexten auch hier nicht gewährleistet ist.

In der vorliegenden Untersuchung wurden die Experten gemäß der wissenssoziologischen Definition identifiziert. Unter Expertenwissen wird demnach eine Art „Sonderwissen" verstanden, das „komplex integrierte Wissensbestände umfasst und außerdem konstitutiv auf die Ausübung eines Berufs bezogen ist" (Bogner/Menz 2002a, S. 4). Damit scheiden beispielsweise spezialisierte Laien aus, die hobbymäßig ohne professionell bedeutsame Beziehungen agieren. Entscheidend bei der Auswahl der Experten ist, dass sie die Möglichkeit zur Durchsetzung ihrer Handlungsorientierungen haben (vgl. Meuser/Nagel 2002, S. 74).

Taktische Überlegungen zur Gewinnung von Interviewpartnern
Ein weiterer Aspekt bei der Auswahl der Experten war die Gewinnung von Personen, die als „Katalysatoren" fungieren. Hierbei handelt es sich um Experten in Schlüsselpositionen, die zum einen auf andere Gesprächspartner aufmerksam machen oder den Kontakt zu ihnen leicht herstellen können. Zum anderen signalisieren sie als Meinungsführer durch ihre Teilnahme an Interviews Vertrauen und Akzeptanz in die Forschungsaktivitäten. Dies half, weitere Experten zur Teilnahme an Interviews zu motivieren (vgl. Bogner/Menz 2002a, S. 8).

4.2 Erhebungsmethode

Wie in Kapitel 1 beschrieben, werden in der Untersuchung ein qualitativer Forschungsansatz und eine fallbasierte Erklärungsstrategie verfolgt. Hieraus resultiert die Auswahl der Erhebungs- und Auswertungsmethode. Die theoriebildende Fallstudienanalyse wird aus den folgenden Gründen für dieses Forschungsprojekt favorisiert: Sie ist vor allem in Themenbereichen von Bedeutung, die die Komplexität organisationaler Phänomene behandelt.

„In brief, the case study allows an investigation to retain the holistic and meaningful characteristics of real-life events – such as individual life-cycles, organizational and managerial processes." (Yin 1994, S. 3)

Aus dem Zitat wird deutlich, dass die Methode der Fallstudienanalyse vor allem in angewandten (und damit zumeist unübersichtlichen) Themenfeldern wie der Untersuchung von innerbetrieblichen Prozessen eine ganzheitlich ausgerichtete Sichtweise ermöglicht. Die spezielle Vorgehensweise soll dazu beitragen, komplexe Zusammenhänge der Entstehung und Aufrechterhaltung von Störungen aufzuzeigen und Dynamiken zu identifizieren.

4.2.1 Problemzentrierte Leitfadeninterviews

Als eine der Erhebungsmethoden wurde das Experteninterview gewählt. Experteninterviews eignen sich für anwendungsbezogene Probleme und Themen (vgl. Gläser/Laudel 2004, S. 9 ff). Der Experte liefert dabei Daten und Fakten, die nicht durch theoretische Fachliteratur in Erfahrung zu bringen sind. Experten werden somit als „Medien" betrachtet, die Wissen über den Forschungsgegenstand in den wissenschaftlichen Diskurs transportieren sollen (vgl. Bogner/Menz 2002a, S. 20).

Als zweckmäßig wird dabei das halbstandardisierte Interview angesehen. Hier sind nur bestimmte Themen vorgegeben, die sich aus den Leitfragen der Untersuchung bestimmen (siehe Abschnitt 1.5). Auf eine Standardisierung der Interviews oder Frage-

bögen wird verzichtet, da die offene Gestaltung der Interviewsituation besser geeignet scheint, die Sichtweise des jeweiligen Interviewpartners zutage zu fördern, als dies in einer geschlossenen Frage-Antwort-Struktur der Fall wäre (vgl. Flick 1995, S. 94). Die Konzeption des Leitfadens orientiert sich an dem von Witzel entwickelten Typus des problemzentrierten Interviews. Dieser ist durch drei Kriterien gekennzeichnet, die von besonderer Bedeutung für die vorliegende Untersuchung sind (vgl. Witzel 2000):
1. Problemzentrierung,
   das heißt, die Orientierung an einer wesentlichen Problemstellung.
2. Gegenstandsorientierung,
   das heißt, die Methoden werden am Gegenstand entwickelt und modifiziert.
3. Prozessorientierung,
   das heißt, der Prozesscharakter des Gegenstandes wird beleuchtet.

Der Interview-Leitfaden gibt die Fragenkomplexe vor. Dabei sind aber weder die genaue Frageformulierung noch die Reihenfolge der Fragen verbindlich, denn die Gespräche sollen einen „natürlichen" Verlauf nehmen, bei dem auch der Interviewpartner die Reihenfolge der Themen bestimmen kann.[2]

Konzeption des Interview-Leitfadens

Der Interviewbogen besteht aus drei Abschnitten. Teil 1 beinhaltet eine allgemeine Einstiegsfrage sowie vertiefende, konkrete Fragen zu den vier aus der Forschungsfrage abgeleiteten Themengebieten *Akteure, Handlungsbedingungen, Prozesse* und *Konflikte* (siehe Abschnitt 1.5). In Teil 2 werden die demographischen Daten des Interviewpartners abgefragt. Dieser Kurzfragebogen dient dazu, die für den eigentlichen Untersuchungsgegenstand weniger relevanten Informationen aus der Interviewsituation auszugliedern. Die (meist) knappen Zeitbudgets der Interviewpartner können so optimal genutzt werden. Der Fragebogen wird erst nach dem Interview vorgelegt, um die Gesprächspartner nicht durch ein „Abfragen" demographischer Daten zu irritieren. Dies ermöglicht, einen „natürlichen" Gesprächsanfang zu finden. Der Leitfaden schließt in Teil 3 mit einem Postskriptum. In diesem Interviewprotokoll werden unter anderem Zeit, Ort und Dauer des Interviews festgehalten.

Der Interview-Leitfaden wurde in einem Pretest an zwei Versuchspersonen auf inhaltliche Relevanz, Verständlichkeit und Umfang geprüft. Die Befragten sind im Bereich Sonic Branding in Agenturen in Berlin und Frankfurt tätig. Daraufhin wurde der Leitfaden modifiziert: Eine allgemeine Einstiegsfrage wurde hinzugefügt, um den Befragten am Beginn des Interviews für die Darstellung ihrer Standpunkte zum Forschungsthema größtmögliche Freiheit zu gewähren und individuelle Sichtweisen zu

---

[2] Um eine vollständige Beantwortung der Fragen zu erzielen, stellte die Interviewerin bei der Durchführung der Interviews gezielte Ad-hoc-Nachfragen.

ermöglichen. Auf Anregung der Versuchspersonen wurden die Fragen konkretisiert und das Volumen des Leitfadens reduziert. Die während des Pretests gewonnenen Erkenntnisse führten zu der endgültigen Version des Interview-Leitfadens (siehe Abbildungen 34 und 35).

4. Methodik

Interview-Leitfaden
Forschungsprojekt „Sonic Branding"

Sonja Kastner, Universität der Künste Berlin

TEIL 1

Einstiegsfrage:
„Bitte erzählen Sie mir doch etwas über ein aktuelles Projekt im Bereich Sonic Branding oder über eines, das Ihnen gut in Erinnerung ist. Was war für Sie an diesem Projekt das Wichtigste?"

Vertiefende, konkretere Fragen:

1. Akteure
- Welche Ziele und Interessen haben Sie im Gestaltungsprozess von Sonic Branding?
- Wer ist neben Ihnen innerhalb oder außerhalb des Unternehmens am Prozess beteiligt?
- Wie ist Ihr Markenverständnis?

2. Bedingungen
- Was sind Erfolgsfaktoren für Sonic Branding? Welche Umweltaspekte und Risiken sollten beachtet werden?
- Welche technischen Voraussetzungen müssen berücksichtigt werden?

3. Prozesse
- Wie verläuft der Gestaltungsprozess von Sonic Branding?
- Welche Wirkungen von Klängen berücksichtigen Sie im Gestaltungsprozess?
- Wie lässt sich der Produktsound in die Gestaltung integrieren?
- Mit welchen Methoden führen Sie eine Evaluation oder Erfolgskontrolle durch?
- Greifen Sie auf eigene oder fremde wissenschaftliche Studien zurück? Warum/Warum nicht? Wie müssten die Studien aussehen, damit sie praxisrelevant wären?

4. Konflikte
- Welche Fehlerquellen und Konflikte kommen am häufigsten vor?
- Welche Ursachen sehen Sie für die Konflikte?
- Wie können Ihrer Meinung nach die Konflikte gelöst werden?

Abb. 34: Interview-Leitfaden, Seite 1 (eigene Darstellung)

Interview-Leitfaden
Forschungsprojekt „Sonic Branding"

Sonja Kastner, Universität der Künste Berlin

TEIL 2
Demographische Daten des Interviewpartners

Name: _____
Unternehmen: _____
Funktion: _____
Tätigkeitsbereich: _____
Welche Branchen? _____
Seit wann im Bereich tätig? _____
Ausbildung in welchem Fachgebiet? _____
Anonymisierung: ja/nein
Autorisation von Textpassagen: ja/nein
Sonstiges: _____
_____

TEIL 3
Interviewprotokoll
Zeitpunkt: _____
Ort: _____
Dauer: _____
Aufgezeichnet auf Band Nr: _____
Sonstiges: _____
_____

Abb. 35: Interview-Leitfaden, Seite 2 (eigene Darstellung)

4.2.2 Kommunikationsstruktur in den Interviews

Experteninterviews zeichnen sich generell durch eine spezielle Kommunikationsstruktur aus. Bogner/Menz betonen in diesem Zusammenhang, dass sowohl Interviewer als auch Befragte gemäß gewisser Kompetenz- und Machtzuschreibungen agieren, die auch auf den wechselseitigen Erwartungen der Gesprächspartner basieren.

„Allzu oft wird vergessen, daß Äußerungen – sowohl in Alltagssituationen als auch in der besonderen Situation des Interviews – nicht allein Äußerungen von irgendetwas im sozialen Vakuum sind, sondern immer auch Äußerungen für den konkreten Interaktionspartner." (Bogner/Menz 2002b, S. 48)

Dabei wurde es als methodischer Nutzen betrachtet, die Interaktions-Typologie vorab bei der Planung der Interviews zu berücksichtigen. Gemäß dem Erkenntnisinteresse der Untersuchung wurde dabei eine geeignete Interaktionsstruktur forciert. Hier ist jedoch zu betonen, dass die einzelnen Rollenzuschreibungen sowie die Strategien der Selbstdarstellung und Gesprächsführung während eines Interviews variierten.

Tabelle 37 zeigt eine Übersicht über die relevanten Typisierungen des Interviewers und die damit verbundenen Interviewstile mit möglichen Vor- und Nachteilen.

	Kommunikationssituation	Vorteile	Nachteile
Interviewer als Experte einer anderen Wissenskultur	Symmetrische Interaktionssituation, zahlreiche Gegenfragen des Interviewten	Hohes fachliches Niveau, Faktenreichtum	Verbleib im professionellen Relevanzrahmen des Befragten
Interviewer als Komplize	Offenlegung von geheimem Wissen, „persönlicher" Redestil des Befragten (z.B. Duzen des Interviewten)	Sehr hohes Vertrauen des Befragten, vertrauliche Informationen	Normative Prämissen bleiben unexpliziert
Interviewer als potenzieller Kritiker	Ablehnung des Interviewers, kritische Gegenfragen, Vorwegnahme von Fragen durch den Experten	Ausführliche Präsentation der normativen Prämissen	Gefahr des Gesprächsabbruchs

Abb. 36: Interaktions-Typologie in Experteninterviews (Quelle: modifiziert nach Bogner/Menz 2002b, S. 62 f.)

Bei der Durchführung der Experteninterviews strebte die Interviewerin die Rolle eines „Experten einer anderen Wissenskultur" an. Anfängliche Bedenken, dass die Interviewerin als potenzieller Kritiker wahrgenommen werden könnte, erwiesen sich als gegenstandslos.

Die Interviews wurden im Zeitraum vom 06. Juli bis zum 11. August 2005 durchgeführt, teils als Face-to-Face-Interviews, teils als telefonische Interviews. Die Gespräche wurden mit einem Diktiergerät aufgezeichnet und in voller Länge transkribiert. Die Sammlung, technische Aufbereitung und Verwaltung der Text-Rohdaten erfolgte EDV-gestützt.

Es bleibt zu erwähnen, dass einige Befragte nicht Deutsch als Muttersprache sprechen. Vor den Interviews wurde mit den Gesprächspartnern die Autorisierung der Interviews thematisiert. Keiner der Interviewpartner hat darauf bestanden.

Anonymisierung der Gesprächspartner

Um die Identität der Interviewpartner zu schützen, die sich auch teilweise kritisch zu Begebenheiten mit Kunden und solchen im eigenen Unternehmen äußern, werden die Transkriptionen und Auswertungen anonymisiert. Die Einzelfallstudien werden mit Ordnungszahlen versehen (Unternehmen 1, Unternehmen 2, usw.), die befragten Personen mit Buchstaben (Frau A, Herr B, usw.). Ebenso werden unternehmensunabhängige Bezeichnungen für die Positionen der Befragten in den jeweiligen Agenturen gewählt. Dies stellt sicher, dass aufgrund der Äußerungen bzw. der Bezeichnung der Befragten keine Rückschlüsse auf die Firma gezogen werden können. Abbildung 37 zeigt eine Übersicht der untersuchten Sonic Branding-Agenturen, sowie die Funktionen und Tätigkeitsbereiche der befragten Personen.

Unternehmen	Interviewpartner
1	Frau A, Beraterin
1	Herr B, Berater, Geschäftsführender Inhaber
2	Herr C, Berater, Geschäftsführender Gesellschafter
2	Herr D, Berater
3	Herr E, Sounddesigner, Executive Producer Audio
4	Herr F, Sounddesigner, Gründer und Geschäftsinhaber
5	Herr G, Designer, Gründer und Geschäftsinhaber

Abb. 37: Übersicht der Fallstudien und befragten Personen (eigene Darstellung)

4.2.3 Erschließung weiterer Datenquellen

Neben den Experteninterviews mit Vertretern aus Sonic Branding-Agenturen wurden weitere Datenquellen erschlossen. So halfen beispielsweise Agenturpräsentationen oder interne Arbeitspapiere dabei, die Aussagen aus den Interviews zu verstehen, zu ergänzen und zu interpretieren. Die Kombination von Forschungsquellen wird unter dem Begriff „Triangulation" subsumiert.

Ursprünglich wurde unter Triangulation von Daten eine Strategie der Validierung von Forschungsergebnissen verstanden (vgl. Flick 1995, S. 250). Triangulation bedeutete in diesem Zusammenhang die Kombination verschiedener Datenquellen, um die Gültigkeit und Plausibilität der Resultate zu erhöhen.

Flick und Yin erweitern den Begriff der Triangulation. Flick betont, dass die Triangulation dazu geeignet sei, die Daten anzureichern, zu vervollständigen, sowie die Erkenntnismöglichkeiten der Einzelmethoden zu erweitern (vgl. Flick 1995, S. 250). Yin hebt die Wichtigkeit der Triangulation von Daten für die Fallstudienanalyse hervor: „The case study inquiry (...) relies on multiple sources of evidence, with data needing to converge in a triangulating fashion." (Yin 1994, S. 13). Yin verweist auf einen weiteren Nutzen der Kombination von Forschungsquellen. Die Einbeziehung verschiedenartigen Datenmaterials ermögliche es, einen Bezugspunkt für die Interpretation der subjektiven Sichtweisen der interviewten Personen zu gewinnen (vgl. Yin 1994, S. 13). Abbildung 38 gibt eine Übersicht der verschiedenen Datenquellen, die in die Untersuchung einbezogen worden sind.

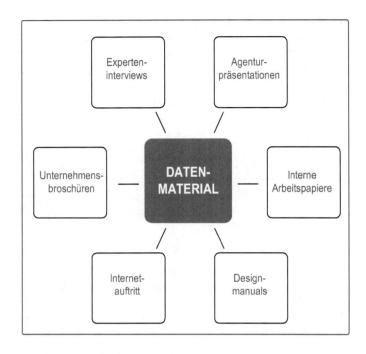

Abb. 38: Auswahl der Forschungsquellen (eigene Darstellung)

Neben den mit der Methode der problemzentrierten Experteninterviews erhobenen Daten wurden als Forschungsquellen auch Agenturpräsentationen berücksichtigt (siehe Abbildung 38). Diese Dokumente dienen Beratern im Bereich Sonic Branding dazu, die Konzeption und Kreation von Brand Sounds für (potenzielle) Kunden transparent zu machen. Interne Arbeitspapiere (siehe Abbildung 40) veranschaulichen einzelne Elemente des Arbeitsprozesses und sind wichtiger Bestandteil der Kommunikation zwischen Agentur und Kunde. Internetauftritte (siehe Abbildungen 39 und 41) und Unternehmensbroschüren geben Aufschluss über Portfolio, Projekte, Arbeitsweisen sowie Kundenstruktur und Branchen. Schließlich wurden mittels Beobachtungen während Betriebsbesichtigungen der untersuchten Unternehmen (Büros, Konferenzräume, Studios etc.) Erkenntnisse über die Mitarbeiterstruktur und Arbeitsatmosphäre gewonnen.

4. Methodik

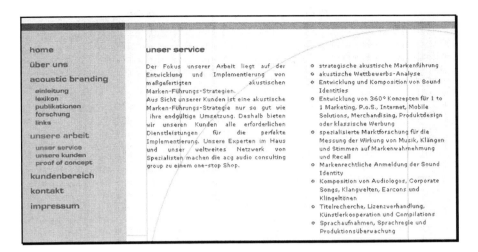

Abb. 39: Zusätzliche Forschungsquelle: Internet-Auftritt Unternehmen 2 [25.10.2005]

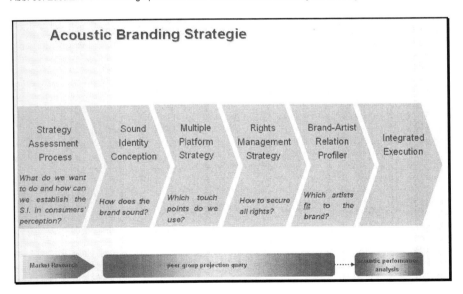

Abb. 40: Zusätzliches Datenmaterial: Agenturpräsentation Unternehmen 2 [25.10.2005]

Abb. 41: Zusätzliches Datenmaterial: Internet-Auftritt Unternehmen 4 [25.10.2005]

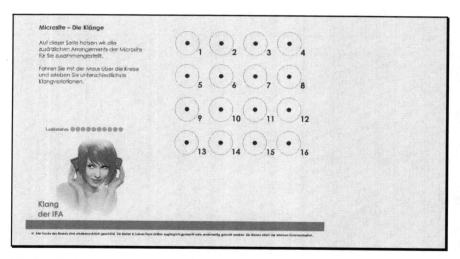

Abb. 42: Zusätzliches Datenmaterial: Klang-Moodboard für IFA-Microsite, Agentur: Unternehmen 1, Kunde: Internationale Funkausstellung IFA - Messe Berlin GmbH [29.06.2006]

4.3 Auswertungsmethode

Als Auswertungsmethode wurde die qualitative Inhaltsanalyse nach Mayring angewandt. Darunter versteht man eine streng systematische, regelgeleitete Analyse sprachlichen Materials. Die induktive Kategorienbildung stand im Zentrum der Analyse. Die Systematik wird hier kurz beschrieben, um das Vorgehen nachvollziehbar zu machen. Die zusammenfassende Inhaltsanalyse wurde in vier Schritten erarbeitet (vgl. Mayring 2003, S. 13):

1. Paraphrasierung:
   Alle nicht inhaltlich wichtigen Textbestandteile wie ausschmückende oder wiederholende Wendungen werden gestrichen; Übersetzung der inhaltstragenden Textstellen auf eine einheitliche Sprachform; Transformation auf eine grammatikalische Kurzform[3]
2. Generalisierung auf Abstraktionsniveau:
   Generalisierung der Aussagen auf eine einheitliche Abstraktionsebene[4]
3. Erste Reduktion:
   Streichung bedeutungsgleicher Paraphrasen; Beibehalten zentraler inhaltstragender Paraphrasen[5]
4. Zweite Reduktion:
   Zusammenfassung von Paraphrasen mit gleichem Gegenstand und ähnlicher Aussage; Bündelung von Aussagen zu einem Gegenstand (Integration); Zusammenfassung von Paraphrasen mit gleichem Gegenstand und verschiedener Aussage.[6]

Die neben den Interviews erhobenen Daten – beispielsweise Agenturpräsentationen – werden ebenfalls als verbales Datenmaterial analysiert. Der visuellen Gestaltung beispielsweise wird aus forschungsökonomischen Gründen keine besondere Aufmerksamkeit gewidmet. Die zusätzlichen Forschungsquellen wurden jedoch in ihrer Bedeutsamkeit gegenüber den Interviews als weniger aussagekräftig betrachtet. Agenturpräsentationen oder Internet-Auftritte verfolgen neben der sachlichen Auskunft über Methoden oder Arbeitsbereiche auch beispielsweise Ziele der Selbstdarstellung oder der Kundenakquise. Aus diesem Grund wurden die in den Interviews induktiv gewonnenen Kategorien an das übrige Datenmaterial herangetragen. Es erfolgte eine deduktive Überprüfung der Kategorien.

---

[3] Exemplarische Darstellung: siehe Abbildungen 46 und 47: Paraphrase und Generalisierung Fallstudie 2 (Auszug 1), (Auszug 2).
[4] Exemplarische Darstellung: siehe Abbildungen 46 und 47: Paraphrase und Generalisierung Fallstudie 2 (Auszug 1), (Auszug 2).
[5] Exemplarische Darstellung: siehe Abbildung 48: Beispiel für Reduktion Fallstudie 2 (Auszug aus: „Akteure und ihre Ziele").
[6] Exemplarische Darstellung: siehe Abbildungen 49, 50, 51 und 52: Fallübergreifendes Kategoriensystem.

Abschließend sind noch die formalen Charakteristika des Textmaterials zu erläutern: Zunächst entstand ein niedergeschriebener Text in Form eines Transkripts. Die Transkription orientierte sich an den folgenden Regeln: Es wurde vollständig und wörtlich transkribiert, dabei wurden Unvollständigkeiten und Wiederholungen in das Transkript übernommen. Der Inhalt der Aussage stand jedoch im Vordergrund, Äußerungen wie „äh" und „mh" wurden ausgespart sowie Auffälligkeiten wie Lachen oder Räuspern in Klammern angegeben. Abbildungen 43 und 44 zeigen exemplarisch ein Interview-Protokoll und ein Interview-Transkript der Fallstudie 2.

4. Methodik

Transkript Interview Fallstudie 2

Thema	Sonic Branding
Art des Interviews	Face to Face
Interviewerin	Sonja Kastner
Unternehmen	Unternehmen 1
Branchen	Messe/Entertainment, Medien, Finanzdienste
Probanden	(1) Herr B, Berater, Geschäftsführender Inhaber (2) Frau A, Beraterin
Zeitpunkt der Aufnahme	28.06. 2005, 11-13 Uhr
Ort	Berlin
Ausbildung/Studium der Probanden	(1) Herr B: Mathematik (2) Frau A: Betriebswirtschaftslehre
Wie lange sind Probanden im Bereich Sonic Branding tätig?	(1) Herr B: seit 3 Jahren (2) Frau A: seit 3 Jahren
Anonymisierung des Unternehmens	Nein
Autorisation von Textpassagen	Ja

Interviewerin: Ich würde dich bitten, mir etwas über ein aktuelles Projekt oder über ein vergangenes Projekt im Bereich Sonic Branding zu erzählen, was in guter Erinnerung liegt. Was war für dich das Wichtigste in diesem Prozess?

Herr C, Berater: Ich glaube, das Wichtigste ist, dass man dem Kunden die Schritte erläutert und ihm erklärt, warum man zu einem gewissen Ergebnis kommt. Letzten Endes muss man weg von dem Arbiträren – man macht ein Briefing und der Komponist fängt an zu komponieren. Und der Bauch sagt, ich mag oder ich mag es nicht. Man sollte dahin kommen, dass er versteht, warum man die Schritte gemacht hat. Dass man einen Rahmen aufzeichnet, den er auch verstehen kann und dass man innerhalb dieses Rahmens mit zwei oder drei Vorschlägen kommt.

Abb. 43: Beispiel für Interview-Protokoll und Interview-Transkript Fallstudie 2, Auszug 1 (eigene Darstellung)

> **Interviewerin:** Wie gehst du da vor? Wie sind die einzelnen Schritte?
> **Herr C, Berater:** Vielleicht, dass man dafür am besten einfach eine Präsentation zeigt, wie ich vorgehe. Das ist einfacher, also so ganz ohne Beispiele zu machen. Wie gesagt, man teilt das Projekt einfach in mehrere Schritte, fängt an, die Marke zu analysieren, sehr theoretisch die Kommunikationsziele gemeinsam anzuvisieren, die Zielgruppen zu analysieren. Dementsprechend kann man erst mal ein theoretisches Rahmenwerk machen. Nach einem objektiven Kriterienset von 900 Begriffen kann man dann diese Marken beschreibenden Kriterien umsetzen in musikalische Kriterien passend zur Marke.
> **Interviewerin:** Welche Ziele und Interessen hast du speziell in diesem Gestaltungsprozess?
> **Herr C, Berater:** Als solches geht es uns darum, dass man dem Kunden ein Endergebnis liefert, wo er unterm Strich sagen kann, das erfüllt seine Erwartungen, seine Kommunikationsansprüche.
> **Interviewerin:** Und wer ist innerhalb oder außerhalb des Unternehmens an diesem Prozess noch beteiligt?
> **Herr C, Berater:** Soweit ist es eigentlich so, dass wir hier für diesen strategischen Bereich als Komplett-Agentur auftreten. Wir werden angesprochen entweder vom Kunden direkt oder von der Werbeagentur oder von der strategischen Markenberatung. Die drei Varianten gibt es und dann setzen wir uns zusammen mit den Partnern, die letztendlich auch für die Exekution oder die Umsetzung in den Spot verantwortlich sind, an einen Tisch und sehen auch zu, dass man den gesamten Prozess gemeinsam durchzieht: von der Analyse der Marke hin bis zur Komposition, die gemacht wurde – in den meisten Fällen hier bei uns im Hause – bewertet und sagt, das ist das, wie wir die Marke wollen.

Abb. 44: Beispiel für Interview-Transkript Fallstudie 2, Auszug 2 (eigene Darstellung)

Die transkribierten Interviews werden zunächst paraphrasiert und auf ein einheitliches Abstraktionsniveau gebracht. Die Abbildungen 45 und 46 zeigen exemplarisch den ersten Schritt nach der Transkription: Paraphrase und Generalisierung der Aussagen der Interviewpartner.

4. Methodik

Fall	Nr.	Paraphrase	Generalisierung
B	1.	Kunden die Schritte erläutern und ihm erklären, wie man zu einem Ergebnis kommt	Transparentes, offenes Vorgehen
B	2.	Weg von dem Arbiträren	Begründetes, nachvollziehbares Vorgehen
B	3.	Bauch sagt, ich mag es oder ich mag es nicht	Gefühlsentscheidung des Kunden
B	4.	Kunde soll eine geschützte Bauchentscheidung treffen	Bewährtes Vorgehen: *Gefühlsentscheidung des Kunden innerhalb eines begründeten Rahmens*
B	5.	Zeichnen Rahmen auf, den der Kunde versteht mit zwei oder drei Vorschlägen	Bewährtes Vorgehen: *Gefühlsentscheidung des Kunden innerhalb eines begründeten Rahmens* von 2-3 Kompositionen
B	6.	Innerhalb des Rahmens kommen alle Vorschläge auf den Marken-Punkt	Markenanalyse Grundlage
B	7.	Marke analysiert, sehr theoretisch die Kommunikationsziele gemeinsam anvisiert, die Zielgruppen analysiert	Kunden und andere Dienstleister (Werbeagentur, strategische Markenberatung) frühzeitig in die Markenanalyse einbeziehen
B	8.	Kriterien, die die Marke beschreiben werden umgesetzt in Auswahl von 900 Kriterien, die Musik beschreiben	Übersetzung der Markenidentität durch 900 Kriterien, die Musik beschreiben
B	9.	Liefern dem Kunden ein Endergebnis, das Erwartungen und Kommunikations-Ansprüche erfüllt	Kommunikationsziele des Kunden sind Grundlage
B	10.	Sind im strategischen Bereich Komplett-Agentur	Leistungsspektrum der Sonic Branding Agentur: Analyse, Strategie, Komposition, rechtliche Beratung

Abb. 45: Paraphrase und Generalisierung Fallstudie 2, Auszug 1 (eigene Darstellung) [7]

---

[7] *Kursiv* bedeutet: doppelte Nennung der Kategorie.

	Nr.	Paraphrase	Generalisierung
B	11.	Setzen uns mit den Partnern, die für die die Umsetzung verantwortlich sind, an einen Tisch und sehen zu, dass wir den Prozess gemeinsam durchziehen	Kunden und andere Dienstleister (Werbeagentur, strategische Markenberatung) frühzeitig in die Markenanalyse sowie den Gestaltungsprozess einbeziehen
B	12.	Von der Analyse der Marke bis hin zur Komposition	Leistungsspektrum der Sonic Branding Agentur: Analyse, Strategie, Komposition, rechtliche Beratung
B	13.	Juristische Seite noch nicht alles geregelt	Gesetzeslücken im musikalischen Bereich
B	14.	Mein Partner ist seit 20 Jahren im Geschäft und weiß mehr als die meisten Juristen	Entscheiden nach Erfahrungen, wenn rechtliche Bestimmungen unklar sind
B	15.	Wenn es um eine markenrechtliche Anmeldung geht, machen das die Anwälte	Markenrechtliche Anmeldung übernehmen Anwälte
B	16.	Musik- und Markenindustrie haben zwei getrennte Sprachen- und Denkwelten	Musik- und Markenindustrie haben zwei getrennte Sprach- und Denkwelten
B	17.	Wenn ich für eine Kampagne einen bestehenden Titel, einen Künstler auswähle, sind rechtliche und kaufmännische Probleme vorprogrammiert	Rechtliche und ökonomische Probleme durch Erwerb von Nutzungsrechten von bestehenden Musikstücken oder Verpflichtung von Künstlern für Marke
B	18.	Ist ein semantisches Problem	*Musik- und Markenindustrie haben zwei getrennte Sprach- und Denkwelten*
B	19.	Akustische Markenzeichen kann man in Deutschland noch nicht so einfach anmelden	Markenrechtliche Anmeldung übernehmen Anwälte
B	20.	Es gibt vom EU-Gerichtshof eine einheitliche Richtlinie	Einheitliche Linie vom EU-Gerichtshof

Abb. 46: Paraphrase und Generalisierung Fallstudie 2, Auszug 2 (eigene Darstellung) [8]

---

[8] *Kursiv* bedeutet: doppelte Nennung der Kategorie.

4. Methodik

Die generalisierten Aussagen jedes einzelnen Interviews werden daraufhin reduziert. Dabei erfolgte eine Gliederung nach den vier Forschungsfragen. Exemplarisch wird dies anhand der Reduktion des Interviews aus Fallanalyse 2 gezeigt.

1.	Akteure und ihre Ziele
K 1	Bedarf für Sonic Branding bei allen Markenartiklern, die audiovisuell präsent sind
K 2	Full-Service-Agentur (Generalunternehmer)
K 3	Komponist hat Funktion eines musikalischen Supervisors: - kann große Projekte nicht allein abwickeln; - hat keine Kompetenz in der Gestaltung der verschiedenen Medien; - Kompetenz auf spezielle Musikbereiche beschränkt
K 4	Konsistente Gestaltung von visuellem und akustischen Logo
K 5	Sound darf nicht aufdringlich sein

Abb. 47   Beispiel für Reduktion Fallstudie 2, Auszug aus: „Akteure und ihre Ziele" (eigene Darstellung)

In einem weiteren Schritt erfolgte die fallübergreifende Integration der Aussagen. Diese Aussagen wurden abermals zu einem fallübergreifenden Kategoriensystem reduziert. Die induktive Kategorienbildung erlaubt es, eine einerseits überschaubare Textmenge zu erhalten, die andererseits immer noch Abbild der Rohdaten ist. Das Kategoriensystem wird nach Zielstellung der Forschungsfragen interpretiert (siehe Kapitel 5).

4.3.1 Fallübergreifendes Kategoriensystem

1.	**Akteure und ihre Ziele**
K'1	Agentur ist Generalunternehmer
K'2	Interdisziplinärer Ideenaustausch und Teamwork der Projektbeteiligten
K'3	Kooperation mit Werbeagenturen/CI-Agenturen/Strategieberatungen als Partner
K'4	Bedarf von Sonic Branding bei Markenartiklern aller Branchen
K'5	Ziel ist Steigerung des Markenwertes durch: - Stimulation von Aufmerksamkeit; - Erhöhung des Wiedererkennungswertes der Marke; - Konsistenz der auditiven Komponenten in der Markenkommunikation; - Aufbau einer emotionalen Welt; - Ausstrahlung einer Aura
K'6	Designmanager strukturieren Vorgehen: - Eröffnung von Gestaltungschancen; - Organisation von Teams; - Planung und Kontrolle von Prozessen; - Kommunikation mit Kunden und Dienstleistern; - Lösung von Konflikten
K'7	Kompetenz des Komponisten: - kann Projekte im Bereich Sonic Branding nicht alleine abwickeln; - ist auf spezielle Musikstile beschränkt; - hat wenig Kompetenz in der Gestaltung der verschiedenen Medien; - hat die Funktion des musikalischen Supervisors
K'8	Gestaltung von Brand Sounds gilt als gelungen, wenn: - Funktion von Klängen berücksichtigt wird - Konsistenz von visuellem und auditivem Design, Text und Sprache erreicht wird; - Klänge Assoziationen zum Produkt auslösen; - melodische Struktur Wiedererkennung ermöglicht; - Geräusche integriert werden; - Komponenten prägnant und stimmig komponiert sind; - Trends aufgegriffen werden; - eher weniger als zu viele Komponenten eingesetzt werden; - Bedürfnisse der Bezugsgruppen berücksichtigt werden; - Alternativen zu repetitivem Corporate Design entwickelt werden; - eine poetische Dimension für die Bezugsgruppen erkennbar ist; - politische/soziale Dimensionen berücksichtigt werden

4. Methodik

K'9	Gestaltung von Sonic Branding gilt als misslungen, wenn: - Komponenten nicht medienadäquat adaptiert werden; - unbewusste (negative) Wirkung von Klängen unterschätzt wird; - Komponenten durch ständige Repetition Ablehnung hervorrufen; - Dramaturgie in digitalen Medien nicht berücksichtigt wird

Abb. 48: Fallübergreifendes Kategoriensystem, Auszug „Akteure und ihre Ziele" (eigene Darstellung)

2.	**Handlungsbedingungen**
K'10	Gestaltung von Sonic Branding gilt als misslungen, wenn: - Komponenten nicht medienadäquat adaptiert werden; - unbewusste (negative) Wirkung von Klängen unterschätzt wird; - Komponenten durch ständige Repetition Ablehnung hervorrufen; - Dramaturgie in digitalen Medien nicht berücksichtigt wird
K'11	Gestaltungsprozesse gelingen, wenn: - Strukturen Ziele und Prozesse vorgeben; - der Komposition ein konstitutives multidimensionales Konzept zugrunde liegt; - Komponisten und Sounddesigner Kenntnis und Erfahrung mit speziellen Anforderungen der verschiedenen Medien haben; - die Anzahl der Änderungswünsche eine realistische Zeitplanung zulässt
K'12	Entscheidungsprozesse mit Kunden, Partnern und Dienstleistern gelingen, wenn: - alle Beteiligten frühzeitig in die Analyse der Marke einbezogen werden; - eine gemeinsame Wissensbasis vorliegt; - Entscheidungen begründet erfolgen; - die Handlungen gelenkt, strukturiert, offen und transparent verlaufen; - der Verantwortliche auf Seite des Kunden dem Projekt Priorität einräumt; - Berater im Umgang mit Kunden psychologisch einfühlsam handeln; - Kunden einheitliche Zugriffsmöglichkeiten haben
K'13	Knappes Budget und enger Zeitrahmen bestimmen Gestaltungsprozess
K'14	Klärung von urheber- und leistungsschutzrechtlichen Grundlagen zu einem frühen Zeitpunkt der Projektierung

Abb. 49: Fallübergreifendes Kategoriensystem, Auszug „Handlungsbedingungen" (eigene Darstellung)

3.	**Konzeptions- und Gestaltungsprozess**
K'15	Inhalte des Briefings: - Analyse der Marke; - Markt- und Positionierungsziele; - Bestimmung der Bezugsgruppen; - Analyse der auditiven und audiovisuellen Kommunikationsmittel; - Zusammenarbeit mit Produktsounddesignern; - Konkurrenzanalyse; - Budget; - Einsatz von Medien; - technische Vorgaben; - rechtliche Grundlagen; - Erfolgskontrolle; - Zeitrahmen
K'16	Methoden, Markenwerte in Klang zu übersetzen: - Transformation von Markenattributen in dreidimensionalen Werteraum; - Formulierung eines konstitutiven multidimensionalen Konzepts; - Übertragung der visuellen Bildinhalte in auditive Stimmungen; - Zusammenstellung von Klängen in Moodboards; - Verhältnis Aufwand Konzeption zu Produktion entspricht 80:20
K'17	Inhalte von Workshops/Kundenpräsentationen: - Präsentation von kürzeren unterschiedlichen Klangbeispielen; - Präsentation von Entwürfen verschiedener Stilrichtungen/Komponisten; - Analyse und Bewertung von Entwürfen und fertig gestalteten Komponenten; - Loslösen von persönlichen Vorlieben in der Analyse und Bewertung von Musik; - iterative Elimination nicht gewünschter Sounds; - Gefühlsentscheidung des Kunden innerhalb eines begründeten Rahmens
K'18	Elemente der Komposition: - melodische Struktur stärkstes Element der Wiedererkennung; - Rückgriff auf stereotype Klänge, Musikgenres, spezielle Instrumentation; - Adaptionen von Musikstücken; - Integration von Geräuschen; - Nutzung von Library Music bei Zeitknappheit

K'19	Mediale Umsetzung von Komponenten: - Steuerung durch Agentur; - Commitment von Kundenseite; - Adaption je nach Medium unterschiedlich; - Kern der Erkennungsmelodie bleibt erhalten; - zunehmende Attraktivität von Internet und Mobiltelefon
K'20	Maßnahmen zur Evaluation der Gestaltungsergebnisse: - interne Qualitätskontrolle durch Kollegen nach Erfahrung und Intuition; - Kontrolle der Marketingziele; - Tests/Befragung von Bezugsgruppen; - Messen von Memorierbarkeit, Prägnanz, Stimmigkeit, emotionaler Aufladung; - Evaluation eher Ausnahme als Regel

Abb. 50: Fallübergreifendes Kategoriensystem, Auszug „Konzeptions- und Gestaltungsprozess" (eigene Darstellung)

4.	**Konflikte und Strategien zur Problemlösung**
K'21	Zusammenarbeit mit Kunden konfliktiv: - mangelnde Kenntnis und Erfahrung der Kunden mit Sonic Branding; - Betrachtungsweise und Bewertung von Musik wenig differenziert; - Entscheidungsprozesse von persönlichen Vorlieben geprägt
K'22	Kooperation mit Partnern konfliktiv: - wenig Projekterfahrung mit der Integration von Sonic Branding; - Budgetverteilung; - Überschneidungen der Kompetenzbereiche; - zusätzliche Beratung wird als Einschränkung wahrgenommen
K'23	Kooperation mit Komponisten konfliktiv: - Durchsetzen der ästhetischen Vorstellungen zu Lasten der Marke; - Wunschziel: Chartplatzierung
K'24	Verbalisierung von Klängen diffizil: - Getrennte Sprach- und Denkwelten von Musikindustrie und Markenartiklern; - wenig differenzierte Betrachtungsweise von Klängen; - Funktion des „Dolmetschers" problematisch

Abb. 51: Fallübergreifendes Kategoriensystem, Auszug: „Konflikte, Ursachen und Lösungen" (eigene Darstellung)

Analyse verschiedenartiger „Wissens-Arten"
Diese Unterscheidung von verschiedenen „Wissens-Arten" war bei der Auswertung der Interviewdaten von großer Nützlichkeit (vgl. Bogner/Menz 2002b, S. 43), wenn auch betont werden muss, dass diese Unterscheidung lediglich ein begrifflich-theoretisches Konstrukt im Forschungsprozess darstellte.

In der Auswertung der Gesprächsprotokolle half es, zwei verschiedene Ausprägungen von Expertenwissen zu unterscheiden (vgl. Bogner/Menz 2002b, S. 43 f.): Zum einen das technische Wissen, das sich als erlernbares Fachwissen durch die Kenntnis von Routinen oder Handlungsschemata manifestiert. Zum anderen das Prozesswissen, das durch praktische Erfahrung gewonnen wird und nicht durch Lehrbücher oder ähnliches vermittelt werden kann.[9] Die vorliegende Untersuchung zielt darauf ab, diese Art von Prozesswissen zugänglich zu machen und Handlungsabläufe, Interaktionsroutinen sowie organisationale Strukturen detailliert darzulegen (vgl. Bogner/Menz 2002b, S. 43).

Hilfreich war auch die Unterscheidung von implizitem und explizitem Wissen: als implizites Wissen werden „ungeschriebene Gesetze und Entscheidungsmaximen in den spezifischen Funktionsbereichen der Experten [bezeichnet], die nicht unmittelbar verfügbar sind" (Bogner/Menz 2002b, S. 42) Im Gegensatz zum deklarativen Wissen wird das implizite Wissen nicht artikuliert, das implizite Wissen steuert jedoch das Verhalten. Diese verborgenen Regeln wurden bei der Datenauswertung rekonstruiert.

4.4 Chancen und Risiken der Methodik

Abschließend werden die Chancen und Risiken der Methodik für das Forschungsprojekt erläutert. Die Vorzüge der theoriebildenden Fallstudienanalyse für das vorliegende Forschungsprojekt lassen sich wie folgt zusammenfassen:
1. Der Prozess von Sonic Branding kann in seiner Komplexität erforscht werden.
2. Im noch unbekannten Feld von der Konzeption und Gestaltung von Brand Sounds können Theorien gebildet werden.
3. Die Arbeit mit einer überschaubaren Fallzahl verspricht auch unter forschungsökonomischer Perspektive aussagekräftige Ergebnisse.

Dabei wird die Methode der theoriebildenden Fallstudienanalyse der Komplexität und Neuheit des Untersuchungsgegenstandes gerecht. Die spezielle Kombination von Datenquellen stellt einen hohen Realitätsbezug der Untersuchung sicher.

---

[9] Die hier vorgenommene Unterscheidung der verschiedenen Ausprägungen von Wissen ist unabhängig von den in Abschnitt 4.1.2 ausgeführten Definitionen des Expertenbegriffs zu betrachten.

4. Methodik

Den Erfolgsaussichten stehen auch Risiken gegenüber. Die Herangehensweise orientiert sich stark an Einzelfällen. Die Verallgemeinerung der gefundenen Konzepte und Zusammenhänge kann deshalb nur unter genauer Definition des Geltungsbereiches getroffen werden. Es muss bedacht werden, dass die Formulierung verschiedener Bedingungen für das Treffen von Voraussagen einen hohen Komplexitätsgrad haben könnte. Dies würde die Anwendung kompliziert machen bzw. nur einen geringen Grad an Verallgemeinerung zulassen.[10] Zur Minimierung dieser Risiken wurde die Auswahl der Fallstudien mit der Strategie des theoretischen Samplings getroffen; dies trägt dazu bei, einen höchstmöglichen Grad an Generalisierung zu erreichen.

4.5 Zusammenfassung

In diesem Kapitel wurde das Forschungsdesign mit seinen Vor- und Nachteilen dargestellt und begründet. Die Kriterien für die Auswahl der Fallstudien sowie die Identifizierung und Auswahl der Experten wurden dabei dargelegt. Da die Qualitätssicherung besonders bei qualitativ orientierten Forschungsprojekten eine große Rolle spielt,[11] erfolgte eine ausführliche Verfahrensdokumentation. Sie macht die Datenerhebung, -analyse und -interpretation transparent. Die Ergebnisse der Fallstudienanalyse werden im folgenden Kapitel vorgestellt, gedeutet und expliziert.

---

[10] Eine Verallgemeinerung im klassisch-statistischen Sinn steht entsprechend den Forschungsfragen nicht im Vordergrund des Forschungsprojektes.
[11] Da qualitative Forschung in einigen Aspekten dem quantitativ orientierten Wissenschaftsverständnis widerspricht, ist die Qualitätssicherung hier von besonderer Bedeutung.

> „Charles Darwin glaubte, daß unsere Musik
> auch nichts anderes als ein
> hochentwickelter Brunftschrei sei."
> *(Murray Schafer, geb. 1933)*

5 Sonic Branding als Designprozess: Empirische Befunde

In den folgenden Abschnitten werden die Ergebnisse der Erhebung präsentiert.[1] Die Darstellung der Resultate orientiert sich an den Fragestellungen des Forschungsprojektes und ist in vier Themenfelder untergliedert: Akteure und ihre Ziele, externe Einflussfaktoren, Konzeptions- und Gestaltungsprozesse sowie Konflikte und Strategien zur Problemlösung.

So erfolgt im Abschnitt 5.1 eine genauere Bestimmung der Akteure von Sonic Branding, das heißt Ziele und Interessen von Sonic Branding-Agenturen, ihren Partnern, Dienstleistern und Kunden werden definiert. Es werden Handlungsbedingungen und externe Einflussfaktoren für den Prozess von Sonic Branding aufgezeigt (Abschnitt 5.2). Der Prozess von Sonic Branding im Sinne eines operativen Designmanagements wird im Abschnitt 5.3 mit seinen verschiedenen Elementen dargestellt und analysiert – vom Briefing bis hin zur Evaluation. Es werden exemplarisch einzelne Arbeitsschritte und Arbeitsmodelle der untersuchten Agenturen näher vorgestellt, verglichen und voneinander abgegrenzt.

Das Kapitel schließt mit der Darstellung und Analyse konfliktreicher Beziehungen zwischen den Akteuren. Es werden Ursachen für problematische Strukturen aufgezeigt, beziehungsweise Lösungsmöglichkeiten für den Gestaltungsprozess von Sonic Branding herausgearbeitet (Abschnitt 5.4).

5.1 Akteure und ihre Ziele

Im Abschnitt 5.4 werden zunächst die Protagonisten, die Sonic Branding-Agenturen, vorgestellt. Daneben sollen die weiteren Akteure und ihre Ziele im Gestaltungsprozess benannt werden: Werbe- und CI-Agenturen sowie Strategieberatungen fungieren als Partner, sie sind häufig schon länger für den Kunden als Dienstleister tätig. Ebenso werden die internen und externen Mitarbeiter der Sonic Branding-Agenturen und ihre jeweiligen Interessen erläutert: Designmanager, Sounddesigner und Komponisten. Abschließend erfolgt eine Darstellung der von den Akteuren genannten gestalterischen Gütekriterien sowie von Ursachen eines nicht adäquaten Designs.

---

[1] Zu Vorgehensweise und Methode siehe Kapitel 4.

5.1.1. Agenturen als Generalunternehmer

K 1   Agentur ist Generalunternehmer[2]

„Der [Komponist] produziert normalerweise Filmmusik, ist aber in dem Sinne ein Ein-Mann-Betrieb, kann also nicht ein so großes Projekt alleine abwickeln, wir waren in diesem Projekt der Generalunternehmer und er [der Komponist] der musikalische Supervisor." (Frau A, Beraterin, Unternehmen 1)[3]

Die befragten Agenturen, die sich auf den Bereich Sonic Branding spezialisiert haben, setzen sich je nach Größe aus Beratern, Sounddesignern, Designmanagern, Komponisten und Produzenten zusammen. Da die Projekte aufgrund ihrer Größe und Gestaltungsanforderungen oft sehr unterschiedlicher Fähigkeiten und Ressourcen bedürfen, treten die Agenturen als „Generalunternehmer" auf und greifen dabei auf ein Netzwerk weiterer Dienstleister zurück. Die interdisziplinär zusammengesetzten Teams arbeiten auf konzeptioneller und kreativ-gestalterischer Ebene zusammen. Dabei sind externe Komponisten, Sounddesigner, Musiker, Tonstudios, Sprecher und Juristen in die Arbeitsgruppe integriert. Als Partner im Gestaltungsprozess kommen häufig Werbe- und CI-Agenturen oder Strategieberatungen als weitere Dienstleister hinzu. Abbildung 52 veranschaulicht zusammenfassend die organisatorische Zuordnung der einzelnen Akteure.

---

[2] „K 1" bedeutet „Kategorie 1". Die Kategorien repräsentieren die Ergebnisse der zusammenfassenden Inhaltsanalyse, zum Vorgehen siehe Kapitel 4.
[3] Die Zitate sind als illustrative Zitate zu verstehen. Zur Kriteriengenerierung siehe Kapitel 4.

5. Sonic Branding als Designprozess: Empirische Befunde

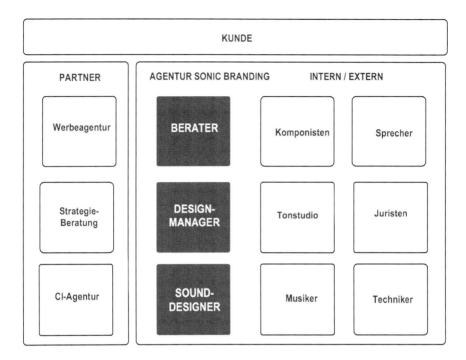

Abb. 52: Akteure Sonic Branding (eigene Darstellung)

Die Projektteams variieren je nach abgefragter Leistung. Bei unklaren Rechtsfällen – wie beispielsweise bei der Etablierung neuer Vertriebsformen durch das Internet – wird ein Jurist verpflichtet. Erfordert das Projekt die Ausarbeitung verschiedener und sehr unterschiedlicher Musikstile, sind mehrere Komponisten mit der Bearbeitung beauftragt; Sprachaufnahmen erfordern das Engagement eines Sprechers.

Die Akteure für den Gestaltungsprozess rekrutieren sich sowohl aus dem internen Bereich der Sonic Branding-Agentur als auch aus deren Umfeld. Dabei werden in den untersuchten Fallbeispielen drei organisatorische Alternativen für Agenturen beobachtet (vgl. Arthur D. Little 1990, S. 37 ff.):

1. Die Leistung wird durch intern beschäftigte Komponisten und Sounddesigner erbracht (Fallbeispiel Unternehmen 2).
2. Interne Komponisten und Sounddesigner arbeiten mit externen Komponisten und Sounddesignern zusammen (Fallbeispiel Unternehmen 4).
3. Externe Komponisten und Sounddesigner werden als Subunternehmer tätig (Fallbeispiel Unternehmen 1).

Für die einzelnen Organisationsformen ergeben sich spezifische Vor- und Nachteile, dabei spielt die Größe der Agentur eine entscheidende Rolle. Sobald mehrere Komponisten und Sounddesigner beschäftigt werden, kann die Agentur eine Bandbreite an Musikstilen anbieten (Fallbeispiel Unternehmen 2). Intern beschäftigte Sounddesigner und Komponisten sind mit dem agenturspezifischen Gestaltungsprozess vertraut und in den Räumen der Agentur schnell erreichbar, dies erleichtert die interne Kommunikation und Koordination.

Beschäftigt die Agentur nur ein oder zwei Komponisten oder Sounddesigner, ist sie auf die Zusammenarbeit mit externen Mitarbeitern angewiesen. Hierbei kann ein höheres Maß an Flexibilität und Kreativität freigesetzt werden als im ersten Fall, jedoch müssen die externen Mitarbeiter in das Gefüge der internen Informations- und Abstimmungsprozesse eingebunden werden (Fallbeispiel Unternehmen 4). Dies bedeutet für den Designmanager einen höheren Koordinationsaufwand.

Wenn, wie im dritten Fall, sämtliche Aufträge an externe Komponisten und Sounddesigner vergeben werden, wächst die Notwendigkeit, sich in wechselnden Zusammensetzungen von Partnern in der Organisation von Gestaltungs- und Entscheidungsprozessen abzustimmen (Fallbeispiel Unternehmen 1). Von Vorteil können hier jedoch die Kreativität und branchenübergreifenden Erfahrungen der externen Mitarbeiter sein (vgl. Meier-Kortwig 1997, S. 34 ff.).

5.1.2 Interdisziplinäre Zusammensetzung der Teams

K 2	Interdisziplinärer Ideenaustausch und Teamwork der Projektbeteiligten

„Im wirklichen Sinn von einer Interdisziplinarität erwarten wir, dass unsere Partner auch mitdenken in Sachen, wo sie nicht beauftragt sind, und wir natürlich in ihren Bereich reinkommen. Das heißt nicht, dass wir auf der Gitarre spielen und die Musik selber machen, sondern dass die Diskussionen eigentlich auf sehr konzeptionellen, gründlichen Elementen aufgebaut sind." (Herr G, Designer, Unternehmen 5)

Übereinstimmend wird bei allen untersuchten Unternehmen eine heterogene Zusammensetzung der Projektbeteiligten festgestellt, die von Projekt zu Projekt variiert: Komponisten, Musiker, Berater, Juristen, Sounddesigner, Regisseure und Architekten müssen sich miteinander über gestalterische, konzeptionelle und organisatorische Fragen austauschen und abstimmen.

Darüber hinaus wird von den Befragten geäußert, dass in den Projektteams oft unterschiedlichste Arbeitsweisen und Vorstellungen über qualitativ hochwertige Gestaltung aufeinander treffen. Dies wird einerseits als Chance zum Führen von fruchtbaren Diskussionen zur Optimierung des gestalterischen Produkts empfunden; andererseits führt dies nach Aussagen der Befragten aber auch zu einer (vermeintlichen) Vermischung der Kompetenzbereiche, zu gegenseitigen Abhängigkeiten und zusätzlichen Abstimmungen. Dies wird von den Kreativen oft als unnötig vermehrter Arbeitsaufwand und Einschränkung der kreativen Freiheit erlebt und führt zu Konflikten (siehe Abschnitt 5.4).

5.1.3 Partner: Werbeagenturen/CI-Agenturen/Strategieberatungen

K 3	Kooperation mit Werbeagenturen/CI-Agenturen/Strategieberatungen als Partner

„Es ist wichtig, möglichst früh herauszufinden, wer überhaupt an diesem Projekt beteiligt ist. Das ist bei jedem Kunden anders. Das kann die Werbeagentur sein, die den Lead hat in der Kommunikation. Manchmal ist es auch die Internetagentur, das ist ganz verschieden." (Herr B, Berater, Unternehmen 1)

Die Zusammenarbeit mit Dienstleistern wie Werbe- und CI-Agenturen und Strategieberatungen wird von allen Befragten für sämtliche Phasen des Projektes als notwendig bezeichnet: Angefangen bei der Analyse der Markenwerte über die Festlegung von Zielen, die Formulierung eines multidimensionalen Konzeptes bis hin zur Umsetzung in die verschiedenen Medien sind Werbe- und CI-Agenturen sowie Strategieberatungen unterschiedlich stark involviert.

Nach Aussagen der Sonic Branding-Agenturen betreten viele Werbeagenturen bei der Arbeit mit Brand Sounds Neuland. Die Experten aus dem Bereich Sonic Branding bemängeln an ihren Partnern aus den Werbeagenturen das Fehlen von Fachkenntnissen in den Bereichen Musik und Klang ebenso wie hinsichtlich der Verfahrensweisen und Prozesse, die sich aus den spezifischen Anforderungen einer klanglichen Gestaltung ergeben. So komme es häufig zu Auseinandersetzungen, verursacht durch mangelnde Projekterfahrung. Konflikte ergeben sich auch aus der Tatsache, dass die Partner mit den Sonic Branding-Agenturen um das Budget für die auditive Gestaltung der Kommunikationsmittel konkurrieren (siehe Abschnitt 5.4).

5.1.4 Kunden und Branchen

| K 4 | Bedarf von Sonic Branding bei Markenartiklern aller Branchen |

„Also letzten Endes klingt jedes Produkt und jede Marke. Ich meine, wenn ich einen TV-Spot mache, klingt meine Marke schon. So dass es nicht eine Frage ist von: ‚Lass ich meine Marke jetzt klingen oder lass ich sie nicht klingen'?" (Herr C, Berater, Unternehmen 2)

Die Fallstudienanalyse lässt darauf schließen, dass ein Bedarf an Sonic Branding bei Unternehmen, Institutionen und Organisationen aller Branchen anzunehmen ist. Dabei erscheint es nebensächlich, welches Produkt oder welche Dienstleistung beworben werden soll, allein die kommunikativen Aktivitäten sind Bedingung für die Integration von Brand Sounds in die multisensuelle Markenführung.

Sobald ein oder der mehrere Medien als Kommunikationsmittel eingesetzt werden (siehe Abbildung 3), trägt der bewusste, gezielte und strategisch geplante Einsatz kohärenter Klangereignisse dazu bei, Aufmerksamkeit und Wiedererkennungseffekte bei den Bezugsgruppen zu stimulieren. Dementsprechend breit sind die Produkte und Dienstleistungen gefächert, die die Kunden der befragten Agenturen anbieten: Finanzdienstleistungen, Konsumgüter, Telekommunikation, Medien, Automotive sowie Messe/Entertainment. Auch kulturelle und soziale Institutionen zählen zu den Kunden der befragten Agenturen.

In Anlehnung an das erste metakommunikative Axiom von Paul Watzlawick „Man kann nicht *nicht* kommunizieren" lässt sich ableiten: „Eine Marke kann nicht *nicht* klingen". Es muss aber betont werden, dass zum jetzigen Zeitpunkt Brand Sounds in größerem Umfang von Markenartiklern eingesetzt werden, die sich durch globale Präsenz in Fernseh- und Radiowerbung, Internet und interaktiven Sprachdialogsystemen auszeichnen.

5.1.5 Steigerung des Markenwertes

K 5	Ziel von Sonic Branding ist Steigerung des Markenwertes durch:
	- Stimulation von Aufmerksamkeit; - Erhöhung des Wiedererkennungswertes der Marke; - Konsistenz der auditiven Komponenten in der Markenkommunikation; - Aufbau einer emotionalen Welt; - Ausstrahlung einer Aura

„Darum wieder diese Kindergeschichte. Du musst eigentlich zurückgehen zum Kind, das, bevor es einschläft, ein ganz kleines Melodiechen hört. Das gibt einem diese Geborgenheit, das Gefühl: ‚Ah, ich bin zu Hause. Ich fühle mich wohl.' Und das ist ja eigentlich das, was die Unternehmen wollen." (Herr F, Sounddesigner, Unternehmen 4)

Übereinstimmend wird von den Befragten festgestellt, dass die Funktionen von Sonic Branding so facettenreich sind wie die Wirkungen von Musik und Klängen überhaupt. Maßgebend sei hierbei nach Aussage der Befragten die Kommunikationsaufgabe. Als primäres Ziel wird häufig die Stimulation von Aufmerksamkeit und die Erhöhung des Wiedererkennungswertes der Marke genannt, ferner solle die Konsistenz der auditiven Komponenten in der Markenkommunikation zu einem in sich stimmigen Markenbild beitragen.

Neben einer Erhöhung der Prägnanz und Memorierbarkeit der Marke erhoffen sich die Kunden nach Aussage der Designmanager durch den Einsatz von Musik und Klängen meist eine emotionale Wirkung, also die gezielte Veränderung der Stimmung oder Gefühlslage der Bezugsgruppen: die Marke solle mit einem bestimmten Set an Emotionen „aufgeladen" werden, sie solle eine spezifische Aura ausstrahlen.

Es zeigt sich, dass – wie bereits in Kapitel 2 dargestellt – die auditiven Parameter der Marke dazu genutzt werden, die von den Bezugsgruppen erwünschte Orientierungs- und Informationsentlastungsfunktion der Marke auszubilden. Weiterhin ist zu beobachten, dass die Brand Sounds dazu dienen, bei den Bezugsgruppen das Gefühl von Vertrauen und Sicherheit zu erzeugen.

Dabei wird deutlich, dass die immaterielle Kommunikationswirkung mithilfe von symbolischen Marken- und Vorstellungsbildern gezielt beeinflusst und gelenkt wird.

5.1.6 Protagonisten: Designmanager/Berater

K 6	Designmanager strukturieren Vorgehen:
	- Eröffnung von Gestaltungschancen; - Organisation von Teams; - Planung und Kontrolle von Prozessen; - Kommunikation mit Kunden und Dienstleistern; - Lösung von Konflikten

„Mein Modell ist, dass ich zwar einerseits Sounddesigner bin, bei größeren Projekten übernehme ich aber die Funktion eines Projektmanagers. Und will allen Kunden (...) möglichst maßgeschneidert den richtigen Komponisten bringen. Das heißt auch, sie viel früher noch zu sensibilisieren, bevor es überhaupt zu dieser ersten Phase kommt." (Herr F, Sounddesigner, Unternehmen 4)

In den Fallstudien bezeichnen sich die Berater und Projektmanager zwar nicht selbst als Designmanager, jedoch veranschaulicht dieser Begriff am treffendsten ihre Tätigkeit.[4]
„Unter Designmanagement werden alle Methoden und Maßnahmen von Planung, Realisation und Kontrolle eines effektiven Einsatzes von Design zur Erreichung der Unternehmensziele verstanden." (Meier-Kortwig 1997, S. 17)

So wird im Folgenden unter Designmanagement nicht nur das Management der Komposition durch Sounddesigner und Musiker verstanden, sondern vielmehr als ganzheitlicher Ansatz betrachtet, der die Einbeziehung der Gestalter in einen umfassenden Prozess der Soundentwicklung und der auditiven Markenkommunikation beinhaltet. Demnach haben Designmanager die Aufgabe, die Potenziale einer kontinuierlichen, langfristigen Sound-Strategie durch interdisziplinäre Steuerung unternehmerisch auszuschöpfen. Dabei wird schwerpunktmäßig das operative Designmanagement betrachtet. Abbildung 53 gibt eine Übersicht über die verschiedenen Ziele von strategischem und operativem Designmanagement.

---

[4] Zu den Tätigkeitsbereichen von Designmanagern siehe Rat für Formgebung 1990; Hammer 1994; Meier-Kortwig 1997; Arthur D. Little International 1990.

Strategisches Designmanagement	Operatives Designmanagement
Entwicklung von Designgrundsätzen, -zielen und -strategien	Ideengenerierung und Auswahl
Koordination der gestalterischen Aussagen	Designbezogene Markenanalyse
Organisation	Briefing
Personaleinsatz	Designerauswahl
Designkontrolle	Koordination des Designprozesses
	Designbewertung

Abb. 53: Hauptaufgaben des Designmanagements (Quelle: Meier-Kortwig 1997, S. 22)

Im Bereich Sonic Branding werden in den Fallbeispielen die verschiedenen Funktionen der Designmanager beobachtet: Eröffnung von Gestaltungschancen bedeutet, dass Visionen für bestehende oder neue Kunden entwickelt und Gestaltungsprozesse initiiert werden. Die Berater betonen in diesem Zusammenhang, dass hier zunächst eine „Aufklärungsarbeit" bei den Kunden erforderlich sei, die eine grundlegende Information über Funktionen und Wirkungen von Brand Sounds beinhalte.

Die Auswahl geeigneter Mitarbeiter und die Strukturierung der Teamarbeit gehören zu einem weiteren Arbeitsfeld des Designmanagers. In der Steuerung von Gestaltungs- und Entscheidungsprozessen nimmt er eine zentrale Funktion ein, ebenso muss der Designmanager die Einhaltung von Zeit- und Kostenrahmen prüfen. Als weiteres Charakteristikum der Tätigkeit des Designmanagers ist die Kommunikation sowohl mit Kunden als auch Dienstleistern zu nennen: zum einen muss er im Team einen einheitlichen Kenntnisstand erzielen, zum anderen den Informationsfluss zwischen Partnern, Kunden und Dienstleistern dirigieren. Kommt es hier zu Problemen, ist es die Aufgabe des Designmanagers, zu deren Lösung beizutragen, indem er etwa Gespräche moderiert und Maßnahmen zur Konfliktlösung koordiniert.

Übereinstimmend sagen die Befragten, dass es neben den planerischen Fähigkeiten das sozial-kommunikative Geschick der Designmanager sei, welches maßgeblich zu einem erfolgreichen Gestaltungsprozess führt. Ebenso wird bemerkt, dass es der Designmanager sei, der die Voraussetzungen für ein positives, der Gestaltung förderliches Arbeitsklima schafft.

Zusammenfassend lässt sich ableiten, dass sich die Interaktion der Teammitglieder im Spannungsfeld zwischen planerisch-kontrollierenden und spontanen, nicht-regelgeleiteten Denk- und Handlungsweisen bewegt. Designmanager sind aufgrund ihrer zentralen Steuerungsfunktionen neben den Sounddesignern als Protagonisten im Gestaltungsprozess von Sonic Branding zu betrachten. Sie haben die Funktion eines Dolmetschers, der zwischen Kunden und Komponisten/Sounddesignern vermittelt. Diese Rolle wird oft als konfliktreich empfunden (siehe Abschnitt 5. 4).

5.1.7 Dienstleister: Komponisten/Sounddesigner

K 7	Kompetenz des Komponisten:
	- kann Projekte im Bereich Sonic Branding nicht alleine abwickeln; - ist auf spezielle Musikstile beschränkt; - hat wenig Kompetenz in der Gestaltung der verschiedenen Medien; - hat die Funktion des musikalischen Supervisors

„Dass man ein Verständnis für die Kommunikation, für den Alltag von Marken haben muss, damit man von diesem Beruf ‚Ich bin Musiker, ich bin Künstler, ich schreibe Euch jetzt ein Lied' wegkommt und wirklich diese Fähigkeit entwickelt und fördert, den Kern der Marke zu verstehen." (Herr F, Sounddesigner, Unternehmen 4)

Nach dem Selbstverständnis der Komponisten und Sounddesigner liegt ihre Tätigkeit in einer Grauzone zwischen Kunst und Design. Dabei wird geäußert, dass Musiker als Künstler ihren Beruf oft frei von inhaltlichen und formalen Zwängen ausüben wollen: sie verfolgen als primäres Ziel den Ausdruck ihrer selbst. Sie arbeiten oft allein; mit anderen Musikern und Tontechnikern werden die Komponisten erst im Studio tätig.

Die befragten Sounddesigner agieren demgegenüber innerhalb vielfältiger externer Einflüsse. Der Gestaltungsprozess von Markenkommunikation schreibt bestimmte Parameter vor, die Anforderungen der Marke und das Problem des Kunden stehen im Vordergrund.

Von den Agenturen wird geäußert, dass ein Komponist Projekte im Bereich Sonic Branding nicht alleine abwickeln könne. Das Gestaltungsziel könne nur in interdisziplinär zusammengesetzten Teams erreicht werden (siehe Abbildung 52), insbesondere bei der medialen Umsetzung der Komponenten sei der Komponist auf weitere Dienstleister angewiesen. Aus diesem Spannungsfeld ergeben sich in der Kooperation von Beratern und Komponisten Konfliktpotenziale (siehe Abschnitt 5.4).

So wird beispielsweise in einem – von den Befragten als gelungen bewerteten – Projekt erwähnt, dass der Komponist den Gestaltungsprozess als musikalischer Supervisor begleite, indem er die Abläufe überwache und beratend in alle musikalischen Aufgabenstellungen des Projekts eingreife.

5.1.8 Gestalterische Erfolgsfaktoren

K 8	Gestaltung von Sonic Branding gilt als gelungen, wenn:
	- Funktion von Klängen berücksichtigt wird: Kontinuität, Stimmungen, Orientierung; - Konsistenz von visuellem und auditivem Design, Text und Sprache erreicht wird; - Klänge Assoziationen zum Produkt auslösen; - melodische Struktur Wiedererkennung ermöglicht; - Geräusche integriert werden; - Komponenten prägnant und stimmig komponiert sind; - Trends aufgegriffen werden; - eher weniger als zu viele Komponenten eingesetzt werden; - Bedürfnisse der Bezugsgruppen berücksichtigt werden; - Alternativen zu repetitivem Corporate Design durch differenzierte, wiedererkennbare multisensuelle Gestaltungsmittel entwickelt werden; - eine poetische Dimension für die Bezugsgruppen erkennbar ist; - politische/soziale Dimensionen berücksichtigt werden

„Bei Audi ist das viel besser mit diesem Herzschlag, weil das kann auch gleichzeitig was Technisches sein, dieses bummbummbummbumm. Aber ich glaube eher, es soll ein Herzschlag sein, weil einfach die Autos das Herz schneller rasen lassen. Und das funktioniert sehr gut." (Herr E, Sounddesigner, Unternehmen 3)

„Was wir als Ziel hatten, ist, aufhören mit dem Lallen, also mit diesem Wiederholungseffekt, wo immer genau das Gleiche vorkommt. Sondern eine Tönlichkeit, die erkennbar ist, aber auch immer wieder anders ist." (Herr G, Designer, Unternehmen 5)

Im Folgenden sollen wesentliche und weitgehend konsensfähige Merkmale von gelungenem Sounddesign – dem Ziel der Gestalter im Bereich Sonic Branding – aufgelistet werden: Übereinstimmend wird geäußert, dass die Komponenten (beispielsweise ein Sonic Logo) zunächst nützlich, funktional und verständlich sein sollten. Dies bedeutet, dass die Bezugsgruppen nach ihren Bedürfnissen differenziert angesprochen werden: die Funktionalität der Komponenten kann dabei je nach Kommunikationsziel verschieden sein. Die Befragten geben an, dass die Komponenten dazu beitragen könnten, bestimmte Stimmungen zu erzeugen, die Orientierung bei der Nutzung der Medien durch gezielte Lenkung der Aufmerksamkeit herzustellen oder auch Kontinuität innerhalb der verschiedenen Gestaltungsmittel zu schaffen.

Diejenigen Designer, die bereits mit Produktsounds gearbeitet hatten, äußern, dass die auditiven Gestaltungsmittel zunächst mit dem Produkt konsistente Assoziationen ermöglichen und mit den visuellen Komponenten eine widerspruchsfreie Einheit ergeben sollen. Hier seien vor allem Text und Sprache, wie beispielsweise Claims, hervorzuheben.

Die melodische Struktur der Komposition wird als weiteres wichtiges Charakteristikum genannt. Sie ist ein starkes Element der Wiedererkennung, vielseitig in verschiedenen Medien einsetzbar und kann als Bestandteil der Marke geschützt werden. Als wertvolles Gestaltungselement nennen die Sounddesigner auch Geräusche.

Innovative Gestaltung zeichnet sich nach Meinung der Experten dadurch aus, dass bestehende Trends aufgegriffen und weiterentwickelt werden. Thematisiert werden die Anforderungen einer „akustischen Ökologie", die sich auf die Zusammenhänge zwischen der Wahrnehmungskapazität der Bezugsgruppen und den alltäglichen akustischen Reizen aus der Umwelt bezieht: In diesem Sinne solle jede Konzeption zunächst sorgfältig darauf geprüft werden, welche Komponenten sich überhaupt zur Realisation eignen, dabei solle nach dem Prinzip „weniger ist mehr" verfahren werden. Als Kriterium für eine gelungene intramediale Gestaltung geben die Designer beispielsweise an, dass „Ruhezonen" in Websites eingerichtet werden sollen, in denen der Nutzer Klänge *ein*schalten könne, anstatt automatisch aktivierte Klänge *ab*schalten zu müssen. Die Befragten geben an, dass die Umsetzung in die verschiedenen Medien entscheidend zur Langlebigkeit der Komponenten beitrage. Der Sound solle dabei für die verschiedenen Medien entsprechend der Gestaltungsrichtlinien adaptiert werden.

„Der Erfolgsfaktor des Erscheinungsbildes, Corporate Designs, da wissen wir ganz genau, was das effizienteste Corporate Design war. Das hat ungefähr 97 Prozent der deutschen Bevölkerung während des letzten Weltkriegs fasziniert [...] Gibt es eine Form des Corporate Designs, die, sagen wir, weniger rigide und diktatorisch aufgebaut ist als das, was die meisten immer wieder vorschlagen? Wo der Erkennungsgrad existiert, ohne dass man repetitiv arbeitet?" (Herr G, Designer, Unternehmen 5)

Die Gestaltungsoptionen im Bereich Sonic Branding bewegen sich – wie auch in den Bereichen Corporate Design, Werbung etc. – im Spannungsfeld zwischen dem Erzielen größtmöglicher Aufmerksamkeit bei gleichzeitigem Vermeiden von Reaktanzphänomenen bei den Bezugsgruppen, die bei zu häufiger Repetition einzelner Gestaltungskomponenten wie beispielsweise einem Sonic Logo auftreten können. Zu diesem zentralen Thema – der Repetition von Formen und Inhalten – werden widersprüchliche Aussagen gemacht: Während eine Penetranz immer gleicher Wiederholungen und eine ständig präsente Klangkulisse von Sonic Logos von einigen Befragten als positiv und gelungen bewertet wird, gibt es auch Gegenstimmen, die dieser Gestaltung ablehnend gegenüberstehen. Sich immer wiederholende Gestaltungsmittel werden als „passé" und sogar „gefährlich" bewertet (Herr G, Designer, Unternehmen 5). In diesem Zusammenhang weisen die Designer auch auf ihre Verantwortlichkeiten gegenüber den Bezugsgruppen hin. Sie betonen, dass eine verantwortungs- und respektvolle Gestaltung einen hohen Grad der Wiedererkennung ermöglichen solle, ohne dabei jedoch die Komplexität und Kapazität menschlicher Wahrnehmung zu unterschätzen.

5.1.9 Misslingen von Gestaltungsprozessen

K 9	Gestaltung von Sonic Branding gilt als misslungen, wenn:
	- Komponenten nicht medienadäquat adaptiert werden; - unbewusste (negative) Wirkung von Klängen unterschätzt wird; - Komponenten durch ständige Repetition Ablehnung hervorrufen; - Dramaturgie in digitalen Medien nicht berücksichtigt wird

„Und all diese Sounds, die du zum Teil im Internet vorfindest, wie biiiii bumm, die sind vielleicht mal lustig, einmal, aber wenn es zwei-, dreimal ist, dann nerven sie dich. Das geht nicht." (Herr F, Sounddesigner, Unternehmen 4)

„Als Konsument bin ich jeden Tag belastet von der Art, wie man mit mir spricht im Konsumentenwesen und ich hasse diese Produkte, weil sie zu stark lallen, zu aggressiv vorgehen. Weil sie einfach nicht respektvoll mit mir umgehen." (Herr G, Designer, Unternehmen 5)

Abschließend werden für diesen Abschnitt einige kritische Anmerkungen der Akteure zum Gestaltungsprozess ausgeführt. Hier muss nochmals betont werden, dass Sonic Branding ein junges Phänomen ist und verbindliche Gestaltungsregeln (noch) nicht existieren.

Übereinstimmend lässt sich jedoch konstatieren, dass die Befragten die Umsetzung der Komponenten oft als nicht medienadäquat bemängeln. Dies äußere sich beispielsweise in der Tatsache, dass Klänge und Lärm im Umfeld der Menschen nicht berücksichtigt werden. Oft wird kritisiert, dass Sampler-Technik wenig sensibel für Klänge eingesetzt werde.

Zwei Ursachen für die mangelnde Gestaltung von Sounds im Internet lassen sich analysieren: Es drängt sich die Vermutung auf, dass die Gestalter offensichtlich (immer noch) über wenig Kenntnisse bezüglich der Bedürfnisse und Wünsche der Nutzer verfügen. Offenbar sind sie sich oft nicht des Umstandes bewusst, dass durch wiederholtes Hören Klangreaktanzen entstehen können.

Die Experten reklamieren ihrerseits, dass zu viele Designer über zu wenig Kenntnisse und Erfahrung in der Gestaltung digitaler Medien verfügen und dass sie den komplexen, nicht-linearen Aufbau der Medien und die damit verbundenen Nutzungsmöglichkeiten nicht ausreichend berücksichtigen. Die Chance, dem Medium Internet mit Klängen eine Tiefendimension zu verleihen, werde selten genutzt. Als Bedingung für eine verbesserte Gestaltung digitaler Medien gelte nach Aussagen der Designer eine Weiterentwicklung der Software sowie eine bessere Ausbildung der Gestalter.

Insgesamt wird mehr Experimentierfreude gewünscht. Als Voraussetzung dafür sollen professionelle Komponisten in den Gestaltungsprozess integriert werden. Die Experten gehen davon aus, dass das Medium dann an Attraktivität und Bedienerfreundlichkeit gewinnen würde.

Übereinstimmend wird auch genannt, dass einzelne Komponenten der Marke oft nicht zugeordnet werden können. Selbst Kommunikationsexperten erkennen in vielen Sonic Logos nicht den Absender, dies hängt nach Meinung der Experten damit zusammen, dass hier Bild und Klang nicht optimal zusammen eingesetzt werden.

> „Oder? Klar, Intel, oder? [...] Aber obwohl das eigentlich eines der penetrantesten Logos ist überhaupt in den letzten fünfzehn Jahren, die Leute können es eigentlich noch nicht zuweisen, selbst Leute aus der Kommunikation können das nicht." (Herr F, Sounddesigner, Unternehmen 4)

Abschließend soll auf die Risiken und Grenzen von Sonic Branding eingegangen werden. Wie bereits in Kapitel 3 ausgeführt, reagiert das auditive System sehr sensibel, Brand Sounds können aus diesem Grund extrem negative Assoziationen bei den Bezugsgruppen auslösen. Hieraus resultiert, dass die Nutzer sich bei schlechter Gestaltung manipuliert fühlen: penetrante, immer gleiche Sonic Logos offenbaren, dass Gestalter die Bedürfnisse und Wünsche der Bezugsgruppen nicht richtig einschätzen oder schlichtweg ignorieren. In diesem Zusammenhang muss auch die Einhaltung von ethischen Grundsätzen gefordert werden.

Als Negativ-Beispiel führen die Experten oft das Medium Internet an. Die Problematik soll hier anhand des Beispiels von Soundbannern auf Websites näher ausgeführt werden. Ein Blick in die einschlägigen Foren der Web-Community macht deutlich, dass eine zu große Penetranz von Werbebotschaften von den Nutzern ganz offensichtlich nicht gewünscht wird (vgl. Nintendofans 2006).

Online-Werber haben angesichts der fast doppelt so hohen Recall-Werte der Soundbanner im Vergleich zu „stummen" Bannern euphorisch reagiert. Angesichts einer Summe von 1,5 Milliarden Euro, die in Deutschland im Jahr 2005 in Online-Werbung investiert wurde, gelten die Soundbanner als äußerst effiziente Maßnahme (vgl. TNS Infratest 2006).

Viele Nutzer lehnen diese Werbeform jedoch ab, sie fordern sogar ein generelles Verbot von Soundbannern. Die extreme Belästigung wird hier vor allem deswegen empfunden, weil völlig überraschend auf sonst „ruhigen" Seiten eine auf- und eindringliche Werbebotschaft gesendet wird, die weder erwartet noch erwünscht ist.

5.2 Handlungsbedingungen und externe Einflussfaktoren

In diesem Abschnitt werden zunächst externe Bedingungen und Einflussgrößen für den Prozess von Sonic Branding aufgezeigt. Die Wissensbasis der beteiligten Akteure spielt eine entscheidende Rolle für die Handlungsbegründung, da die Quantität und Qualität der zu diesem Thema veröffentlichten Literatur oft nicht befriedigend ist. Ferner werden Qualitätskriterien für Gestaltungs- und Entscheidungsprozesse vorgestellt, die sich aus der Fallstudienanalyse ergeben. Dabei haben die mediale Umsetzung und die leistungs- und urheberschutzrechtlichen Grundlagen von Sonic Branding zentrale Bedeutung, beiden Bereichen ist jeweils ein Unterkapitel gewidmet. Abschließend werden Handlungsbedingungen in Bezug auf Budget und Zeitrahmen dargestellt.

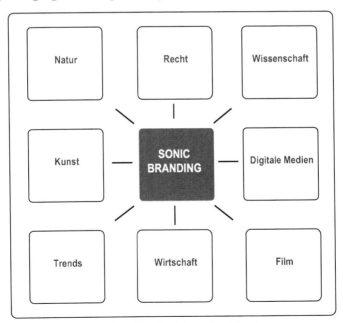

Abb. 54: Externe Einflussgrößen von Sonic Branding (eigene Darstellung)

Abbildung 54 zeigt die wesentlichen externen Einflussgrößen von Sonic Branding, die aus den Fallstudienanalysen generalisiert werden können. Die Gestalter bewegen sich in einem Umfeld, das sie einerseits in ihrer Arbeit beeinflusst, andererseits lassen sich aber auch umgekehrt Einflüsse von Sonic Branding auf die unterschiedlichen Faktoren aus diesem Umfeld feststellen.[5] Neben diesen allgemeinen Bedingungen wird im folgenden Abschnitt eine Reihe spezifischer, für den Prozess von Sonic Branding bedeutender Handlungsbedingungen erläutert.

5.2.1 Wissensbasis

K 10	Wissensbasis durch Erfahrungen und wissenschaftliche Studien:
	- Studien zur Wirksamkeit von Klängen und Musik sind oft spekulativ, nicht verlässlich;
	- Wissen wird primär durch Erfahrungen generiert;
	- geringe Bedeutung von Theorien in der täglichen Arbeit;
	- ungenügende Aktivitäten der Marktforschungsinstitute und der Industrie;
	- Bedarf an Langzeitstudien über Wirkung von Sonic Branding;
	- Vermittlung von Basiswissen an Kunden

„Wir erheben Studien, zum Beispiel haben wir am Anfang sehr viel Werbung analysiert: Was ist das Kommunikationsanliegen und wie wird das musikalisch transportiert?" (Frau A, Beraterin, Unternehmen 1)

„Wir verfolgen, was über Musik und die Wirkung auf Menschen veröffentlicht wird, in welchem Bereich auch immer, kognitiv, neuro-wissenschaftlich, ob es Psychologie ist, Soziologie, Marketing, Medizin." (Herr C, Berater Unternehmen 2)

„Primär ist die Erfahrung relevant. Und auch, was das eigene Netzwerk sagt." (Herr E, Sounddesigner, Unternehmen 3)

Zunächst wird die Wissensbasis der Agenturen dargestellt, auf deren Grundlage die Konzeption und Gestaltung von Sonic Branding erfolgt. Die Zitate verdeutlichen, dass sich in den befragten Agenturen durchaus unterschiedliche Herangehensweisen bezüg-

---

[5] Beispielsweise inspirierten die Handyklingeltöne einen finnischen Künstler zu einer Installation im Finnischen Pavillon bei der Weltausstellung EXPO 2000 in Hannover: Auf einem künstlichen Baum saßen Handys anstelle von Vögeln, deren Melodien ein Konzert ergaben (vgl. Nokia GmbH 1999).

lich der Einbeziehung wissenschaftlicher Erkenntnisse in die tägliche Arbeit beobachten lassen. Während die eine Agentur angibt, regelmäßig Erkenntnisse aus internationalen Studien über die Wirkung von Musik für die tägliche Arbeit zu nutzen, auch als Handlungsbegründung gegenüber den Kunden, betonen andere, dass das Wissen primär durch Erfahrungen gewonnen werde und Theorien im Agenturalltag keine Rolle spielen. Übereinstimmend wird festgestellt, dass Studien zur Wirksamkeit von Klängen und Musik zumeist spekulativ seien und oft nicht als reliabel betrachtet werden können. Dies hat nach Aussage der Befragten mehrere Ursachen: Zum einen sei das Studiendesign mangelhaft, zum anderen werden die Ergebnisse der Studien häufig als missverständlich und nicht hilfreich eingestuft.

Die Befragten stellen einen Bedarf an Langzeitstudien über die Wirkung von Sonic Branding fest. Ebenso werden Forderungen nach mehr Aktivität der Marktforschungsinstitute und der Industrie laut – die Designmanager hoffen auf die Entwicklung geeigneter Messinstrumente, die die Wirkungen der einzelnen Komponenten von Sonic Branding auf die Bezugsgruppen untersuchen und in die bestehenden Marktforschungsaktivitäten einbinden.

Oft wird darauf hingewiesen, dass es auch zu den Aufgaben der Agenturen gehöre, den Kunden Basiskenntnisse im Bereich Sonic Branding zu vermitteln; denn eine wesentliche Ursache für Konflikte zwischen Kunden und Agenturen sei auf die Tatsache zurückzuführen, dass Kunden über kein oder nur wenig Know-How in der Konzeption und Implementierung von Brand Sounds verfügen. Dies wird von den Designmanagern unter anderem als Ursache für unstrukturiertes Vorgehen seitens des Kunden betrachtet. Die Analyse zeigt, dass die Unkenntnis sich auch in Schwierigkeiten bei der Verbalisierung von Klängen im Briefing oder in Korrekturschleifen äußert.

Von allen Befragten wird übereinstimmend angegeben, dass die mangelnde Wissensbasis auch zu Schwierigkeiten bei Entscheidungsprozessen führe. Dies hängt nach Ansicht der Experten auch damit zusammen, dass ein Loslösen von persönlichen Vorlieben in der Analyse und Bewertung von Klängen ohne Erfahrung selten gelingt.

„Es ist nicht so, wie es früher bei dem Thema Software war, wo alles ganz neu war nach dem Motto: ‚Da kann ich Ihnen alles erzählen.' Bei Sound hat jeder seine eigenen Vorerfahrungen. Jeder hört irgendwie Musik." (Herr B, Berater, Unternehmen 2)

Insgesamt zeigen die geschilderten Beispiele, dass langfristig und in einem globalen Sinne eine Etablierung von Sonic Branding auch durch Entwicklung eines Selbstverständnisses von Sounddesignern und Komponisten zu einer besseren Verständigung beitragen kann. Hier ist aufgrund des analysierten Wissensvakuums bezüglich der Funktion und Wirkung von Brand Sounds eine Intensivierung der Lobbyarbeit beim Gesetzgeber, bei Unternehmen und Werbeagenturen als sinnvoll und Erfolg versprechend anzusehen.

5.2.2 Qualitätskriterien für Gestaltungsprozesse

K 11	Gestaltungsprozesse gelingen, wenn:
	- Strukturen Ziele und Prozesse vorgeben; - der Komposition ein konstitutives multidimensionales Konzept zugrunde liegt; - Komponisten und Sounddesigner Kenntnis und Erfahrung mit speziellen Anforderungen der verschiedenen Medien haben; - die Anzahl der Änderungswünsche eine realistische Zeitplanung zulässt

„Es macht keinen Sinn, wenn man drei Logos aus dem Hut zaubert und sagt, sucht euch doch mal was aus. Man sollte strukturiert vorgehen und überlegen, wie man wo hinkommt." (Herr B, Berater, Unternehmen 1)

Für ein Gelingen von Gestaltungsprozessen nennen die Designmanager die folgenden Bedingungen: Wichtig seien zunächst grundlegende Strukturen, die Ziele und Entscheidungsprozesse vorgeben. Das heißt, ein genauer Ablaufplan, Ansprechpartner, Auswahlkriterien usw. sollten zwischen allen Partnern vereinbart sein. Weiter bezeichnen die Befragten eine Markenanalyse, aus der ein konstitutives multidimensionales Konzept erarbeitet werde, als unverzichtbare Grundlage des Gestaltungsprozesses.

„Es gibt eine erste Phase der Konzeption, in der ich ein globales Konzept auf die Beine bringe. Und dann suchen wir die Leute, die das ausführen können. Das ist sehr früh im Prozess." (Herr G, Designer, Unternehmen 5)

Ein solches multidimensionales Konzept definiert Anmutungen verschiedener Sinnesqualitäten auf verbaler Ebene und bildet die Diskussionsgrundlage im Gestaltungsteam. Es ermöglicht die Verständigung zwischen den verschiedenen Disziplinen. Diese Methode erfordert bei allen Partnern eine interpretative, intuitive Übertragung des globalen Konzeptes für die jeweilige Kreation. Hier wird der mathematisch-nachvollziehbaren Darstellung von Anmutungen wenig Wertigkeit beigemessen, der Gestaltungsprozess verläuft eher offen und weniger systematisch.

Damit die Umsetzung der Komponenten in die verschiedenen Medien gelingt, ist bei Komponisten und Sounddesignern die Kenntnis der verschiedenen Medien und Erfahrung mit deren speziellen Anforderungen zwingend notwendig. Hinsichtlich einer realistischen Zeitplanung müssen folglich im Konzeptvorschlag für die Planung von Sonic Branding sowohl die strukturellen Abläufe zwischen den einzelnen Verantwortlichen als auch die Anzahl von Korrekturschleifen und Änderungswünschen festgelegt werden.

5.2.3 Qualitätskriterien für Entscheidungsprozesse

K 12	Entscheidungsprozesse mit Kunden, Partnern und Dienstleistern gelingen, wenn:
	- alle Beteiligten frühzeitig in die Analyse der Marke einbezogen werden;
	- eine gemeinsame Wissensbasis vorliegt;
	- Entscheidungen begründet erfolgen;
	- die Handlungen gelenkt, strukturiert, offen und transparent verlaufen;
	- der Verantwortliche auf Seite des Kunden dem Projekt Priorität einräumt und von der Relevanz von Sonic Branding überzeugt ist;
	- Berater im Umgang mit Kunden psychologisch einfühlsam handeln;
	- Kunden einheitliche Zugriffsmöglichkeiten haben und ständige Abrufbarkeit von Klängen gegeben ist

„Wir hatten gedacht, dass es ein langer und sehr schwieriger Prozess werden wird, bis man zu einer Entscheidungsfindung kommt und haben uns da im Vorfeld sehr viel Gedanken gemacht. Das war aber gar nicht so, die haben sich intern ganz schnell, ganz toll knackig entschieden." (Frau A, Beraterin, Unternehmen 1)

„Das Wichtigste ist, dass man dem Kunden die Schritte erläutert und ihm erklärt, warum man zu einem gewissen Ergebnis kommt. Letzten Endes muss man weg von dem Arbiträren – man macht ein Briefing und der Komponist fängt an zu komponieren. [Man sollte] dahin kommen, dass er [der Kunde] versteht, warum man die Schritte gemacht hat. Dass man einen Rahmen aufzeichnet, den er auch verstehen kann und dass man innerhalb dieses Rahmens mit zwei oder drei Vorschlägen kommt." (Herr C, Berater, Unternehmen 2)

Funktionierende Entscheidungsprozesse werden als wesentliches Kriterium für die effiziente Gestaltung von Sonic Branding genannt. Grundlegend erscheint hier, dass alle Beteiligten frühzeitig in die Analyse der Marke einbezogen werden. Eine gemeinsame Wissensbasis ist nach Aussagen der Experten die Voraussetzung dafür, dass Entscheidungen aus Sicht des Kunden begründet erfolgen. Über ihre eigene Arbeit äußern die Designmanager, dass das Vorgehen in jeder Phase nachvollziehbar und transparent sein sollte, die Entscheidungsprozesse gelenkt, strukturiert und offen verlaufen sollten.

Die Designmanager betonen, dass der Verantwortliche beim Kunden dem Projekt Priorität einräumen und von der Relevanz von Sonic Branding überzeugt sein sollte. Dazu gehöre auch Basiswissen, das im Zweifelsfall durch die Agentur vermittelt werde.

„Andererseits ist es so, dass der Umgang mit Musik und Sound eine ganz sensible Angelegenheit ist. Da kann ich mich nicht auf irgendeinem Forschungsbüchlein abstützen." (Herr F, Sounddesigner, Unternehmen 4)

Zusammenfassend muss noch einmal betont werden, dass gerade in dem stark emotional besetzten Feld von Klängen und Musik oft keine „rationalen" Entscheidungen gefällt werden können. Deshalb kommt der Beraterseite großes Gewicht zu in Bezug auf einen psychologisch einfühlsamen Umgang mit Kunden.

Zur Verbesserung der Kommunikation mit dem Kunden erscheint es hier sinnvoll, durch einheitliche Zugriffsmöglichkeiten und ständige Abrufbarkeit von Klängen die Entscheidungsfindung auf Seiten des Kunden zu erleichtern, beispielsweise durch spezielle Seiten im Intra- oder Extranet der Agentur oder des Kunden.[6]

5.2.4 Ressourcen

| K 13 | Knappes Budget und enger Zeitrahmen bestimmen Gestaltungsprozess |

„Erstmal muss man es schaffen, einen Kunden davon zu überzeugen, dass ein Corporate Sound Projekt mindestens eine mittlere Größe hat. Dass das nichts ist, was ich eben so inhouse mache, das kann ich zwar machen und es kostet vielleicht nix. Aber ich werde in einem Jahr wahrscheinlich wieder neu anfangen." (Herr B, Berater, Unternehmen 1)

Das Budget bestimmt den Aufwand, mit dem die Konzeption beziehungsweise die Komposition einzelner Komponenten erfolgt. Für ein Projekt mittlerer Größe im Bereich Sonic Branding wird ein Budget im unteren fünfstelligen Bereich als Verhandlungsbasis genannt. Bei Produktionen für audiovisuelle Medien entspricht das Verhältnis der Budgets von Audio zu Video circa 1: 10. Der zeitliche Rahmen für Projekte im Bereich Sonic Branding hängt auch von den Anforderungen an die Entscheidungsprozesse und deren Komplexität ab. Das Verhältnis des Zeitaufwandes von Analyse, Planung und Rohentwürfen zu dem von Komposition und Produktion wird mit circa 4:1 ermittelt.

Aus den Aussagen der Akteure lassen sich die folgenden Gründe für Zeitverluste ableiten: Zunächst entstehen Reibungsverluste durch Unkenntnis der jeweiligen Arbeitsgebiete und damit verbundene Akzeptanzprobleme der Akteure, beispielsweise

---

[6] Vgl. hierzu Abb. 43: Klang-Moodboard für IFA-Microsite.

5. Sonic Branding als Designprozess: Empirische Befunde

zwischen Sounddesignern, Komponisten und weiteren Dienstleistern. Dies führe zu einer ineffizienten Koordination des Teams.

Als zeitraubend werden auch unpräzise Zielsetzung, sowie ungenügende Planung von Gestaltungs- und Entscheidungsprozessen genannt. Wie bereits im Abschnitt 5.2.5 dargestellt, kann auch eine mangelnde Klärung der rechtlichen Grundlagen zu enormen Zeitverlusten führen.

Übereinstimmend geben die Designmanager an, dass klare Zuständigkeiten Entscheidungsprozesse beschleunigen. Als weitere Maßnahme zur Vermeidung kostspieliger Zeitverluste wird angeführt, dass die Teambildung mit allen beteiligten internen und externen Dienstleistern zum frühestmöglichen Zeitpunkt erfolgen solle. Als vorteilhaft betrachten die Befragten eine klare Festlegung von Verantwortlichkeiten in einer Person beziehungsweise die Benennung eines Ansprechpartners für einen Aufgabenbereich.

Aus den Angaben der Befragten wird deutlich, dass – obwohl die einzigartige Wirkung von Klängen und Musik häufig offensichtlich ist – den Forderungen, Budgets für die konsistente Gestaltung akustischer Kommunikationsmittel einzurichten, nicht ausreichend nachgekommen wird. Dies ist sicher auch auf die Tatsache zurückzuführen, dass vielen Studien zur Wirksamkeit von Klängen und Musik wegen ihrer mäßigen Qualität nicht genügend Vertrauen entgegengebracht wird (siehe Abschnitt 5.2.1). Auch angesichts sich weiter verringernder Budgets ergibt sich hieraus die Schlussfolgerung, dass effiziente Gestaltungs- und Entscheidungsprozesse sowie Evaluationsmaßnahmen von übergeordneter Bedeutung sind.

5.2.5 Urheber- und leistungsschutzrechtliche Grundlagen

K 14	Klärung von urheber- und leistungsschutzrechtlichen Grundlagen zu einem frühen Zeitpunkt der Projektierung

„Das Problem ist in der Tat, dass von der juristischen Seite noch nicht alles geregelt ist, zum anderen ist mein Partner seit zwanzig Jahren im Geschäft und weiß wahrscheinlich, auch wenn er kein Jurist ist, mehr von den Einzelheiten als die meisten Juristen in dem Bereich." (Herr C, Berater, Unternehmen 2)

Häufig wird darauf hingewiesen, dass die Klärung von urheber- und leistungsschutzrechtlichen Grundlagen zu Beginn der Projektierung beginnen solle, da die Produktionsphase erst nach Vertragsabschluss erfolgen könne. Im Mittelpunkt stehen hierbei die Verwendung von bestehenden Musiktiteln beziehungsweise die Verhandlung mit Komponisten. Die Lizenzierung deutet den Entwurf und Abschluss von Verträgen zwischen dem Urheber und einer bzw. mehreren Firmen. Festgelegt werden hier die Rechte, die dem Lizenznehmer eingeräumt werden. Die Recherchen, das Aufsetzen der Verträge sowie die Verhandlungen mit den Dienstleistern und Kunden werden dabei von den Akteuren als sehr mühevoll und aufwändig erfahren. Der Erwerb von Nutzungsrechten an vorhandenen Musikstücken oder die Verpflichtung von Künstlern durch Markenartikler wird als juristisch und ökonomisch konfliktreich betrachtet.

Als Gründe werden von den Praktikern zum einen Gesetzeslücken im Bereich musikalischer Verwertungsrechte attestiert, zum anderen wird die Anmeldung von akustischen Markenzeichen trotz einheitlicher Linie vom EU-Gerichtshof als problematisch geschildert. Insgesamt lässt sich aus den Äußerungen der Befragten ableiten, dass Entscheidungen bei rechtlichen Unklarheiten nach Vorerfahrungen getroffen werden oder in Fragen internationaler Bestimmungen auf das Know-How von Fachanwälten der jeweiligen Markenartikler zurückgegriffen wird. Es wird aus den Aussagen der Befragten deutlich, dass den Akteuren in der täglichen Arbeit häufig nichts anderes bleibt, als nach Gefühl und Erfahrung zu entscheiden.

5.3 Konzeptions- und Gestaltungsprozess Sonic Branding

Im folgenden Abschnitt über den Konzeptions- und Gestaltungsprozess von Sonic Branding wird das operative Designmanagement untersucht, das heißt die Organisation von Arbeitskräften und -abläufen (Wer tut was wann?). Angefangen vom Briefing über die Durchführung von Workshops bis hin zur medialen Umsetzung der Komponenten und der Evaluation erfolgt eine detaillierte Analyse der wichtigsten Elemente des Arbeitsablaufs.

Darüber hinaus wird die Steuerung von Entscheidungsprozessen sowie die Kontrolle von Budget und Zeitrahmen betrachtet. Unter besonderer Berücksichtigung des komplexen Systems von Kunden, Zeitknappheit, Erfolgs- und Innovationsdruck erfährt die übergeordnete Pragmatik des operativen Designmanagements – Rationalität und Transparenz – besondere Beachtung.

5.3.1 Briefing

Eine ausführliche Betrachtung des Briefings im Bereich Sonic Branding erfolgt in Kapitel 6.

5.3.2 Übersetzung von Markenwerten in Klang

K 16	Methoden, Markenwerte in Klang zu übersetzen:
	- Transformation von Markenattributen in dreidimensionalen Werteraum;
	- Formulierung eines konstitutiven multidimensionalen Konzepts;
	- Übertragung der visuellen Bildinhalte in auditive Stimmungen;
	- Zusammenstellung von Klängen in Moodboards;
	- Verhältnis Aufwand Konzeption zu Produktion entspricht 80:20[7]

„Wie kriege ich überhaupt diese Markenwerte in musikalische Kriterien umgesetzt? Dass man sagen kann: ‚Wenn die Marke viereckig ist, dann muss auch die Musik viereckig sein.' Aber was ist denn viereckige Musik, um es mal ganz platt zu sagen." (Herr C, Berater, Unternehmen 2)

„Dann zeigen mir die Kunden, was sie meinen mit cool und sexy, das ist für mich überhaupt nicht cool und sexy. Da ist dieser fehlende Terminus, natürlich auch mangels Erfahrung, ganz klar." (Herr F, Sounddesigner, Unternehmen 4)

Die Übersetzung von Markenwerten in Klang wird von Komponisten und Sounddesignern als große Herausforderung erfahren. Die gestalterischen Ergebnisse stehen unter Begründungszwang: Erfahrung und Intuition allein haben in komplexen Projekten oft nicht genügend Beweiskraft für eine gelungene Gestaltung. In den Fallbeispielen werden zwei verschiedene Arbeitsweisen und Methoden beobachtet, die später näher ausgeführt werden.

---

[7] Damit entspricht das Verhältnis der klassischen Regel des Pareto-Prinzips.

Die Verbalisierung von Klängen ist in verschiedenen Phasen des Projektes notwendig. Zum einen, wenn es darum geht, in der Konzeptionsphase den gewünschten Klang oder Musikstil zu beschreiben. Zum anderen, wenn die Agentur verschiedene Vorschläge für Klänge präsentiert und die Klänge gemeinsam mit dem Kunden bewertet und modifiziert werden.

Als Ursache für die Schwierigkeiten bei der Verbalisierung von Klängen diagnostizieren die Berater, dass es zwischen Markenmanagement und Musikindustrie zwei getrennte Sprach- und Denkwelten gäbe. Weiterhin wird festgestellt, dass bei Markenartiklern Klänge bislang wenig differenziert betrachtet werden. In diesem Zusammenhang bemängeln die Experten wieder die fehlende Wissensbasis (siehe Abschnitt 5.2.1). Im Folgenden sollen anhand von Beispielen zwei Methoden dargestellt werden, mit deren Hilfe Markenwerte in Klänge umgesetzt werden können.

Übertragung der visuellen Bildinhalte in auditive Stimmungen

„Und da ist das Bild sicher der stärkste gemeinsame Nenner, auch für ein Briefing, dass man das richtig versteht. Und wenn du bereits Bilder hast, dann weißt du auch ungefähr, auf welcher Ebene du Dich soundmäßig bewegst." (Herr F, Sounddesigner, Unternehmen 4)

In diesem Beispielzitat wird deutlich, dass Verständigungsprobleme über Markenwerte und passende Klänge durch die gemeinsame Analyse und Präsentation visuellen Materials abgeschwächt werden können. Ebenso wie Marktforscher aufgrund von visuellen Stimuli Aussagen über die Markenpersönlichkeit treffen,[8] werden im Prozess von Sonic Branding aus visuellen Kommunikationsmitteln Rückschlüsse auf die zu gestaltenden auditiven Komponenten gezogen. Dies können sowohl Imagebroschüren, Anzeigen, Plakate als auch TV-Spots sein. Indem die Inhalte und Anmutungen beschrieben und bewertet werden, werden Informationen über die möglichen Klangstimmungen generiert.

---

[8] Zur Ermittlung von Markenbildern durch nicht-sprachliche Methoden siehe Krüger 2004, S. 252 ff.

Zusammenstellung von Klängen in Moodboards

Das Moodboard bestimmt Gestaltungsrichtlinien sowie die Tonalität, Rhythmen und Klangfarben der Komponenten von Sonic Branding. Anhand von konkreten Klängen können Designmanager, Kunden und Komponisten über die Markenwerte und die dazugehörigen Klänge diskutieren. Die zehn- bis fünfzehnsekündigen Ausschnitte demonstrieren verschiedene Anmutungen.[9]

„Ich sehe das ein bisschen ähnlich, wie wenn ein Optiker zu dir kommt und diese Gläser vor die Augen hält und du sagst: Ja, okay, das passt ungefähr." (Herr F, Sounddesigner, Unternehmen 4)

„Man kann nicht an einen Schreibtisch gehen und auf A4 sagen, es soll einerseits rockig sein und dann ein bisschen Klassik haben. Das ist einfach zu theoretisch. Man muss meiner Meinung nach schon sehr frühzeitig mit konkreten Soundmustern arbeiten." (Herr F, Sounddesigner, Unternehmen 4)

Dabei greifen die Befragten sowohl auf eigene Kompositionen als auch auf bereits vorhandene Musiktitel oder beispielsweise Filmmusik zurück. Aus den Aussagen der Experten lässt sich schließen, dass anhand des gemeinsamen Hörens, Analysierens und Bewertens der einzelnen Musikstücke die klanglichen Begrifflichkeiten mit dem Kunden geklärt werden und eine Basis für die weitere Komposition geschaffen wird. Die Sounddesigner geben in diesem Zusammenhang an, dass die Komplexität des Klangspektrums sich dabei nach der Vielfalt der Medien richte, die eingesetzt werden sollen.

---

[9] Vgl. hierzu Abb. 43: Klang-Moodboard für IFA-Microsite.

5.3.3 Durchführung von Workshops/Präsentationen

K 17	Inhalte von Workshops/Kundenpräsentationen:
	- Präsentation von kürzeren unterschiedlichen Klangbeispielen/konkreten Soundmustern; - Präsentation von Entwürfen verschiedener Stilrichtungen/Komponisten; - Analyse und Bewertung von Entwürfen und fertig gestalteten Komponenten mit Kunden; - Loslösen von persönlichen Vorlieben in der Analyse und Bewertung von Musik; - iterative Elimination nicht gewünschter Sounds; - Gefühlsentscheidung des Kunden innerhalb eines begründeten Rahmens von 2-3 Kompositionen

„Ist immer schwer, wenn ich etwas Visuelles in Klang übersetzen will. Wir gehen es so an, dass wir Klang mit Klang übersetzen. Das heißt, wir spielen Klang vor und sprechen mit dem Kunden darüber." (Herr B, Berater, Unternehmen 1)

„Und anhand von konkreten Sounds, die man zusammen hört, kann man viel eher sagen: ‚Das will man nicht' oder ‚Es sollte etwas in diese Richtung sein.' Dann kommen plötzlich neue Ideen." (Herr F, Sounddesigner, Unternehmen 4)

Als wesentlicher Inhalt von Workshops mit Kunden wird übereinstimmend die Präsentation kürzerer Klangbeispiele und konkreter Soundmuster genannt. Als gängige Methode führen die Sounddesigner auch den Einsatz von Filmmusik an, die zur Orientierung und Inspiration nützlich sei. Die Klangbeispiele seien dabei so ausgewählt, dass sie verschiedene Stilrichtungen abdecken. Sämtliche Stilrichtungen entsprechen dabei den funktionalen Anforderungen der Marke. In einem Fallbeispiel äußert der Sounddesigner, er arbeite bis zu einem gewissen Stadium des Projektes mit mehreren Komponisten gleichzeitig zusammen, um dem Kunden eine möglichst breite Vielfalt an Sounds zu liefern.

Die fertig komponierten Klangbeispiele werden dann gemeinsam mit den Kunden angehört, analysiert und bewertet. Hier liegt die besondere Herausforderung für alle Akteure darin, sich von ihren persönlichen Vorlieben loszulösen und die Klänge nicht nach dem eigenen Geschmack, sondern nach den funktionalen Anforderungen der Marke zu bewerten.

Eine mögliche effektive Methode ist diese: Die Auswahl der Klänge erfolgt nach dem Prinzip, die jeweils nicht gewünschten Klänge zu eliminieren. Das heißt, dass der Kunde sich nicht *für* einen Klang entscheidet, sondern schrittweise nicht gewünschte

Klänge abwählt. Die Sounddesigner äußern häufig, dass es Kunden leichter falle, sich *gegen* einen bestimmten Klang zu entscheiden, als sich *für* einen Klang auszusprechen. Idealerweise solle sich der Kunde innerhalb eines begründeten Rahmens von zwei bis drei Kompositionen entscheiden.

5.3.4 Komposition

K 18	Elemente der Komposition:
	- melodische Struktur stärkstes Element der Wiedererkennung; - Rückgriff auf stereotype Klänge, Musikgenres, spezielle Instrumentation für bestimmte Themen; - Adaptionen von Musikstücken; - Integration von Geräuschen; - Nutzung von Library Music bei Zeitknappheit

„Mit einer eigenen komponierten Musik baue ich immer eine Marke auf, weil ich auch die Rechte behalte und die Marke die ganze Zeit pflegen kann, ohne dass jemand anderes damit rumfummelt." (Herr E, Sounddesigner, Unternehmen 3)

Ziel des Kompositionsprozesses ist die musikalische Kreation, die als Notenbild oder als eine andere graphische Notation vorliegt. Arrangement bedeutet die Umsetzung der Komposition für verschiedene Stimmen oder Instrumente. Die melodische Kontur der Komposition kann als Bestandteil der Marke geschützt werden, sie wird als starkes Element der Wiedererkennung verstanden und ist vielseitig in zahlreichen Medien einsetzbar. Die Komponisten weisen der melodischen Kontur aus diesen Gründen eine Schlüsselrolle zu.

Die Sounddesigner äußern, dass gerade bei Zeitknappheit der Raum für Kreativität als begrenzt wahrgenommen werde. Sie weisen darauf hin, dass in der Komposition häufig stereotype Klänge für verschiedene Themen verwendet werden, beziehungsweise benutzt man bestimmte Musikgenres und Instrumentationen immer für bestimmte Inhalte. Auch Geräusche werden zunehmend in die Kompositionen integriert.

Selten und nur bei äußerster Zeitknappheit greifen Sounddesigner auf Library Music zurück. Library Music bezeichnet instrumentale Archivmusik, die von kommerziellen Verlagen für Gestalter audiovisueller Medien angeboten wird. Die Kataloge umfassen alle Stilrichtungen und werden durch Neuproduktionen erweitert. Aus Sicht der Sounddesigner birgt die Nutzung von Libraries freilich das folgende Risiko in sich: Die Musikstücke können auch von der Konkurrenz verwendet werden, so dass keine individuelle Zuordnung von Musik zu einer bestimmten Marke mehr möglich ist.

Eigenkompositionen bieten dagegen stets den Vorteil, dass die Sicherung der Rechte hier eindeutig geregelt und ein langfristiger Einsatz der Musikstücke möglich ist.

5.3.5 Mediale Umsetzung von Komponenten

K 19	Mediale Umsetzung von Komponenten:
	- Steuerung durch Agentur; - Commitment von Kundenseite; - Adaption je nach Medium unterschiedlich; - Kern der Erkennungsmelodie bleibt erhalten - zunehmende Attraktivität von Internet und Mobiltelefon

„Beim Roll-Out braucht man sehr viel Geduld, da muss man auch ein bisschen Hausmeister-Mentalität haben, dass man klar sagt, wie das ablaufen soll." (Herr B, Berater, Unternehmen 1)

„Einer der wichtigsten Faktoren ist ein Commitment von Kundenseite. Es bringt nichts, wenn ein Kunde sagt, ich möchte ein Logo haben, und dann setzen sie es mal ein, mal nicht ein." (Herr C, Berater, Unternehmen 2)

Die Umsetzung der Komponenten in den verschiedenen Medien wird von den Befragten als anspruchsvoller und komplexer Prozess erlebt. Sie nimmt eine Schlüsselrolle im Gestaltungsprozess von Brand Sounds ein und gelingt nach Meinung der Experten nur, wenn Kunden und Dienstleister von der Relevanz von Sonic Branding überzeugt sind und dem Projekt Priorität einräumen.

Sobald es zu Konflikten und Überschneidung der Kompetenzbereiche zwischen Agenturen und Partnern kommt, wird die mediale Umsetzung der Komponenten von den Befragten als problematisch bezeichnet – beispielsweise erwähnt ein Berater, dass die Sonic Logos in diesem Fall nicht verwendet werden oder im Entwurfsstadium verbleiben.

Im Idealfall werden die einzelnen Komponenten entsprechend der Gestaltungsrichtlinien adaptiert. Dabei sprechen die Befragten vor allem Medien mit dialogischer Kommunikation, wie beispielsweise Internet oder Telefon, wachsende Bedeutung zu. Auch PC- und Konsolenspiele werden als geeignetes Medium mit Entwicklungschancen für Sonic Branding genannt. Technische Restriktionen etwa durch Bandbreiten werden zurzeit als nicht problematisch bezeichnet.

5.3.6 Evaluation

K 20	Maßnahmen zur Evaluation der Gestaltungsergebnisse:
	- interne Qualitätskontrolle durch Kollegen nach Erfahrung und Intuition;
	- Kontrolle der Marketingziele (Verkaufszahlen, Einschaltquoten, Chartplatzierungen);
	- Tests/Befragung von Bezugsgruppen;
	- Messen von Memorierbarkeit, Prägnanz, Stimmigkeit, emotionaler Aufladung;
	- Evaluation eher Ausnahme als Regel

„Wir hatten eine Evaluation angeboten, das war aber nicht so von Interesse für unseren Kunden. Also eigentlich weniger, als wir dachten." (Frau A, Beraterin, Unternehmen 1)

Ziel einer Evaluation ist es, Aussagen über die voraussichtlichen (künftigen) Wirkungen einzelner Komponenten beziehungsweise über die Gesamtwirkung von Sonic Branding auf die Bezugsgruppen zu machen. Systematische Evaluationen von Sonic Branding sind aber noch die Ausnahme; die Befragten beanstanden, dass die Qualität des Studiendesigns und die Interpretation der Ergebnisse oft ungenügend seien.

Angesichts der von den Praktikern geäußerten methodischen Mängel werden im Folgenden die in den Fallbeispielen beobachteten Evaluationsmaßnahmen zusammengefasst. Als gängige Methode kann die interne Qualitätskontrolle durch Kollegen bezeichnet werden. Grundsätzlich wird von einer guten Gestaltung von Brand Sounds gesprochen, wenn das Produkt erfolgreich am Markt besteht, was indirekt auf einen hohen qualitativen Standard verweist. Im Bereich von eigenen Musikkompositionen kann nach Aussagen der Experten auch eine erfolgreiche Chartplatzierung über die Güte der Gestaltungsmittel Aufschluss geben.

„Das war ein Stück, das ganz langsam die Charts nach oben kletterte, bis zum fünften Platz. Und das war ein sehr großes Glück, weil man da das hatte, wovon eigentlich jeder träumt, dass man einen Hit hat, der einem aber dann noch letztendlich gehört." (Herr E, Sounddesigner, Unternehmen 3)

Mögliche Fragestellungen von Evaluationen sind beispielsweise auch:
- Memorierbarkeit: Welche Klangereignisse sind leicht merkbar, welche nicht?
- Prägnanz: Ist das Sonic Logo prägnant genug, um zwischen den anderen Botschaften wahrgenommen zu werden?
- Stimmigkeit: Stimmen die Assoziationen, die durch die klangliche Gestaltung hervorgerufen werden, mit der Markenidentität überein?
- Emotionale Aufladung: Welche Emotionen können durch das Logo ausgelöst werden?

Für die Evaluation der Klänge und zur Messung der Bedeutung von Vorstellungen wird in der Praxis häufig die Methode des semantischen Differentials genutzt, das im dreidimensionalen semantischen Raum abgebildet werden kann. Dieses deskriptive Kontrollinstrument, das die gegenwärtige Position der Marke bestimmen soll, geht auf den Forscherkreis um Charles Osgood zurück (Osgood/Suci/Tannenbaum 1957).

„Strictly speaking, the semantic differential is psycholinguistic tool, designed as it is to measure the meanings (states of language users) of signs (units of messages)." (Osgood/Suci/Tannenbaum 1957, S. 275)

Die Achsen des dreidimensionalen semantischen Raumes bezeichnen dabei die Faktoren Activity (x-Achse), Evaluation (y-Achse) und Potency (z-Achse). In dem konstruierten Raum lassen sich sowohl Markenpersönlichkeiten, als auch (Klang-) Objekte oder Symbole anordnen. Die Positionierung erfolgt über eine Messung von wahrgenommenen Konnotationen von Objekten mittels des semantischen Differentials, das von Hofstätter (Hofstätter 1957) und Ertel (Ertel 1965a, 1965b) für den deutschen Sprachraum angepasst wurde. Die bipolaren Skalen bestehen aus 20 bis 25 Adjektivpaaren. Die Probanden legen ihre Urteile über die subjektiv wahrgenommenen Intensitäten zu dem Objekt in sieben Abstufungen dar. Die folgende Abbildung zeigt ein Beispiel für ein semantisches Differential als Erhebungsinstrument zur Einstufung von Klangereignissen.

```
         1  2  3  4  5  6  7
  stark  ❑  ❑  ❑  ❑  ❑  ❑  ❑  schwach
   hell  ❑  ❑  ❑  ❑  ❑  ❑  ❑  dunkel
   zart  ❑  ❑  ❑  ❑  ❑  ❑  ❑  kräftig
    ...  ❑  ❑  ❑  ❑  ❑  ❑  ❑  ...
```

Abb. 55: Semantisches Differenzial zur Einstufung von Klangereignissen (Ausschnitt) (eigene Abbildung)

Die einzelnen Adjektive werden als Variablen in Gruppen zu den drei Faktoren Activity, Evaluation und Potency zugeordnet. Dies ermöglicht eine Positionierung im dreidimensionalen Raum. Der quantitative Vergleich von Profilen mithilfe der Korrelationsrechnung lässt auf (subjektive) Ähnlichkeiten zwischen Objekten (beispielsweise „Liebe" und „rot") schließen. Je ähnlicher sich zwei Objekte sind, desto näher sind sie im semantischen Raum angeordnet.

Zusammenfassend lässt sich über diese Methode zur Überprüfung der Stimmigkeit von Marken und Klängen feststellen, dass sie logisch nachvollziehbare und wissenschaftlich begründete Ergebnisse liefert. Darüber hinaus ist sie visuell darstellbar.

Aus den Gesprächen lässt sich insgesamt schließen, dass durch einen Pretest gesicherte, plausible Erkenntnisse über positive Wirkungen einzelner Maßnahmen im Bereich Sonic Branding eine solide Argumentationsgrundlage für Agenturen und Marketingstrategen sein können. Aus diesem Grund scheint die (Weiter-) Entwicklung von Methoden zum Nachweis positiver Effekte durch Sonic Branding äußerst sinnvoll, beispielsweise durch die Erhebung von Recall-Werten, beziehungsweise der durch die einzelnen Komponenten provozierten Emotionen.

5.4 Konflikte und Strategien zur Problemlösung

Im folgenden Abschnitt werden Schwierigkeiten und Fehlerquellen im Prozess von Sonic Branding aufgezeigt. Im Zentrum stehen dabei Interessenkonflikte der Agenturen mit Kunden, Partnern und Dienstleistern. Schließlich wird sich der Verbalisierung von Klängen und möglichen Lösungsansätzen zugewandt. Die Deskription und die Analyse von Musik und Klängen stellen für sämtliche Akteure in allen Projektphasen eine große Herausforderung dar, die damit verbundenen Verständigungsschwierigkeiten können Ursache für eine Vielzahl von Konflikten sein. Abschließend werden exemplarisch Bewältigungsstrategien beschrieben.

5.4.1 Mangelnde Projekterfahrung auf Seiten des Kunden

K 21	Zusammenarbeit mit Kunden konfliktiv:
	- mangelnde Kenntnis und Erfahrung der Kunden bei konsistenter und konsequenter Umsetzung von Sonic Branding;
	- Betrachtungsweise und Bewertung von Musik wenig differenziert;
	- Entscheidungsprozesse von persönlichen Vorlieben und Befindlichkeiten geprägt, nicht nach funktionalen Anforderungen der Marke ausgerichtet

„Es hat dort der Marketing-Chef gewechselt. Der Neue fand Musik völlig überflüssig und dann ist das Projekt verhungert." (Frau A, Beraterin, Unternehmen 1)

Konflikte, die bei der Zusammenarbeit mit Kunden entstehen, werden unter anderem auf folgende Ursachen zurückgeführt: Übereinstimmend stellen die Befragten fest, dass wenige Kunden über genügend Kenntnisse und Erfahrungen mit konsistenter und konsequenter Umsetzung von Sonic Branding haben, beziehungsweise seien die Probleme darauf zurückzuführen, dass das Projekt beim Kunden nicht über die nötige Priorität verfüge.

Die hieraus resultierende, wenig differenzierte Betrachtungsweise und Bewertung von Musik und Klängen wird von den Befragten wiederum oft als Ursache für kompliziert verlaufende Entscheidungsprozesse betrachtet. Als weiteren Grund führen die Experten an, dass Entscheidungen für einen bestimmten Musikstil oder konkrete Kompositionen eher von persönlichen Vorlieben und Befindlichkeiten geprägt seien als von den funktionalen Anforderungen der Marke.

„Also, man weiß sofort: Der war mal in seiner Teenagerzeit Deep-Purple-Fan oder hat irgendwie mit Pink Floyd gearbeitet." (Herr E, Sounddesigner, Unternehmen 3).

Häufig wird beklagt, dass Fehlentscheidungen durch die Bevorzugung aktueller Mainstream-Musik entstehen. Dies überrascht nicht, denn diese Musikrichtung gilt unter Experten als wenig charakteristisch und prägnant. Vom Einsatz austauschbarer aktueller Titel muss nicht zuletzt deshalb abgeraten werden, weil die wenigsten Musikstücke den individuellen funktionalen Anforderungen der Marke entsprechen dürften.

„Wenn ich weiß, dass ein Redakteur mit einer bestimmten Musikrichtung ein Problem hat, dann präsentiere ich die natürlich nicht, weil ich keine Chancen sehe."
(Herr E, Sounddesigner, Unternehmen 3)

Es wird das Spannungsfeld deutlich, in welchem sich Sounddesigner/ Designmanager bewegen: Zum einen betonen sie, dass sie auf die persönlichen Vorlieben der Programmverantwortlichen eingehen müssen; zum anderen seien *sie* es jedoch, die die funktionalen Anforderungen der Marke immer wieder thematisieren, mit den Klängen in Beziehung setzen und den Verständigungsprozess möglichst rational und transparent gestalten müssen. Als förderlich empfinden die Sounddesigner ihre theoretischen und praktischen Kenntnisse, die musikalische Ausbildung und die Fähigkeit zum analytischen Hören. Die Dolmetschertätigkeit zwischen Kunden und Komponisten wird oft als mühevoll erlebt.

5.4.2 Interessenkollision mit Partnern

K 22	Kooperation mit Partnern konfliktiv:
	- wenig Projekterfahrung bei der Integration von Sonic Branding; - Budgetverteilung; - Überschneidungen der Kompetenzbereiche; - zusätzliche Beratung wird als Einschränkung der kreativen Freiheiten wahrgenommen

„Bis jetzt wurde Musik oder Akustik noch nie so direkt und so früh integriert in den gesamten Prozess. Es war normalerweise so, dass ein Spot fertig war, und dann noch Musik gebraucht wurde. Dann kam der Komponist hinzu, hatte viele Möglichkeiten. Fertig. Und da hatte man wenig Konfliktpotenzial. Jetzt kommt man viel früher zusammen." (Herr C, Berater, Unternehmen 2)

Häufig weisen die Designmanager darauf hin, dass die Zusammenarbeit mit Partnern wie Werbeagenturen, CI-Agenturen oder Strategieberatungen hohes Konfliktpotenzial in sich berge. Dabei wird von Seiten der Sonic Branding-Agenturen oft eine unkooperative Arbeitseinstellung bemerkt. Es fehlen erfolgreich erprobte Praktiken und Verfahrensweisen der Zusammenarbeit, nicht selten werden bei den Dienstleistern spezifische Kenntnisse aus dem Bereich Musik und Klang vermisst.

Aufgrund der Interessenlage der Akteure ist als Hauptursache jedoch eine Konkurrenzsituation auszumachen: Zum einen konkurrieren die Dienstleister um das Budget für die auditive Gestaltung der Kommunikationsmittel, beziehungsweise haben sie vor der Zusammenarbeit mit der Sonic Branding-Agentur über die Budgets verfügt. Zum anderen ist zu beobachten, dass die zusätzliche Beratungsleistung der Sonic Branding-Agentur oft als Einschränkung der kreativen Freiheit wahrgenommen wird. Dies führt zu „wenig kommunikativer Offenheit" (Frau A, Beraterin, Unternehmen 1) auf Seiten der Dienstleister.

Die sich gegenüberstehenden Interessen können – wie die Fallbeispiele zeigen – negative Konsequenzen haben: Verletzte Eitelkeiten durch Aufweichung der Grenzen vormals abgesteckter Hoheitsgebiete im Bereich der auditiven Gestaltung rufen Reaktionen hervor, die bis hin zur Störung des Planungs- und Gestaltungsprozesses reichen und ihn sogar stoppen können.

Die Befragten sprechen dabei dem Kunden eine Schlüsselrolle zu: Er vermittle im Idealfall – sofern er von der Relevanz und Priorität von Sonic Branding überzeugt sei – zwischen den Agenturen, beziehungsweise übe er Druck auf die Werbeagentur aus.

Erstaunlicherweise äußert sich keiner der Sounddesigner/Designmanager von sich aus zum Thema Produktsounddesign. Es ist deshalb davon auszugehen, dass zum jetzigen Zeitpunkt eine enge Zusammenarbeit zwischen den Sounddesignern im Bereich Sonic Branding und den Produktsounddesignern nur vereinzelt und auf persönliche Initiative einzelner Akteure hin realisiert werden kann.

„Da hatte die Werbeagentur auch Möglichkeiten, Musik zu produzieren. Das wurde einfach irgendwie gemacht, aktuell zum Beispiel, modisch oder geschmacklich ausgewählt, das ist jetzt nicht mehr der Fall. Insofern müssen die sich erstmal dran gewöhnen, mit uns zusammen zu arbeiten." (Frau A, Beraterin, Unternehmen 1)

Nach Meinung vieler Designmanager wird die Gestaltung von Sounds und Klängen in Werbeagenturen bisher nicht systematisch betrieben. Sämtliche Befragte erheben den Vorwurf, dass immer noch an alten Strategien festgehalten werde, die die akustischen Komponenten nicht berücksichtigen. Hier lässt sich auch das häufig beobachtete Phänomen einordnen, dass ohne Konzept am Ende der audiovisuellen Gestaltung kurzfristig ein Komponist engagiert werde, der noch ein „Müsikli" (Herr F, Sounddesigner, Unternehmen 4) hinzufüge. In dieser Produktionsphase, in der nicht selten Zeit und Mittel knapp werden, werde die Musikauswahl dann oft dem Geschmack des Komponisten überlassen.

Übereinstimmend wird darauf hingewiesen, dass ein Vorgehen ohne Konzept Ergebnisse produziere, die den funktionalen Anforderungen der Marke nur wenig entsprechen. Nach Aussage der Sounddesigner ist die unstrukturierte Vorgehensweise gekennzeichnet durch das Fehlen eines adäquaten, präzisen Briefings und einer systematischen Markenanalyse. Dies hat nach Meinung der Befragten zur Folge, dass die Komposition nach „Trial-and-Error-Verfahren" verläuft – wobei die Auswahl an möglichen Musikstilen und -richtungen unüberschaubar ist. Die Kritik an einem derartig unstrukturierten Vorgehen der Werbeagenturen ist einer der wesentlichen Gründe für das Selbstverständnis, die Ziele und das Leistungsspektrum der Agenturen, die im Bereich Sonic Branding tätig sind.

5.4.3 Kooperation mit Komponisten konfliktiv

K 23	Kooperation mit Komponisten konfliktiv:
	- Durchsetzen der ästhetischen Vorstellungen zu Lasten der funktionalen Anforderungen der Marke; - Wunschziel: Chartplatzierung

„Da sitzt irgendwo ein toller Komponist und der will einfach nicht akzeptieren, dass seine tollen Ideen – die vielleicht wirklich toll sind – nicht zum Produkt passen." (Herr D, Berater, Unternehmen 2)

„Du bewegst Dich in einem Kreis von 360 Grad, was alles cool und sexy sein kann. Und ein ganz kleiner Teil von fünf Prozent trifft es vielleicht. Das ist eher ein Lotterieverfahren." (Herr F, Sounddesigner Unternehmen 4)

Viele Beteiligte äußern, dass auch die Zusammenarbeit mit Komponisten Konflikte mit sich bringe. Hauptursache ist nach Ansicht der Designmanager deren Wunsch, die eigenen ästhetischen Vorstellungen zu Lasten der funktionalen Anforderungen der Zielgruppe oder der Markenpersönlichkeit durchzusetzen. Und obwohl das „Wunschziel" – eine Chartplatzierung der Eigenkompositionen – sicher im Interesse aller Beteiligten ist, führt nach eingehender Analyse der Marke eine solche Vorgabe oft in die Irre. Anstatt sich an den Werten der Marke zu orientieren, gerät der Komponist nämlich in die Gefahr, einer möglichst großen Menge potenzieller Kunden gefallen zu wollen – und greift auf vermeintliche Trends zurück. Als Konsequenz nennen die Befragten, dass die Musik weder zur Marke passe noch langfristig verwendet werden könne und überdies austauschbar sei.

Größtes Hemmnis des Kompositionsprozesses ist jedoch nach Meinung der Designmanager ein unklares Briefing, das einen zu weiten Raum für mögliche Stilrichtungen lasse und die Komponisten häufig zwinge, nach „Trial and Error" zu verfahren. In diesem Fall wird die Komposition nicht als schöpferisch-kreativer Prozess empfunden, in dem gewisse Rahmenbedingungen vorgegeben sind, und der spezielle Ziele verfolgt, sondern als „Lotterieverfahren", in welchem die Kompositionen ausschließlich nach der Willkür, dem persönlichem Geschmack und der Tagesform des Kunden bewertet werden.

5.4.4 Verbalisierung von Klängen diffizil

K 24	Verbalisierung von Klängen diffizil:
	- getrennte Sprach- und Denkwelten von Musikindustrie und Markenartiklern; - wenig differenzierte Betrachtungsweise von Klängen; - Funktion des Dolmetschers zwischen Redakteuren und Komponisten problematisch

„Das sind so Äußerungen wie: ‚Das ist mir zu schrill.' Oder: ‚Das ist mir zu schnell.' Oder: ‚Das ist mir zu dumpf.' Oder: ‚Das ist mir zu düster.' Und da muss man überlegen: ‚Was macht denn das Düstere aus?'" (Herr E, Sounddesigner, Unternehmen 3)

„Die meisten haben ja mit Musik eigentlich nichts zu tun. Und man muss herausfinden: Was meint der? Das muss man interpretieren. Da hilft mir meine Ausbildung sehr viel und auch die Tatsache, dass ich selbst Musik mache." (Herr E, Sounddesigner, Unternehmen 3)

Berater und Sounddesigner haben nach eigener Darstellung die Aufgabe, Entscheidungsprozesse herbeizuführen und so zu gestalten, dass die Kunden mit der Entscheidung und dem Ergebnis zufrieden sind. Aufwändige und zeitintensive Korrekturschleifen und Feedbackprozesse werden als Ursache für Ineffizienz genannt. Als besonders erschwerende Faktoren werden wenig differenziertes Briefing oder Feedback bezeichnet. Sie machen die Komposition zu einem Produkt, dessen Wirksamkeit nicht plan- oder steuerbar sei. Im Gespräch mit Kunden sei es wichtig, undifferenzierte Äußerungen und subjektive Assoziationen wie „zu dunkel" oder „zu schrill" zu interpretieren. Eine große Rolle scheint hierbei auch die starke Prägung des Einzelnen durch persönliche Erfahrungen oder Erlebnisse mit Musik zu spielen.

„[Verantwortliche], die so in ihrer musikalischen Vergangenheit fest hängen, dass sie eigentlich für nichts anderes mehr offen sind. Und wenn solche Menschen dann auch in entscheidenden Positionen sind, ist es sehr schwer, was zu machen, wovon man überzeugt sein kann und wo man das Gefühl hat, dass das sehr gut für das Produkt ist." (Herr E, Sounddesigner, Unternehmen 3)

Häufig beklagen die Designmanager, dass Klänge nach persönlichen Vorlieben und nicht nach den funktionalen Anforderungen der Marke bewertet werden. Dies gehe oft auch einher mit der Bevorzugung aktueller Mainstream-Musik, die in den seltensten Fällen den funktionalen Anforderungen der Marke entspreche.

Die Designmanager präsentieren verschiedene Methoden zur Konfliktvermeidung und -lösung. Im Mittelpunkt steht dabei die gemeinsame Analyse und Bewertung von (beispielhaften) Klängen (siehe Abschnitt 5.3.2). Aus den Fallbeispielen lässt sich außerdem ableiten, dass langfristige Strategien zur Abschwächung von Verständigungsschwierigkeiten und zur Fortentwicklung eines Selbstverständnisses der Branche zwingend eine Intensivierung der Lobbyarbeit bei Gesetzgebern, Unternehmen und Agenturen beinhalten muss.

5.5 Zusammenfassung

Auf der Basis der erhobenen Daten können folgende Schlussfolgerungen als Grundlage für die Konzeption und Gestaltung von Brand Sounds dienen: Hauptansatzpunkt für die Akteure – die Sonic Branding-Agenturen – ist Kritik am derzeit üblichen, oft unstrukturierten Vorgehen von Werbeagenturen, welche bisher die auditive Gestaltung der Markenkommunikation verantworteten.

Die Ergebnisse der Fallstudien zeigen deutlich, dass eine nachvollziehbare, strukturierte und transparente Arbeitsweise, die auf einer Markenanalyse aufbaut und alle auditiven Komponenten beinhaltet, unverzichtbare Grundlage für einen erfolgreichen Gestaltungsprozess ist.

Im nachfolgenden Briefingkonzept zur Gestaltung von Sonic Branding wird besonderes Augenmerk einerseits auf die Analyse der Marke und andererseits auf die Formulierung von Kommunikationszielen gerichtet. Im Vergleich zu Designprozessen im visuellen Bereich stellt die Übersetzung von Markenwerten in Klang einen besonders diffizilen Teilaspekt dar, da zum einen oft die verbale Verständigungsebene fehlt, und es zum anderen den (unerfahrenen) Akteuren schwer fällt, sich von ihren persönlichen Vorlieben und ihrem Geschmack in der Analyse und Bewertung von Klängen zu lösen.

*„Die Grenzen meiner Sprache bedeuten
die Grenzen meiner Welt."*
Ludwig Wittgenstein (1889-1951)

6 Konzept zur Entwicklung eines Briefings für Sonic Branding

Das Briefingkonzept soll die theoretisch und empirisch gewonnenen Erkenntnisse der Kapitel 2, 3 und 5 berücksichtigen: Dies sind zum einen der Konzeptvorschlag einer intermodal integrierten Markenführung und die grundlegenden Gestaltungs- und Wahrnehmungsdimensionen von Brand Sounds; zum anderen sollen aus den Ergebnissen der empirischen Fallstudienanalyse hinsichtlich der Akteure, der Handlungsbedingungen, des Konzeptions- und Gestaltungsprozesses und deren Konflikten relevante Fragestellungen für ein Briefing formuliert werden.

6.1 Anforderungen an das Briefingkonzept

Grundsätzlich gelten für ein Briefing im Bereich Sonic Branding die obligaten Anforderungen: die Aufgabenstellung sollte als gemeinsam vom Kunden und der Agentur gestaltete verbindliche schriftliche Arbeitsgrundlage für den Konzeptions- und Gestaltungsprozess dienen. In diesem Sinne wird die Erstellung eines Briefings als iterativer Prozess gesehen, während dessen die Inhalte immer wieder verfeinert werden, bis schließlich genaue Zieldefinitionen bestimmt werden können. Das Briefing sollte vollständig, dabei aber kurz und präzise sein sowie mündlich besprochen werden. Der Auftraggeber erstellt das Briefing, es sollte jedoch sowohl von Auftraggeber als auch –nehmer als ausreichend umfangreich erachtet werden (vgl. Hartleben 2001, S. 208 ff.). Die speziellen Erfordernisse eines Briefings im Bereich Sonic Branding sollen im Folgenden erläutert werden.

„Und am Schluss heißt es dann: Ja, und jetzt brauchen wir noch ein Müsikli."
(Herr F, Sounddesigner, Unternehmen 4)

Überraschenderweise wird von den Experten immer wieder betont, dass das Briefing die Grundlage für die konzeptionelle Arbeit im Bereich Sonic Branding sei. So banal diese Aussage klingen mag, es lässt sich doch daraus schlussfolgern, dass das Erstellen eines Briefings von den Designmanagern oft nicht als selbstverständlicher Arbeitsschritt, sondern eher als positive Ausnahme wahrgenommen wird.

Ausgangspunkt sind in der Regel Gespräche zwischen Beratern, Designmanagern und Sounddesignern und dem Markenmanagement auf der Kundenseite. Im Idealfall enthält das Briefing alle für die Teampartner relevanten Informationen. Ziel ist hierbei, den Informationsfluss offen und transparent zu gestalten.

„Kriterien wie Qualität und so weiter, die dann beim Briefing vorkommen, sind sicher hilfreich, aber sie lassen auch einen sehr großen Raum. Wie frech darf es jetzt sein? Oder was ist brav, was ist frech?" (Herr F, Sounddesigner, Unternehmen 4)

„Wir haben mit Moodboards angefangen und haben darüber erst einmal die klangliche Begrifflichkeit geklärt, weil der Kunde uns nicht sagen kann, wir müssen rot sein oder blau." (Herr B, Berater, Unternehmen 1)

„Und da ist das Bild sicher der stärkste gemeinsame Nenner, auch für ein Briefing. Und wenn du bereits Bilder hast, dann weißt du auch ungefähr, auf welcher Ebene du dich soundmäßig bewegst." (Herr F, Sounddesigner, Unternehmen 4)

Diese Aussagen zeigen Schwierigkeiten und mögliche Lösungswege eines Design-Briefings im Bereich Sonic Branding auf. Es wird erstens deutlich, dass Markenwerte wie beispielsweise „Qualität" oder „Vertrauen" durchaus verschieden interpretiert werden können: Der Wert „Vertrauen" kann mit Begriffen wie Sicherheit, Seriosität, Solidität oder Größe übersetzt, andererseits aber auch mit Bedeutungen wie Zuversicht, Modernität, Leistung und Dynamik belegt werden.

Agentur	Kunde
Mit welchen Partnern arbeiten wir zusammen (Komponisten, Produzenten, Juristen etc., siehe Abschnitt 5.1.1)?	Mit welchen Partnern arbeiten wir zusammen (siehe Abschnitt 5.1.1)?
Für welche Kunden haben wir gearbeitet?	Welche Filme, Musikrichtungen usw. halten wir für passend bzw. unpassend?
Wie ist unser Leistungsspektrum?	Wer verfügt in unserem Unternehmen über Kenntnisse im Bereich Sound (siehe Abschnitt 5.2.1 bzw. 5.4.1)?
Welches soundspezifische Basiswissen müssen wir vermitteln, damit Arbeitsziele formuliert werden können (siehe Abschnitt 5.2.1)?	Welche zeitlichen und personellen Ressourcen können wir dem Projekt zuordnen?
Wie verläuft der Gestaltungsprozess (siehe Abschnitt 5.2.2)?	Wer ist der Ansprechpartner für die Agentur?
Wie sollen Entscheidungsprozesse ablaufen (siehe Abschnitt 5.2.3)?	

Abb. 56: Grundsätzliche Fragen bei der Zusammenarbeit von Sonic Branding-Agenturen mit Kunden (eigene Darstellung)

6. Briefingkonzept

Zweitens muss herausgestellt werden, dass verbale Beschreibungen von Klängen oder Musikstilen die musikalische Gestaltung zwar oft in eine bestimmte Richtung lenken können, sie aber trotzdem immer noch zu viele mögliche Klangspektren zulassen. Häufig wurde geäußert, dass dies den Prozess der Komposition enorm erschweren würde. Drittens erscheint es nach Aussagen der Experten sinnvoll, bereits in einer möglichst frühen Phase mit konkreten Soundmustern, Moodboards und Bildmaterial zu arbeiten und anhand von anschaulichen Gestaltungsbeispielen mit dem Kunden gemeinsam die klanglichen Richtlinien festzulegen.

Aus den Fallstudienanalysen lassen sich zusammenfassend folgende grundsätzliche Fragestellungen ableiten, die im Prozess des Briefings von Sonic Branding-Agenturen und Kunden geklärt werden sollten.

6.2 Inhalte des Briefings

Folgende Inhalte eines Briefings lassen sich den Aussagen der Befragten entnehmen:[1]

K 15	Inhalte des Briefings:
	- Analyse der Marke
	- Markt- und Positionierungsziele;
	- Bestimmung der Bezugsgruppen;
	- Analyse der auditiven und audiovisuellen Kommunikationsmittel;
	- Zusammenarbeit mit Produktsounddesignern;
	- Konkurrenzanalyse;
	- Budget;
	- Einsatz von Medien;
	- technische Vorgaben;
	- rechtliche Grundlagen;
	- Erfolgskontrolle;
	- Zeitrahmen

Die Inhalte des Briefings werden im Folgenden erläutert.

1. Analyse der Marke

Aus dem in Kapitel 2 generierten Markenmodell ergeben sich die folgenden Fragestellungen für eine Analyse der Marke:

---

[1] Zur Generierung des fallübergreifenden Kategoriensystems siehe Abschnitt 4.3.

Produkt
- Welches sind die wichtigsten visuellen, auditiven, olfaktorischen, taktilen oder gustatorischen Produktmerkmale (siehe Abschnitt 2.3.1)?
- Wie kann das Produkt nach sensuellen Gesichtspunkten analysiert und dargestellt werden (siehe Abschnitt 2.3.3)?
- Existieren Produktsounds?
- Üben die Sounds eine Funktion aus? Wie lang ist die Dauer der Sounds? Sind es aktive oder passive, beabsichtigte oder nicht-beabsichtigte Geräusche? Durch welches Material werden die Sounds erzeugt (siehe Abschnitt 3.3)?
- Von welchen Alltagsgeräuschen sind die Produktsounds umgeben (siehe Abschnitt 3.6)?
- Welche „materiellen Fakten" werden von den Bezugsgruppen unmittelbar wahrgenommen?
- Wie sehen verschiedene Verwendungskontexte des Produktes aus?
- Welche sensorischen Erlebnisse der verschiedenen Sinnesmodalitäten ruft die Verwendung des Produktes hervor (siehe Abschnitt 2.3.3)?

Kommunikation
- Welches sind die wichtigsten visuellen, auditiven, olfaktorischen, taktilen und gustatorischen Markenbilder, die vermittelt werden (siehe Abschnitt 2.3.1)?
- Wie lässt sich die Markenpersönlichkeit charakterisieren (siehe Abschnitt 2.3.1)?
- Welche Brand Sounds wurden bislang verwendet (siehe Abschnitt 3.2)?
- Welche verschiedenen immateriellen, imaginierten Erlebnisse werden durch Sounds und Musik dargestellt?
- Welche fiktionalen Erlebnisse stehen im Zusammenhang mit der Marke?
- Welche verschiedenen Interpretationskontexte sind durch die verschiedenen Bezugsgruppen zu beobachten (siehe Abschnitt 2.3.2)?

2. Kommunikationsziele
- Welche Kommunikationsaufgaben können formuliert werden? Sollen bestimmte Bezugsgruppen angesprochen, der Bekanntheitsgrad aufgebaut oder gesteigert werden?
- Soll das Produkt/die Kommunikation emotional aufgeladen werden oder soll ein Element der Wiedererkennung geschaffen werden etc. (siehe Abschnitt 5.1.5)?
- Welche Lebensmotive sollen angesprochen werden? Sind es eher kognitive, expressive, emotionale oder somatische Motive (siehe Abschnitt 2.3.2)?

6. Briefingkonzept

- Welche Markennutzen sollen in den Vordergrund gestellt werden? Dienen die Brand Sounds eher zu Informationsentlastung und Orientierung? Ist es das Ziel, Identifikation und Prestige zu vermitteln und Selbstausdruck zu ermöglichen oder sollen sie eher Zufriedenheit, Sicherheit und Vertrauen erzeugen (siehe Abschnitt 2.3.2)?
- Welche Funktionen sollen die Sounds erfüllen?

1	Begleitfunktion	Befriedigt das allgemeine Bedürfnis nach Musik im Alltag.
2	Magnetfunktion	Musik erregt Aufmerksamkeit, die auf die Quelle des Klangs gerichtet wird.
3	Überspielungsfunktion	Musik kann störende Geräusche und indiskrete, unangenehme Stille nivellieren.
4	Trägerfunktion	Die Einprägsamkeit von Slogans und Claims kann durch Sounds gesteigert werden.
5	Gestaltungsfunktion	Klänge tragen zur Gestaltung der Raumwirkung bei.
6	Assoziationsfunktion	Musik fördert das alogische Verknüpfen von Vorstellungen, unbewusste und latente Bedürfnisse werden aktiviert.
7	Identifikationsfunktion	Bezugsgruppen identifizieren sich mit Musik, sie fühlen sich einer Gruppe zugehörig.
8	Stimmungsbeeinflussung	Gefühls- und Bewusstseinszustände werden durch Musik verändert.
9	Aktivierungsfunktion	Die Aktivierung durch Musik lässt Tätigkeiten weniger anstrengend wirken.
10	Einstellungsänderung	Musik kann im Idealfall positive Gefühle gegenüber demjenigen erzeugen, der sie bereitstellt.

Abb. 57: Funktionen von Brand Sounds (modifiziert nach: Stromeyer 1990, S. 66 ff.)

3. Bestimmung der Bezugsgruppen
- Welche unterschiedlichen Bezugsgruppen können identifiziert werden?
- Welche Typen von Verwendern gibt es? Welche Wünsche, Bedürfnisse haben sie (siehe Abschnitt 2.3.2)?
- Wodurch sind die verschiedenen Nutzungssituationen gekennzeichnet?
- Welchen Musikgeschmack haben die Bezugsgruppen?
- Können Hörertypen identifiziert werden?
- Wie sind die Hörgewohnheiten?

4. Analyse der auditiven und audiovisuellen Kommunikationsmittel
- Welche Komponenten von Brand Sounds wurden bislang eingesetzt? Sonic Logo, Jingle, Sprache, Brand Song, Ambient Sound, Earcon etc. (siehe Abschnitt 3.2)?
- Wie können die bisherigen Gestaltungsmittel nach sensuellen Gesichtspunkten analysiert werden (siehe Abschnitt 2.3.3)?
- Wie lassen sich die bislang verwendeten Sounds verbal charakterisieren (siehe Abschnitt 3.7 bzw. 5.4.4)?

5. Zusammenarbeit mit Produktsounddesignern
- Welche Anregungen oder Richtlinien lassen sich vom Produktsounddesign herleiten? Welche Sounds können Assoziationen zum Produkt auslösen (siehe Abschnitt 1.3 bzw. 3.3)?

6. Konkurrenzanalyse
- Wer sind die wichtigsten Wettbewerber? Wodurch zeichnet sich ihr Brand Sound aus? Welche Differenzierungspotenziale ergeben sich aus den Gestaltungsmitteln der Wettbewerber?

7. Budget
- Wie hoch ist das Budget, das kurz-, mittel- und langfristig investiert werden soll (siehe Abschnitt 5.2.4)?

8. Einsatz von Medien
- In welche Medien sollen die Komponenten umgesetzt werden (siehe Abschnitt 1.3)?
- Welche gestalterischen Richtlinien sind zu beachten (Corporate Design)?
- Gibt es besondere medienspezifische Gestaltungsrichtlinien?

9. Technische Vorgaben
- Gibt es technische Restriktionen bei der medialen Umsetzung der Komponenten (siehe Abschnitt 5.3.5)?
- Welche Übergabeformate können festgelegt werden?

10. Rechtliche Grundlagen
- Welche urheber- und leistungsschutzrechtlichen Fragen müssen vorab geklärt werden (siehe Abschnitt 5.2.5)?
- Welche Nutzungsrechte bestehen bereits?

11. Evaluation
- Sollen Pretests durchgeführt werden?
- In welchem Umfang und mit welchen Methoden ist eine Erfolgskontrolle vorgesehen (siehe Abschnitt 5.3.6)?

12. Zeitrahmen
- Zu welchen Zeitpunkten müssen die Konzeption bzw. Realisation und Erfolgskontrolle abgeschlossen sein (siehe Abschnitt 5.2.4)?
- Wann muss die mediale Umsetzung einzelner Komponenten erfolgen, damit beispielsweise Werbeperioden eingehalten werden können?

6.3 Zusammenfassung

Es wurden Inhalte und Anforderungen an ein Briefingkonzept im Bereich Sonic Branding formuliert. Aufbauend auf den Aussagen der Fallstudienanalyse wurden insbesondere der Analyse der Marke, den Markt- und Positionierungszielen sowie der Bestimmung und Beschreibung von Bezugsgruppen Aufmerksamkeit gewidmet. Aus den vorangegangenen Kapiteln wurden die wichtigsten Fragestellungen in Bezug auf die Inhalte des Briefings entwickelt. Insofern ist das Briefingkonzept als eine Checkliste zu verstehen.

> „There's no such thing as silence.
> What they thought was silence [in my 4' 33"],
> because they didn't know how to listen."
>
> *John Cage (1912-1992)*

7 Schlussbetrachtung

Dieses Kapitel schließt mit einer umfassenden Betrachtung der Ergebnisse des Forschungsprojektes ab. Die Bedeutung und die Übertragbarkeit der Resultate werden diskutiert sowie Implikationen für Forschung und Praxis dargestellt.

7.1 Zusammenfassung der theoretischen Grundlagen der Ergebnisse

Der Einsatz von Brand Sounds in der Markenkommunikation ist ein Phänomen, das einem Großteil der Konsumenten bekannt ist. Die meisten Verbraucher sind in der Lage, beispielsweise den Bacardi-Song, die Langnese-Melodie oder die Melodie des Sparkassen-Jingles „Wenn's um Geld geht – Sparkasse" zu erkennen, zuzuordnen oder sogar zu summen. Wenn es jedoch darum geht, das Sonic Logo von BMW nachzuahmen, geraten viele – auch Kommunikationsexperten – in Schwierigkeiten. Dies liegt zum einen daran, dass Musik und Klänge in Werbespots oft weitgehend unbewusst als Hintergrund und „bloße Färbung" des visuellen Wahrnehmungsobjekts aufgenommen werden. Zum anderen ist in der Gestaltung von Brand Sounds ein Wandel zu beobachten: Während in den 1970er Jahren einprägsame Melodien und Jingles als Ohrwürmer fungierten, sind die aktuellen Sonic Logos nur zwei bis vier Sekunden lang und in ihrer Funktion eher als Symbol und Sammelgefäß für Assoziationen zu verstehen. In ihrer Wirkung werden diese Sounds noch oft unterschätzt.

Sonic Branding als Konzept zur Gestaltung einer Markenidentität durch Klang ist bislang hauptsächlich solchen Verantwortlichen in der Markenbranche bekannt, die an Musik interessiert sind. Im Gegensatz zum visuellen Design hat sich Sonic Branding noch nicht als unverzichtbarer Bestandteil einer integrierten Markenkommunikation etabliert. Die Erkenntnis, dass eine Marke nicht *nicht* klingen kann (analog zum ersten metakommunikativen Axiom von Paul Watzlawik: „Man kann nicht *nicht* kommunizieren"), hat sich noch nicht bei Agenturen und Markenverantwortlichen durchgesetzt.

Auch der Prozess von Sonic Branding ist komplex. Vor dem Hintergrund, dass die ältesten Agenturen, die Brand Sounds konzeptuell kreieren, erst vor fünf bis sieben Jahren gegründet worden sind, verwundert es nicht, dass Qualitätsstandards in Bezug auf Arbeitsprozesse und -methoden noch nicht existieren.

So stand im Zentrum der vorliegenden Arbeit die Frage, welche Bedingungen die Integration von Klängen innerhalb einer multisensuellen Markengestaltung beeinflussen und wie der Konzeptions- und Gestaltungsprozess von Sonic Branding verläuft. Um die mögliche Bandbreite von Brand Sounds zu definieren, wurde zunächst die Fülle an

Begriffsbestimmungen auf wenige Komponenten verdichtet, die dem Gegenstand von Sonic Branding gerecht werden und sich in den Kontext des multisensorischen Brandings einpassen. Aufgezeigt wurde außerdem das breite Spektrum der medialen Anwendungen von Brand Sounds im Rahmen einer integrierten Kommunikation: Vom Produkt, den digitalen audiovisuellen Medien und dem Telefon reicht die Palette der Kommunikationsmittel bis hin zu Räumen, Gebäuden und Events.

Die Wahl eines qualitativen Forschungsansatzes schien insofern angemessen, als es sich um ein noch wenig bearbeitetes Forschungsfeld handelt, das zunächst der Erarbeitung theoretischer Grundlagen und Rahmenbedingungen bedarf. Die Überprüfung von Hypothesen in einer quantitativ angelegten Untersuchung wird dagegen erst zu einem späteren Zeitpunkt als sinnvoll betrachtet.

Der angestrebte Praxisbezug erforderte angesichts der bisherigen ungenauen Begriffsbestimmungen trotzdem eine gründliche theoretische Reflexion zentraler Termini. So bestand eine erste Zielsetzung darin, das komplexe Konstrukt Marke unter den für Sonic Branding relevanten Aspekten zu untersuchen. Dazu wurden in Kapitel 2 zunächst diejenigen aktuell diskutierten Konzepte zusammengefasst, die auf einem kommunikativen Ansatz basieren. Die Betrachtungen konzentrierten sich dabei auf die beiden wesentlichen Markenelemente *Produkt* beziehungsweise *Kommunikation*.

Das Produkt als sinnlich wahrnehmbares Objekt oder entsprechend die Dienstleistung und die Situation, in der sie erlebt wird, stellen unmittelbare, also nicht durch Medien vermittelte Wahrnehmungsbereiche dar, deren Untersuchung im Zentrum der Betrachtungen stand. Von besonderer Bedeutung waren hier Produktsounds.

Bei der Diskussion der verschiedenen Konzepte zum Markenverständnis wurde deutlich, dass für das Qualitätsempfinden des Konsumenten die physische Gestalt des Produktes und seine Eigenschaften maßgeblich sind. Es wurde ebenfalls klar, dass der Qualitätsbegriff immer als eine subjektiv geprägte Annahme zu verstehen ist: Entscheidend sind demnach nicht unter technischen Gesichtspunkten erfassbare Produktmerkmale, sondern die durch den Konsumenten *wahrgenommene* Warenqualität. Diese bildet sich aus der Verzahnung von Fakten und kommunizierten Ideen. Für den Konsumenten ist es so nicht mehr möglich, zwischen beiden zu unterscheiden. Die Wahrnehmung des Produktes sowie der kommunikativen Maßnahmen werden miteinander kombiniert, so dass die Gesamtwahrnehmung auch auf die Wahrnehmungen der einzelnen Sinnesmodalitäten zurückwirkt.

Auf dieser Grundlage wurden die fiktionalen Kommunikationsinhalte näher aufgeschlüsselt und in ihrer Funktion bestimmt. Von besonderer Bedeutung war hier die Analogie der *Markenpersönlichkeit*, mit deren Hilfe es möglich ist, Eigenschaften von Marken mit denen von Menschen zu vergleichen oder beispielsweise auch Stimmen oder Klänge vergleichend darzustellen. Die aufgezeigten Charakteristika einer Marke können zur Analyse der Marke verwendet, aber auch als Suchfeld genutzt werden, um weitere Alleinstellungsmerkmale aufzuspüren.

In der Analyse relevanter Ansätze zum multisensorischen Branding stellte sich erstens heraus, dass – im Gegensatz zu einigen der präsentierten Konzepte – das Produkt zwingend in das Markenmodell integriert werden muss. Zweitens wurde deutlich, dass das Modell die Sicht des subjektiven Erlebens der Kommunikationspartner, der Konsumenten, aufgreifen sollte. Sie sind es schließlich, die über Erfolg oder Misserfolg der Marke entscheiden. Hierzu wurden Lebensmotive und Markennutzen miteinander in Beziehung gesetzt. Deutlich wurde, dass es angesichts heterogener Bezugsgruppen als problematisch angesehen werden muss, allein auf das Konzept des Markennutzens zu verweisen. Vielmehr sollte die Verwendung und Interpretation der Marke vor dem Hintergrund der diversen Lebensmotive der Konsumenten analysiert werden. Insbesondere im Gegenstandsbereich des multisensorischen Brandings sind die somatischen Motive (körperliche Aktivität, Eros, Genuss) zu nennen, die jedoch häufig in den Betrachtungen zum Markennutzen zu kurz kommen.

Bei der Analyse der relevanten Modelle zur multisensuellen Markenführung erwies sich die Annahme als richtig, dass die Konzepte auch in Hinblick auf die Kreation von Brand Sounds eine Fülle von Gestaltungs- und Differenzierungspotenzialen bieten. Die sinnliche Faszinationskraft von Marken, die sowohl vom Produkt als auch von der Kommunikation ausgehen kann, wurde dabei als ein wesentliches Kriterium bei der Gestaltung und Analyse von Marken geprüft.

Den ästhetischen Ansprüchen der Konsumenten an eine multidimensionale sinnliche Erfahrbarkeit von Marken wird durch das Produkt selbst, die Konsumerlebnisse oder durch die sensorischen Erfahrungen bei der Verwendung des Produktes entsprochen. Ebenso scheint sich die emotionale Bindung an die Marke durch eine attraktive multisensuelle Markengestaltung zu erhöhen. Dabei haben die Anforderungen an eine kohärente sinnliche Wahrnehmung von „authentischen" Produkten vor allem im Bereich der Designgüter an Wichtigkeit gewonnen. Dennoch offenbarten sich verschiedenartige Schwächen der vorgestellten Ansätze: So wird nicht in allen Konzepten das Produkt in die Markenanalyse einbezogen, oder aber die Autoren gehen von einem kommunikationstheoretisch überholten Perspektive aus.

Der in der vorliegenden Arbeit dargelegte Vorschlag für ein intermodal integriertes Markenmodell greift einzelne Punkte der vorgestellten Ansätze auf und verbindet sie zu einem Konzept, das die Grundlage für die weitere Untersuchung zur Markenanalyse unter multisensuellen Gesichtspunkten bildet.

Bei der Analyse der kommunikativen Rahmenbedingungen und Trends zeigten sich Chancen und Risiken einer multimodalen Inszenierung für Produkte und Dienstleistungen: Ihre Angemessenheit sollte immer aus der Perspektive der Konsumenten beurteilt werden. Die Verbraucher registrieren die komplexen Zusammenhänge von

Markenartikeln und den dahinter stehenden Unternehmen sehr wohl. Ebenso sind sie in der Lage, die dargebotenen Inhalte und Botschaften auf Relevanz, das heißt sinnvolle Verknüpfung mit dem Produkt, zu prüfen. Widersprüchliche Botschaften können dabei die Faszinationskraft und den Glauben an die Einzigartigkeit und Verlässlichkeit der Marke zerstören.

Die Betrachtung des Phänomens Marke aus der Perspektive der Konsumenten zeigt auch, dass diese sich in ihrer Rolle als Kommunikations- und Interaktionspartner unter vielfältigen Einflüssen ständig verändern. Werden bestimmte Marken als Kultgegenstände oder Fetisch verwendet, können die durch faszinative Elemente hervorgerufenen Kräfte auch das Gegenteil bewirken: Die Fans werden zu Markengegnern und formulieren ihre Kritik an den weltweit agierenden Konzernen. Im Rahmen einer differenzierten Betrachtung der Nutzung und Verwendung von Marken wurde auch auf das Phänomen der Markenpiraterie eingegangen, das die ambivalente Haltung vieler Konsumenten mit den sich ergebenden Konsequenzen offenbart: Der Glaube an die einzigartige Qualität der Markenware schwindet hier und damit die Bereitschaft, die üblichen Preise zu zahlen.

In punkto Markenversprechen konnte ein Trend zu einem holistischen Versprechen festgestellt werden. Materialisiert in einem Produkt wie beispielsweise dem iPod von Apple, bieten die Produkte und Werbemaßnahmen ein multimodales, ganzheitliches Versprechen; Sinnlichkeit und Neugier, Kreativität und Möglichkeit zur Kommunikation sowie qualitativ hochwertiges Design werden von den Konsumenten geschätzt. Sie haben als Interaktionspartner die Möglichkeit, die Marke in dem Maße zu formen, wie die Marke sie formt, und werden so Teil des Gesamtkunstwerkes der Markeninszenierung.

In Kapitel 3 wurde anhand der Begriffsbestimmungen im Bereich Brand Sounds gezeigt, dass nur aus theoretischer Perspektive eine klare Abgrenzung einzelner Phänomene möglich ist. Die dargestellte Bandbreite an Komponenten von Brand Sounds verdeutlicht, dass Musik nur *ein* mögliches Gestaltungsmittel von Sonic Branding darstellt. Es muss noch einmal der Stellenwert des Produktsounddesigns innerhalb der Kreation von Brand Sounds betont werden. Die vorgenommene Klassifizierung von Produktsounds zeigte das große Gestaltungsspektrum auf. Es geht demnach nicht nur darum, bestimmte ungewünschte Geräusche zu maskieren und andere hinzuzufügen. Vielmehr versprechen die Einsatzmöglichkeiten von Produktsounddesign in bestimmten Branchen wie beispielsweise bei Automobilen eine Inszenierung des Produktes, das auch unter dramaturgischen Aspekten Gestaltungsoptionen aufzeigt.

Zudem wurde in Kapitel 3 deutlich, dass einzelne Brand Sounds immer nur im Kontext mit den sie umgebenden Medien, Klängen, Bildern, etc. betrachtet und beurteilt werden können. In diesem Zusammenhang muss noch einmal darauf verwiesen werden, dass die (auditive) Wahrnehmung kein passiver und geradliniger Akt der Verarbeitung von Reizen ist, sondern ein stets von Erwartungen und Konzeptualisierungen geprägter Prozess, in welchem die Sinnesdaten aufgrund der bereits gespeicherten Gedächtnisinhalte und Weltmodelle interpretiert werden. Insofern verwundert es nicht, dass *ähnliche* Klangobjekte völlig *unterschiedliche* Reaktionen bei den Rezipienten auslösen können bzw. *unterschiedliche* Reize *ähnliche* Effekte erzielen. Die Rezeption von gleichen oder ähnlichen Klangereignissen wurde unter akustischen, semantischen und ästhetischen Gesichtspunkten erläutert.

7.2 Zusammenfassung der empirischen Befunde

Die mit der Methode der empirischen Fallstudienanalyse gewonnenen Erkenntnisse sollen im Folgenden kurz zusammengefasst werden.

Die Spanne der Produkte und Dienstleistungen, für die Brand Sounds konzipiert und gestaltet werden, ist breit gefächert: Von Konsumgütern über Finanzdienstleistungen bis hin zu kulturellen Institutionen verhelfen Brand Sounds Produkten und Kommunikationsmitteln zu einer kohärenten auditiven Inszenierung. Die Hauptaufgabe der Agenturen, die Konzeption und Kreation von stimmigen Brand Sounds, wird dabei mit verschiedenen Arbeitsmethoden bewältigt. Während einige Agenturen eher intuitiv-kreativ arbeiten, gehen andere zunächst nach wissenschaftlichen Methoden vor, beispielsweise um die Markenwerte in klangliche Assoziationen zu übersetzen.

Trotzdem muss noch einmal betont werden, dass die Konzeption medienübergreifender auditiver Komponenten auf Basis einer Analyse der Marke ein neues und noch nicht systematisch erforschtes Gebiet ist, auf dem (noch) keine verbindlichen Standards existieren. Das in Kapitel 6 vorgestellte Briefingkonzept soll deshalb einen Beitrag darstellen, anhand dessen die relevanten Suchfelder für die Analyse der Marke beschrieben und grundlegende Fragen für den weiteren Konzeptions- und Gestaltungsprozess aufgeworfen werden.

Die Organisationsformen der untersuchten Sonic Branding-Agenturen erwiesen sich als sehr unterschiedlich. Während einige Agenturen lediglich die Positionen der Berater, Designmanager sowie Sounddesigner besetzen, verfügen andere Agenturen über einen festen Mitarbeiterstamm von beispielsweise Komponisten und Technikern.

Ein wesentliches Charakteristikum war die interdisziplinäre Zusammensetzung der Teams. Es zeigte sich, dass die oft unterschiedlichen Arbeitsweisen von Beratern, Komponisten oder beispielsweise Juristen nicht nur zu fruchtbaren Diskussionen führen, sondern oft auch Missverständnisse und gegenseitige Abhängigkeiten provozieren. Eine große Belastung stellt insbesondere in der Zusammenarbeit von Beratern und Komponisten ein unklares Briefing dar, das dem Komponisten einen zu weiten Raum möglicher Stilrichtungen lässt. Dies führt oft zu aufwändigen Entscheidungs- und Korrekturschleifen mit dem Kunden, dem nichts anderes bleibt, als die Komposition mangels einer Vorgabe von Rahmenbedingungen willkürlich nach Tagesform und persönlichem

Geschmack zu bewerten. Verhindert werden kann dies durch eine Dolmetscherfunktion des Designmanagers, der die oft unzulänglich formulierten Klangvorstellungen der Kunden in musikalische Kriterien übersetzt.

Hinsichtlich der Zusammenarbeit mit Werbe- und CI-Agenturen kristallisierte sich übergreifend ein weitgehend konsistentes Meinungsbild heraus. Die Zusammenarbeit, die meist früh im Projektverlauf beginnt, wird oft von Interessenkollisionen der Partner begleitet. Ursachen hierfür sind die Überschneidung der Kompetenzbereiche, verbunden mit Konkurrenz um Budgets. Oft werden auch die Vorgaben der Sonic Branding-Agenturen hinsichtlich der klanglichen Gestaltung der Werbemittel als zusätzliche Beratung wahrgenommen, die von den Kreativen als eine weitere Einschränkung ihrer Gestaltungsfreiheit empfunden wird. Verletzte Eitelkeiten sowie Budgetverluste können den Gestaltungsprozess in starkem Maße beeinträchtigen und ihn sogar stoppen.

Im Hinblick auf die gestalterischen Erfolgsfaktoren ließen sich unterschiedliche Sichtweisen der Berater und Sounddesigner feststellen. Während ein Teil der Befragten den Anspruch erhebt, dass ein Sonic Logo immer und überall zu hören sein sollte, äußerten sich andere Befragte zur häufigen Repetition einzelner Komponenten äußerst kritisch. In diesem Zusammenhang muss auch die Verantwortung der Gestalter für einen respektvollen Umgang mit den Konsumenten als Kommunikations- und Interaktionspartnern betont werden. Deutlich wurde in den Interviews ebenfalls, dass die Komplexität und Kapazität menschlicher Wahrnehmung auf keinen Fall unterschätzt werden sollte; die Experten plädierten vielmehr für einen durch Experimentierfreude geprägten Umgang insbesondere mit dem Medium Internet. Hier wurden jedoch auch zahlreiche Negativ-Beispiele genannt, die die mangelnde Kenntnis und Beachtung der Bedürfnisse und Wünsche der Nutzer erkennen ließen.

Des Weiteren zeichneten sich signifikante Unterschiede im Hinblick auf die Nutzung von wissenschaftlichen Studien als Basis für das planerische und gestalterische Handeln zwischen den untersuchten Agenturen ab. Während einige Agenturen konsequent aktuelle wissenschaftliche Untersuchungen verfolgen und als Grundlage für die Konzeption nutzen, betonen andere, dass die Arbeit mit Klang subjektiv, persönlich geprägt und wenig durch Konzepte bestimmbar sei, und dass man sich auf sein Gefühl und nicht auf wissenschaftliche Studien verlassen sollte.

Wesentliche Problemfelder zeigten sich in den Verhandlungen und Verträgen bezüglich der urheber- und leistungsschutzrechtlichen Grundlagen. Der Marken- und Musikindustrie wurden grundsätzlich unterschiedliche Denk- und Sprechweisen zuerkannt. Dabei ist es – angesichts rückläufiger Umsätze von Musik-CDs – für die Musikproduktionsfirmen immens wichtig, neue Vertriebskanäle und Vermarktungsstrategien zu entwickeln. Die Verschmelzung von Musik und Marken wurde anhand aktueller Beispiele diskutiert.

Als eine weitere Hauptursache für Konflikte im Bereich Sonic Branding konnte die auf Seiten des Kunden oft anzutreffende wenig differenzierte Betrachtungsweise von Klängen festgestellt werden. Ursachen hierfür sind zum einen die oft noch mangelnden Kenntnisse und Erfahrungen der Kunden mit dem konsistenten und konsequenten Einsatz von Brand Sounds. Hierzu zählen auch Schwierigkeiten bei der Verbalisierung von Klangeindrücken, Musikstilen, Wirkungen usw. Aus der mangelnden Projekterfahrung resultiert eine wenig fundierte Bewertung von Klängen. Ebenso führt sie zu Entscheidungen, die rein von persönlichen Vorlieben und Befindlichkeiten geprägt sind und wenig den funktionalen Anforderungen der Marke entsprechen.

Genau hier liegen die Chancen für die Tätigkeit der Berater und Designmanager: Wenn sie es schaffen, als Dolmetscher zwischen Kunden, Komponisten und anderen Dienstleistern zu vermitteln, können komplizierte Entscheidungs- und Feedbackprozesse vermieden werden.

Auch die Maßnahmen zur Evaluation der Gestaltungsergebnisse können noch nicht als umfassend bezeichnet werden. Systematische Evaluationen oder Wirkungsanalysen werden derzeit kaum durchgeführt, zum einen, weil die Budgets dafür fehlen, zum anderen, weil die Methoden noch nicht ausgereift sind. Auf diesem Gebiet würde sich eine weitergehende Forschung anbieten.

7.3 Kritische Reflexion der Ergebnisse und Ausblick

Abschließend sollen die gewonnenen Ergebnisse kritisch diskutiert und Perspektiven für eine zukünftige Forschung auf dem Gebiet von Sonic Branding aufgezeigt werden.

Qualitätssicherung

Qualitätssicherung spielt gerade bei qualitativ orientierten Forschungsprojekten eine große Rolle, da sie in einigen Aspekten dem quantitativ orientierten Wissenschaftsverständnis widersprechen. Eine ausführliche *Verfahrensdokumentation* (siehe Kapitel 4) soll die Datenerhebung, -analyse und -interpretation transparent machen. Als weitere Methode zur Sicherung der Qualität im Forschungsprozess wurde die Triangulation von Daten eingesetzt. Ebenso erfolgte während des gesamten Forschungsprozesses ein Abgleich zwischen Analysematerial und hypothetischem Vorverständnis. Die erarbeiteten theoretischen Grundlagen wurden während der Erhebung und Auswertung der Daten ausdifferenziert und immer wieder anhand der gewonnenen empirischen Erkenntnisse in Frage gestellt.

Des Weiteren wurden sensible Forschungsbereiche exemplarisch dargestellt: So wurden die Strategien zur Identifizierung der Experten offen gelegt. Ebenso wurde die Kommunikationsstruktur in den Interviews anhand einer Interaktions-Typologie reflektiert.

Reliabilität und *Validität* als Gütekriterien sind nicht ohne weiteres auf die qualitative Forschung übertragbar (vgl. Froschauer/Lueger 2003, S. 166). Mithilfe der folgenden Strategien wurde versucht, die Glaubwürdigkeit der Forschungsarbeit zu erhöhen (vgl. Flick 1995, S. 252 f). Zum einen wurde mittels der Kombination verschiedener Datenquellen erreicht, die Erkenntnismöglichkeiten der Einzelmethoden zu erweitern und weitere Bezugspunkte für deren Interpretation zu gewinnen. Die Plausibilität der Resultate sollte so gesteigert werden.

Zum anderen wurde mit der Methode des „Peer debriefing" gearbeitet (vgl. Flick 1995, S. 252). Hiermit sind Besprechungen mit am Forschungsprojekt unbeteiligten Personen gemeint, die helfen, Lücken in der Argumentation aufzudecken und eigene Hypothesen zu überprüfen. Ebenso wurden „Member checks" durchgeführt (vgl. Flick 1995, S. 252): Gemeint ist die kommunikative Validierung von Daten und Interpretationen mit den Mitgliedern der beteiligten Unternehmen. Diese Gespräche fanden allerdings nicht mit allen befragten Personen, sondern nur stichprobenartig statt. Als weiteres Kriterium für die Qualitätssicherung der Forschungsarbeit gilt *Gegenstandsnähe*. Diese wurde durch die Auswahl der Fragen, Gespräche und die Besuche der untersuchten Agenturen gewährleistet. Ebenso wurde die *Regelgeleitetheit* der Untersuchung ausführlich dokumentiert durch die Darstellung der Methoden, nach denen die Daten erhoben und ausgewertet worden waren. Insbesondere die festgelegten Interpretationsschritte der qualitativen Inhaltsanalyse wurden detailliert nachgezeichnet.

Selektive Plausibilisierung

Häufig werden qualitativ orientierte Forschungsprojekte mit der Kritik konfrontiert, es würden besonders einleuchtende und „illustrative" Zitate rein subjektiv ausgewählt und in den Forschungsbericht eingebunden, um den Forschungsprozess nachvollziehbar und transparent erscheinen zu lassen.

Obwohl an der positiven Wirkung der Verwendung von Interviewzitaten nicht gezweifelt werden kann, stellen die Zitate allein keine ausreichende Geltungsbegründung des vorliegenden Forschungsprojektes dar. Aus diesem Grund muss an dieser Stelle noch einmal darauf hingewiesen werden, dass die Generierung der Kriterien nach der Methode der qualitativen Inhaltsanalyse erfolgte.

Die Ergebnisse der Studie können insofern verallgemeinert werden, als innerhalb der Fallstudien Unternehmen nach theoretischen Anforderungen ausgesucht worden sind: Es wurden Agenturen von unterschiedlicher Größe und Zusammensetzung von Mitarbeitern untersucht. Ebenso wurde ein breites Spektrum an Branchen und Gestaltungsansätzen abgedeckt. Hieraus lässt sich folgern, dass die Studie als eine erste Bestandsaufnahme der Arbeit von Sonic Branding-Agenturen im deutschsprachigen Raum zu betrachten ist sowie Themen und Fragen für weitergehende Forschungen aufwirft.

7. Schlussbetrachtung

Aus den Grenzen der Arbeit lassen sich verschiedene Perspektiven für die weitere Forschung auf dem Gebiet der auditiven Markenkommunikation ableiten. So könnten die Ergebnisse aus den Fallstudien überprüft und oder anhand einer größeren Fallzahl vertieft werden. Eine exaktere Validierung verspricht eine genauere Betrachtung einzelner Marken und ihrer Kommunikationsmittel über einen längeren Zeitraum hinweg. Die Ergebnisse würden die Möglichkeit bieten, das eingangs diskutierte weitgehend ungelöste Problem der Übersetzung von Markenwerten in Klänge weiterführend zu betrachten.

Angesichts der dynamischen Entwicklungen im noch jungen Forschungsfeld wäre es wünschenswert, den Bereich der befragten Agenturen auf den englischsprachigen Raum auszudehnen. Hier sind die innovativsten und über die umfangreichsten Erfahrungen verfügenden Agenturen tätig. Das abschließende Zitat von Daniel Jackson soll insofern als richtungweisend für weitere Forschungen verstanden werden, als es die Grenzen wissenschaftlicher Wirkungsanalysen von Brand Sounds aufzeigt: „Music, the bedrock of sonic branding, is a universally understood language and this leaves no room for dogmatic assertions. If it is not right, everybody knows." (Jackson 2003, S. XIV).

Literaturverzeichnis

A

Aaker, David A. (1996). Building Strong Brands. New York: The Free Press.

Aaker, David A./Erich Joachimsthaler (2000). Brand Leadership. New York: The Free Press.

Aaker, Jennifer L. (1997). Dimensions of Brand Personality, in: Journal of Marketing Research Vol. XXXIV, August 1997, S. 347-356.

Ackermann, Diane (1991). Die schöne Macht der Sinne. Eine Kulturgeschichte. München: Kindler.

Agenda Inc. (2006). American Brandstand 2005. http://www.agendainc.com/brandstand05.pdf [11.04.2006].

Ahlert, Dieter/Peter Kenning (2004). Marke und Hirnforschung. Status quo, in: Marketingjournal 7/2004, S. 44-46.

Aktion Mensch (2005). Prüfschritte der Kriterien zum Biene-Award 2005. http://www.biene-award.de/award/kriterien/Biene_Kriterien2005.pdf [20.12.2005].

Allesch, Christian (1987). Verstehen von Zeichen – Hören von Sinn, in: Obermayer, Klaus (Hg.) (1987), S. 16-22.

Arthur D. Little International (1990). Praxis des Design-Managements. Frankfurt am Main/New York: Campus.

Askegaard, Søren/Gary Bamossy/Michael Solomon (2001). Konsumentenverhalten. Der europäische Markt. München: Pearson Studium.

Assheuer, Thomas (2004). Die Mythen von Wolfsburg, in: Die Zeit Nr. 47 vom 11.11.2004, S. 47.

Associated Press (2006). Forbes' Billionaires. http://www.forbes.com/feeds/ap/2006/03/09/ap2584439.html [17.03.2006].

B

Bacardi GmbH (2006). Der Bacardi Spirit. http://www.bacardi.com/flash_site/flash_site.aspx?new_locale_id=3&new_promo_site=germany [10.01.2006].

Barthel, Jens (2004). Mit allen Sinnen. Skript zum Vortrag an der Universität der Künste im Juli 2004. http://www.gwk-udk-berlin.de/sites/gwk-udk-berlin.de/myzms/content/e64/e1680/e1695/e5127/ring_ver5748/SiemensTeil3_3.pdf [10.03.2006].

Belz, Christian (2006). Spannung Marke. Markenführung für komplexe Unternehmen. Wiesbaden: Gabler.

Benjamin, Walter (1963). Das Kunstwerk im Zeitalter seiner technischen Reproduzierbarkeit. Frankfurt am Main: Suhrkamp.

Bentele, Günter/Manfred Rühl (Hg.) (1993). Theorien öffentlicher Kommunikation. Problemfelder, Positionen, Perspektiven. München: Ölschläger.
Berendt, Joachim-Ernst (1997). Nada Brahma. Die Welt ist Klang. Reinbek bei Hamburg: Rowohlt.
Berlyne, Daniel E. (1971). Aesthetics and Psychobiology. New York: Appelton Century Crofts.
Bernays, Lukas (2004). Wenn Marken von sich hören lassen. KMU-Magazin Nr. 3, April 2004, S. 44.
Bernsen, Jens (1999). Sound in Design. Kopenhagen: Dansk Design Center.
Birkigt, Klaus/Marinus M. Stadler/Hans-Joachim Funck (Hg.) (2002). Corporate Identity. Landsberg/Lech: Verlag moderne Industrie, 11.Auflage.
Birkigt, Klaus/Marinus Stadler (2002). Corporate Identity als Instrument der Kommunikationspolitik, in: Birkigt, Klaus/Marinus M. Stadler/Hans-Joachim Funck (Hg.) (2002), S. 45-61.
Birkigt, Klaus/Marinus Stadler (2002). Corporate Identity als unternehmerische Aufgabe, in: Birkigt, Klaus/Marinus M. Stadler/Hans-Joachim Funck (Hg.) (2002), S. 13-24.
BMW AG (2006). Handysounds. http://www.mini.de/de/de/ringtones_and_logos/index.jsp [15.07.2006].
Boethius, Anicius Manlius Saverinus (1867). Concerning the Principles of Music, Übersetzung von Bruce Lindsay aus der lateinischen Edition „De Institutione Musicae" von G. Friedrich, Leipzig 1867, in: Lindsay, Bruce (Hg.) (1973), S. 35-39.
Bogner, Alexander/Beate Littig/Wolfgang Menz (Hg.) (2002). Das Experteninterview. Theorie, Methode, Anwendung. Opladen: Leske und Budrich.
Bogner, Alexander/Wolfgang Menz (2002a). Expertenwissen und Forschungspraxis: die modernisierungstheoretische und die methodische Debatte um die Experten, in: Bogner, Alexander/Beate Littig/Wofgang Menz (Hg.) (2002), S. 4-29.
Bogner, Alexander/Wolfgang Menz (2002b). Das theoriegenerierende Interview. Erkenntnisinteresse, Wissensformen, Interaktion, in: Bogner, Alexander/Beate Littig/Wofgang Menz (Hg.) (2002), S. 33-70.
Böhm, Bettina (1998). Internationales Produkt-Design. Frankfurt am Main: Peter Lang.
Boltz, Dirk-Mario/Wilfried Leven (Hg.) (2004). Effizienz in der Markenführung. Hamburg: Gruner und Jahr.
Booth, Hanna (2004). Sound Minds, in: Design Week vom 15.04.2004, S. 16-17.
Brand Eins (2005). Das Prinzip Marke. Versprechen muss man halten. Heft 02, März 2005.
Breidenich, Markus (2004). Tonforscher, in: Frankfurter Allgemeine Zeitung vom 19.05.2004, S. N1.

Brexendorf, Tim Oliver/Joachim Kernstock (2004). Die Unternehmensmarke rückt in den Mittelpunkt, in: Marketing & Kommunikation 9/2004, S. 32-33.
Bronner, Kai/Mike Friedrichsen/Rainer Hirt (Hg.) (2007). Der Klang der Marke/ Akustische Markeninszenierung. München: Reinhard Fischer Verlag.
Bruhn, Manfred (2004). Markenführung und integrierte Kommunikation, in: Marketing & Kommunikation 9/2004, S. 26-27.
Bruhn, Manfred (Hg.) (1994). Handbuch Markenartikel. Anforderungen an die Markenpolitik aus Sicht von Wissenschaft und Praxis. Stuttgart: Schäffer-Poeschel.
Bruhn, Manfred (Hg.) (2001). Die Marke. Symbolkraft eines Zeichens. Bern/Stuttgart: Haupt.
Brüning, Jochen (Hg.) (2003). Hermann von Helmholtz. Gesammelte Schriften, Band II. Hildesheim: Georg Olms Verlag.
Buck, Alex/Christoph Herrmann/Frank G. Kurzhals (Hg.) (2000). Markenästhetik. Basel: Birkhäuser.
Bürkle, Christoph J. (Hg.) (2005). Augen zu, Film ab. Ein Handbuch zum Soundtrack. Du – Zeitschrift für Kultur Nr. 2, März 2005.
Burkart, Roland (2002). Kommunikationswissenschaft. Grundlagen und Problemfelder. Wien: Böhlau.
Burke, Edmund (1980). Philosophische Untersuchung über den Ursprung unserer Ideen vom Erhabenen und Schönen. Hamburg: Meiner 1980.

C

Centre Pompidou (Hg.) (2004). Sons & Lumières. Une histoire du son dans l´art du XXᵉ siècle. Paris: Éditions du Centre Pompidou.
Chion, Michel (1983). Guide des objets sonores. Pierre Schaeffer et la recherche musicale. Paris: Institut national de l`audiovisuel & Éditions Buchet/Chastel.
Chion, Michel (1994). Audio-vision. Sound on screen. Edited and translated by Claudia Gorbmann. New York: Columbia University Press.
Coblenzer, Horst/Franz Muhar (1976). Atem und Stimme. Anleitung zum guten Sprechen. Wien: Österreichischer Bundesverlag.
Corporate Identity Documentation (2006). http://www.cidoc.net [15.04.2006].
Corporate Identity-Portal (2006). http://www.ci-portal.de [15.04.2006].
Corporate Sound-Portal (2006). http://www.audio-branding.de [15.04.2006].
Costa, Paul T./Robert McCrae (1985). The NEO Personality Inventory manual. Odessa (Florida): Psychological Assessment Resources.
Costa, Paul T./Robert McCrae (2003). Personality in Adulthood. A Five-Factor Theory Perspective. New York/London: The Guilford Press.

Creators Syndicate (2006). If Mozart was still alive today, in: Washington Post vom 13.06.2006, S. C9.
Cytowic, Richard (1996). Farben hören, Töne schmecken. Die bizarre Welt der Sinne. München: Deutscher Taschenbuch Verlag 1996.
Czégé, Veronika/Jan-Erik Kruse (2006). Der Fall Brent Spar, Greenpeace und die Medien. http://www.icbm.de/ogc/sommerakademie/downloads/Gruppe-7.pdf [21.04.2006].

D
Damasio, Antonio R. (2003). Ich fühle, also bin ich. Die Entschlüsselung des Bewusstseins. München: List, 4. Auflage.
De la Motte-Haber, Helga (Hg.) (2004). Musikästhetik. Handbuch der Systematischen Musikwissenschaft, Band 1. Laaber: Laaber-Verlag.
Deichsel, Alexander (2004). Markensoziologie. Frankfurt am Main: Deutscher Fachverlag.
Dey, Ian (1999). Grounding Grounded Theory. Guidelines for Qualitative Inquiry. San Diego: Academic Press.
Dieckmann, Andreas (2004). Empirische Sozialforschung. Grundlagen, Methoden, Anwendungen. Reinbek bei Hamburg: Rowohlt.
Domizlaff, Hans (1932). Propagandamittel der Staatsidee. Hamburg: o.V.
Domizlaff, Hans (1939). Die Gewinnung des öffentlichen Vertrauens. Ein Lehrbuch der Markentechnik. Hamburg: Marketing Journal.
Domizlaff, Hans (1981). Markenartikel – des Bürger's Sicherheit, in: Marketing Journal 5/81, S. 444-446.
Domizlaff, Hans (1981). Typische Denkfehler der Reklamekritik. Verlag für Industrie-Kultur. Hörzu Reprint.
Dorsch, Friedrich (1994). Dorsch Psychologisches Wörterbuch. München: Mosaik.

E
Emrich, Hinderk M./Udo Schneider/Markus Zedler (2002). Welche Farbe hat der Montag? Synästhesie: das Leben mit verknüpften Sinnen. Stuttgart/Leipzig: Hirzel.
Ertel, Suitbert (1965a). Standardisierung eines Eindrucksdifferentials, in: Zeitschrift für experimentelle und angewandte Psychologie 12, S. 22-58.
Ertel, Suitbert (1965b). Weitere Untersuchungen zur Standardisierung eines Eindrucksdifferentials, in: Zeitschrift für experimentelle und angewandte Psychologie 12, S. 177-208.

Esch, Franz Rudolf (Hg.) (2001). Moderne Markenführung. Grundlagen, Innovative Ansätze, Praktische Umsetzungen. Wiesbaden: Gabler.
Esch, Franz Rudolf (Hg.) (2005). Moderne Markenführung. Wiesbaden: Gabler.

F

Felderer, Brigitte (Hg.) (2004a). Phonorama. Eine Kulturgeschichte der Stimme als Medium. Berlin: Matthes & Seitz Berlin.
Felderer, Brigitte (2004b). Die Stimme. Eine Ausstellung, in: Felderer, Brigitte (Hg.) (2004), S. 7-21.
Flick, Uwe (1995). Qualitative Forschung. Theorie, Methoden, Anwendung in Psychologie und Sozialwissenschaften. Reinbek bei Hamburg: Rowohlt.
Flick, Uwe/Ernst von Kardorff/Ines Steinke (Hg.) (2004). Qualitative Forschung. Reinbek bei Hamburg: Rowohlt.
Flückiger, Barbara (2002). Sound Design. Die virtuelle Klangwelt des Films. Marburg: Schüren.
Fischer, Michael (2001). Multisensorische Wahrnehmung und multisensuelle Gestaltung. Psychologische Skizzen zur Annäherung, in: Luckner, Peter (Hg.) (2001), S. 659-663.
Foerster, Heinz von (Hg.) (1985). Einführung in den Konstruktivismus. München: Oldenbourg.
Forum Klanglandschaft (Hg.) (1999). Klanglandschaft wörtlich. Akustische Umwelt in transdisziplinärer Perspektive. Online-Publikation. Basel: Akroama Verlag.
Freymann, Raymond (1993). Das Auto – Klang statt Lärm, in: Langenmaier, Arnica-Verena (Hg.) (1993), S. 45-57.
Froschauer, Ulrike/Manfred Lueger (2003). Das qualitative Interview. Wien: WUV-Universitätsverlag.

G

Galinowski, Jana (2003). So klingt eine Weltmarke, in: VDI-Nachrichten vom 24.10.03.
Geldmacher, Erwin H. (1983). Gedanken zur Markenführung, in: Markenartikel 11/1983, S. 538-542.
Geldmacher, Erwin H. (2004). Markenwege: Markenführung in Zeiten vor der Entwicklung von Markenwertverfahren, in: Schimansky, Alexander (Hg.) (2004), S. 30-39.
Gerhards, Maria/Walter Klingler (2003). Mediennutzung in der Zukunft, in: Media Perspektiven 3/2003, S. 115-130.

Gerwin, Thomas (1999). Media Soundscapes. Oder: Der künstliche Raum, in: Forum Klanglandschaft (Hg.) (1999), S. 15-19.
Gläser, Jochen/Grit Laudel (2004). Experteninterviews und qualitative Inhaltsanalyse. Wiesbaden: VS Verlag für Sozialwissenschaften.
Gronert, Siegfried (2004). Der Code der Marke, in: Design Report 11/04, S. 70.
Günther, Hans (Hg.) (1994). Gesamtkunstwerk. Zwischen Synästhesie und Mythos. Bielefeld: Aisthesis.

H
Haedrich, Günther/Torsten Tomczak (1994). Strategische Markenführung, in: Bruhn, Manfred (Hg.) (1994), S. 925-947.
Hammer, Norbert (Hg.) (1994). Die stillen Designer – Manager des Designs. Essen: Design Zentrum Nordrhein Westfalen Edition.
Hansen, Ursula/Thorsten Hennig-Thurau/Ulf Schrader (2001). Produktpolitik. Stuttgart: Schäffer-Poeschel.
Hartleben, Ralph E. (2001). Werbekonzeption und Briefing. München: Publicis.
Harrods (2006). A Brief History of Harrods. http://www.harrods.com/Cultures/en-GB/History/history04.html [22.04.06].
Haverkamp, Michael (2006a). Visualisierung auditiver Wahrnehmung – historische und neue Konzepte. Ein phänomenologischer Überblick. http://www.michaelhaverkamp.mynetcologne.de/visualisierung_text.pdf [22.04.2006].
Haverkamp, Michael (2006b). Synästhetische Wahrnehmung und Geräuschdesign. http://www.michaelhaverkamp.mynetcologne.de/Syn_Wahrn_Ger_update_05_HAV.pdf [22.04.2006].
Heckmann, Friedrich (1992). Interpretationsregeln zur Auswertung qualitativer Interviews und sozialwissenschaftlich relevanter „Texte". Anwendung der Hermeneutik für die empirische Sozialforschung, in: Hoffmeyer-Zlotnik, Jürgen (Hg.) (1992), S. 142-167.
Helmholtz, Hermann von (1913). Die Lehre von den Tonempfindungen als physiologische Grundlage für die Theorie der Musik, in: Brüning, Jochen (Hg.) (2003). Gesammelte Schriften Hermann von Helmholtz, Band II, Nachdruck der 6. Auflage von Richard Wachsmuth 1913. Hildesheim: Olms Weidmann.
Herbst, Dieter (2003). Der Mensch als Marke. Konzepte, Beispiele, Experteninterviews. Göttingen: Business Village.
Herbst, Dieter (2005). Praxishandbuch Markenführung. Berlin: Cornelsen.
Herwig, Oliver (2005). Abstieg vom Olymp der Funktionalität, in: Süddeutsche Zeitung vom 22.08.2005, S. 15.

Hirsch, Wilbert/Michael Schneider (2000). Markenästhetik & Acoustic Branding, in: Buck, Alex/Christoph Herrmann/Frank G. Kurzhals (Hg.) (2000), S. 36-51.
Hirschel, Johannes/Gerd Wilsdorf (1993). Wie klingt ein Markenartikel?, in: Langenmaier, Arnica-Verena (Hg.) (1993), S. 36-44.
Hoffmeyer-Zlotnik, Jürgen (Hg.) (1992). Analyse verbaler Daten. Über den Umgang mit qualitativen Daten. Opladen: Westdeutscher Verlag.
Hofstätter, Peter R. (1957). Psychologie. Frankfurt am Main: Fischer.
Hugo Boss AG (2006). Men- and Womenswear. http://www.boss.com [10.01.2006].

I

Informationsgemeinschaft zur Feststellung der Verbreitung von Werbeträgern e.V. (2006). IVW Online-Nutzungsdaten. http://ivwonline.de/ausweisung2/search/ausweisung.php [17.03.2006].
Interbrand Zintzmeyer & Lux (2006a). Brand Valuation. http://www.interbrand.ch/d/kompetenzen/kompetenzen_d.asp?anc=valuation [24.04.2006].
Interbrand Zintzmeyer & Lux (2006b). The Best Global Brands 2005. www.interbrand.ch/d/presse/presse_d.asp [24.04.2006].

J

Jackson, Daniel (2003). Sonic Branding. An Essential Guide to the Art and Science of Sonic Branding. Houndmills/Basingstoke/Hampshire: Palgrave Macmillan.

K

Kastner, Sonja (2007). Sonic Branding als Designprozess: Empirische Befunde, in: Bronner/Friedrichsen/Hirt (Hg.) (2007).
Kiefer, Peter (2001). Klang als Verkäufer. Sounddesign und Auditive Gestaltung als Produkt- bzw. Konzeptmerkmal in der TV- und Radiowerbung, in: Luckner, Peter (Hg.) (2001), S. 463-486.
Klein, Naomi (2001). No Logo. München: Riemann.
Knoblich, Hans (1994). Markengestaltung mit Duftstoffen, in: Bruhn, Manfred (Hg.) (1994), S. 849-869.
Knoblich, Hans/Bernd Schubert (1995). Marketing mit Duftstoffen. München: Oldenbourg 1995.
Koppelmann, Udo (1994). Physische Produktgestaltung und Markenpolitik, in: Bruhn, Manfred (Hg.) (1994), S. 949-972.

Kosfeld, Christian (2004). Sound Branding – strategische Säule erfolgreicher Markenkommunikation, in: Boltz, Dirk-Mario/Wilfried Leven (Hg.) (2004), S. 44-57.

Kotler, Philip/Friedhelm Bliemel (2001). Marketing-Management. Stuttgart: Schäffer-Poeschel.

Kremer, Detlef (1994). Ästhetische Konzepte der „Mythopoetik" um 1800, in: Günther, Hans (Hg.) (1994), S. 11-27.

Krichbaum, Jörg (Hg.) (1988). Deutsche Standards. 100 Produkte und Objekte, die man kennt und kennen muss. Stuttgart/Wien: Edition Weitbrecht.

Krippendorf, Klaus (1994). Der verschwundene Bote, in: Merten, Klaus/Siegfried J. Schmidt/Siegfried Weischenberg (Hg.) (1994), S. 79-113.

Kroeber-Riel, Werner (1987). Informationsüberlastung durch Massenmedien und Werbung in Deutschland, in: Die Betriebswirtschaft 47, Nr. 3, S. 257-264.

Kroeber-Riel, Werner (1993). Bildkommunikation: Imagerystrategien für die Werbung. München: Vahlen.

Kroeber-Riel, Werner/Peter Weinberg (1999). Konsumentenverhalten. München: Vahlen.

Krüger, Cordula (2004). Der Wert der Marke – eine Sache des Gefühls, in: Schimansky, Alexander (Hg.) (2004), S. 248-269.

Kunst- und Ausstellungshalle der Bundesrepublik Deutschland GmbH (Hg.) (1998). Der Sinn der Sinne. Göttingen: Steidl.

Kunst- und Ausstellungshalle der Bundesrepublik Deutschland GmbH (Hg.) (1996). Geschmacksache. Göttingen: Steidl.

Kunst- und Ausstellungshalle der Bundesrepublik Deutschland GmbH (Hg.) (1995). Das Riechen. Göttingen: Steidl.

Kunstagentur Thomessen (2006). Armani – Neue Nationalgalerie. http://www.art-in-berlin.de/incbmeld.php?id=311 [24.03.2006].

Künzler, Hanspeter (2005). Schreiben Sie eine neue Musik. Aber sie muss klingen wie die alte!, in: Bürkle, Christoph J. (Hg.) (2005), S. 52.

Kurz, Gerhard (2004). Metapher, Allegorie, Symbol. Göttingen: Vandenhoeck & Ruprecht.

L

Lange, Wolfgang (1994). Gesamtkunstwerk Madonna, in: Günther, Hans (Hg.) (1994), S. 273-291.

Langenmaier, Arnica-Verena (Hg.) (1993). Der Klang der Dinge. Akustik – eine Aufgabe des Design. München: Verlag Silke Schreiber.

Langeslag, Patrick/Wilbert Hirsch (2000). Acoustic Branding – Neue Wege für die Markenkommunikation, in: Buck, Alex/Christoph Herrmann/Frank G. Kurzhals (Hg.) (2000), S. 231-245.

Leuschel, Klaus (2004). I shop, therefore I am, in: Archithese 5/2004, S. 82-87.

Lidwell, William/Kritina Holden/Jill Butler (2004). Design. Die 100 Prinzipien für erfolgreiche Gestaltung. München: Stiebner.

Liebl, Franz/Christoph Herrmann (2001). Die Führung von Marken als Führung von Menschen begreifen, in: Markenartikel 2/2001, S. 4-10.

Liebl, Franz (2005). Innovation durch Subversion, in: Absatzwirtschaft 10/2005, S. 32-37.

Liebs, Holger (2004). Grrrrrrrrrrrrrr! Dieses Automobil ist böse: Der Mythos Lamborghini in der Münchner Pinakothek der Moderne, in: Süddeutsche Zeitung vom 25.06.2004, S. 14.

Lindsay, Bruce (Hg.) (1973a). Acoustics: Historical and Philosophical Development. Stroundsburg/ Pennsylvania: Dowden, Hutchingon & Ross.

Lindsay, Bruce R. (1973b). Introduction Acoustics: Science, Technology, and Art, in: Lindsay, Bruce (Hg.) (1973), S. 1-4.

Lindstrom, Martin (2005). Brand Sense. New York: Kogan Page.

Linxweiler, Richard (1999). Marken-Design. Marken entwickeln, Markenstrategien erfolgreich umsetzen. Wiesbaden: Gabler.

Loewy, Raymond (1953). Häßlichkeit verkauft sich schlecht. Düsseldorf: Econ.

Luckner, Peter (Hg.) (2001). Verständigungen zu Akustik und Olfaktorik im Designprozess. Halle (Saale): o.V.

M

Mattenklott, Axel/Alexander Schimansky (Hg.) (2002). Werbung. Strategien und Konzepte für die Zukunft. München: Franz Vahlen.

Maturana, Humberto R./Francisco J. Varela (1987). Der Baum der Erkenntnis. Die biologischen Wurzeln menschlichen Erkennens. Bern/München: Scherz Verlag.

Mayring, Philipp (2003). Qualitative Inhaltsanalyse. Grundlagen und Techniken. Weinheim/Basel: Beltz, 8. Auflage.

Mayring, Philipp (2004). Qualitative Inhaltsanalyse, in: Flick, Uwe/Ernst von Kardoff/Ines Steinke (Hg.) (2004), S. 468-475.

Mayr-Keber, Gert M. (2002). Strukturelemente der visuellen Erscheinung von Corporate Identity, in: Birkigt, Klaus/Marinus M. Stadler/Hans-Joachim Funck (Hg.) (2002), S. 281-317.

Medien, Hörspiel, Audiokunst (2006). http://www.akustische-medien.de [15.04.2006].

Meier-Kortwig, Hans Jörg (1997). Design-Management als Beratungsangebot. Köln: Statement-Verlag.

Meffert, Heribert (2000). Marketing. Wiesbaden: Gabler.
Meffert, Heribert/Christoph Burmann (2002a). Wandel in der Markenführung – vom instrumentellen zum identitätsorientierten Markenverständnis, in: Meffert, Heribert/Christoph Burmann/Martin Koers (Hg.) (2002), S. 17-33.
Meffert, Heribert/Christoph Burmann (2002b). Theoretisches Grundkonzept identitätsorientierten Markenführung, in: Meffert, Heribert/Christoph Burmann/Martin Koers (Hg.) (2002), S. 35-72.
Meffert, Heribert/Christoph Burmann (2002c). Managementkonzept der identitätsorientierten Markenführung, in: Meffert, Heribert/Christoph Burmann/Martin Koers (Hg.) (2002), S.73-97.
Meffert, Heribert/Christoph Burmann/Martin Koers (Hg.) (2002a). Markenmanagement. Grundfragen der identitätsorientierten Markenführung. Wiesbaden: Gabler.
Meffert, Heribert/Christoph Burmann/Martin Koers (2002b). Stellenwert und Gegenstand des Markenmanagement, in: Meffert, Heribert/Christoph Burmann/Martin Koers (Hg.) (2002), S. 3-15.
Meier-Kortwig, Hans Jörg (1997). Design-Management als Beratungsangebot. Köln: Statement-Verlag.
Mellerowicz, Konrad (1963). Markenartikel. München/Berlin: Beck.
Mercedes Benz Mixed Tape (2006). Mixed Tape 12. http://www.mixed-tape.com/fs.php [17.05.2006].
Merten, Klaus (1993). Die Entbehrlichkeit des Kommunikationsbegriffs – Oder: Systemische Konstruktion von Kommunikation, in: Bentele, Günter/Manfred Rühl (Hg.) (1993), S. 188-201.
Merten, Klaus (2003a). Die Marke in der Mediengesellschaft, in: Markenartikel 1/2003, S. 26-30.
Merten, Klaus (2003b). Die Marke in der Mediengesellschaft, in: Markenartikel 2/2003, S. 12-17.
Merten, Klaus (2003c). Die Marke in der Mediengesellschaft, in: Markenartikel 3/2003, S. 10-17.
Merten, Klaus/Petra Teipen (1991). Empirische Kommunikationsforschung. Darstellung, Kritik, Evaluation. München: Ölschläger.
Merten, Klaus/Siegfried J. Schmidt/Siegfried Weischenberg (Hg.) (1994). Die Wirklichkeit der Medien. Opladen: Westdeutscher Verlag.
Metz, Christian (1985). Aural Objects, in: Weis, Elisabeth/John Belton (Hg.) (1985), S. 154-161.
Meuser, Michael/Ulrike Nagel (2002). ExpertInneninterviews – vielfach erprobt, wenig bedacht. Ein Beitrag zur qualitativen Methodendiskussion, in: Bogner, Alexander/Beate Littig/Wolfgang Menz (Hg.) (2002), S. 71-94.

Millward Brown (2006). 5! Senses Study – Findings. http://www.millwardbrown. com/brandsense/research/findings.asp [03.04.2006].
Münte, Thomas F./ Christine Kohlmetz/Wido Nager/Eckart Altenmüller (2001). Neuroperception. Superior auditory spatial tuning in conductors, in: Nature Nr. 409 vom 01.02.2001, S. 580.

N
Nintentofans (2006). Banner-Werbung. http://consolorama.de/forum/viewtopic.php?p=277937&sid=5365097fc55c2aef 6e16c8fb633d1faf [26.01.2006].
Nokia GmbH (1999). Connecting People auf der Expo 2000. http://www.nokia.de/ de/servicenavigation/schnellsuche/43294.html [14.02.2006].

O
Obermayer, Klaus (Hg.) (1987). Hören – Horchen – Verstehen. Regensburg: Gustav Bosse Verlag.
Oetker, August (2003). Marke heißt Vertrauen, in: Markenartikel 3/2003, S. 72-74.
Opaschowski, Horst W. (1993). Freizeitökonomie: Marketing von Erlebniswelten. Opladen: Leske und Budrich.
O'Reilly, John (2004). Branding a nation may be just a matter of saying everything there is to say about nothing, in: Eye 53/2004, S. 40-43.
Osgood, Charles E./George J. Suci/Percy H. Tannenbaum (1957). The Measurement of Meaning. Urbana: University of Illinois Press.
Osten-Sacken, Ernestine von der (2004). Erleben am Dritten Ort, in: Design Report 11/2004, S. 12-21.

Otto, Rudolf (1997). Das Heilige. Über das Irrationale in der Idee des Göttlichen und sein Verhältnis zum Rationalen. München: Ch. Beck.

P
Parker, David/Paul Long (2004). „The Mistakes of the Past?" Visual Narratives of Urban Decline and Regeneration, in: Visual Culture in Britain Vol. 5, No. 1, S. 37-55.
Petrick-Löhr, Christine (2006). Die magische Marke des Harry Potter. http://www. welt.de [17.03.2006].

R

Radio Marketing Service (2004a). Sound Logo-Check Nr. 4. http://www.rms.de/order_check/download/markt_media/SoundLogo4.PDF[28.06.2006].

Radio Marketing Service (2004b). Sound Logo-Check Nr. 5. http://www.rms.de/order_check/download/markt_media/SoundLogoCheck_5.pdf [28.06.2006].

Randall, Geoffrey (2000). Branding. A Practical Guide to Planning Your Strategy. London: Kogan Page Limited.

Rat für Formgebung (Hg.) (1990). Design-Management. Düsseldorf: Econ.

Rauwald, Christoph (2004). Auf offene Ohren. Immer mehr Unternehmen entdecken Klänge als wichtiges Instrument der Markenführung, in: Wirtschaftswoche Nr. 12 vom 11.03.2004, S. 82-84.

Reiss, Steven (2004). The Sixteen Strivings for God, in: Zygon, Journal of Science and Religion, Blackwell Publishing, Vol. 39, Nr. 2, S. 303-320.

Rieger, Bodo (1994). Ganzheitliche Markengestaltung, in: Bruhn, Manfred (Hg.) (1994), S.725-752.

Rieländer, Michael (Hg.) (1982). Reallexikon der Akustik. Frankfurt am Main: Verlag Erwin Bochinsky.

Ringe, Cornelius (2005). Audio Branding. Musik als Markenzeichen von Unternehmen. Berlin: Verlag Dr. Müller.

Rogers, Stuart C. (2001). Marketing Strategies, Tactics, and Techniques. Westport/London: Quorum.

Roth, Simone (2005). Akustische Reize als Instrument der Markenkommunikation. Wiesbaden: Deutscher Universitätsverlag.

Rötzer, Florian (1993). Einleitung, in: Rötzer, Florian (Hg.) (1993), S. 7-14.

Rötzer, Florian (Hg.) (1993). Cyberspace. Zum medialen Gesamtkunstwerk. München: Klaus Boer.

Rüby, Hans (2003). Zur Glaubwürdigkeit von Werbemedien, in: Markenartikel 2/2003, S. 46-47.

Rummel, Carlo (1995). Designmanagement: Integration theoretischer Konzepte und praktischer Fallbeispiele. Wiesbaden: Deutscher Universitätsverlag.

S

Schaeffer, Pierre (1983). A la recherche d'une musique concrète. Paris: Éditions du seuil.

Schafer, Murray (1972a). Die Schallwelt, in der wir leben. Rote Reihe 30. Wien: Universal Edition.

Schafer, Murray (1972b). Schule des Hörens. Rote Reihe 36. Wien: Universal Edition.

Schafer, Murray (1988). Klang und Krach. Eine Kulturgeschichte des Hörens. Frankfurt am Main: Athenäum Verlag.

Schätzlein, Frank (2005). Sound und Sounddesign in Medien und Forschung, in: Segeberg, Harro/Frank Schätzlein (Hg.) (2005), S. 24-40.

Schimansky, Alexander (Hg.) (2004). Der Wert der Marke. München: Vahlen.

Schmidt, Siegfried J. (1994). Die Wirklichkeit des Beobachters, in: Merten, Klaus/Siegfried J. Schmidt/Siegfried Weischenberg (Hg.) (1994), S. 3-19.

Schmitt, Bernd/Alexander Simonson (1998). Marketing-Ästhetik. Düsseldorf: Econ.

Schmitt, Bernd/Alexander Simonson (2001). Marketing-Ästhetik für Marken, in: Esch, Franz Rudolf (Hg.) (2001), S. 211-232.

Schmitz, Claudius A. (Hg.) (1994). Managementfaktor Design. München: C.H. Becksche Verlagsbuchhandlung.

Schneider, Wulf (1995). Sinn und Un-Sinn. Umwelt sinnlich erlebbar gestalten in Architektur und Design. Leinfelden-Echterdingen: Konradin-Verlag Robert Kohlhammer GmbH.

Schönberger, Angela/Rudolf Stilcken (Hg.) (2001). Faszination Marke. Neue Herausforderungen an Markengestaltung und Markenpflege im digitalen Zeitalter. Neuwied/Kriftel: Luchterhand.

Schultes, Herbert H. (1993). Das Telefon – die Grenzen des Designs, in: Langenmaier, Arnica-Verena (Hg.) (1993), S. 77-85.

Schulze, Gerhard (1992). Die Erlebnisgesellschaft. Kultursoziologie der Gegenwart. Frankfurt am Main/New York: Campus.

Schulze, Gerhard (2002). Wohin bewegt sich die Werbung?, in: Willems, Herbert (Hg.) (2002a), S. 973-995.

Schwender, Clemens (2001). Medien und Emotionen. Evolutionspsychologische Bausteine einer Medientheorie. Wiesbaden: Deutscher Universitätsverlag.

Segeberg, Harro (2005). Der Sound und die Medien. Oder: Warum sich die Medienwissenschaft für den Ton interessieren sollte, in: Segeberg, Harro/Frank Schätzlein (Hg.) (2005), S. 9-22.

Segeberg, Harro/Frank Schätzlein (Hg.) (2005). Sound. Zur Technologie und Ästhetik des Akustischen in den Medien. Marburg: Schüren.

Sennett, Richard (1995). Fleisch und Stein. Berlin: Berlin Verlag.

Siegert, Gabriele (2000). Medien, Marken, Management. Relevanz, Spezifika und Implikationen einer medienökonomischen Profilierungsstrategie. München: Reinhard Fischer.

Simon, Heinz Joachim (2001). Das Geheimnis der Marke. ABC der Markentechnik. München: Langen Müller/Herbig.

Sommer, Rudolf (1998). Psychologie der Marke. Die Marke aus der Sicht des Verbrauchers. Frankfurt am Main: Deutscher Fachverlag.

Spitzer, Manfred (2002). Musik im Kopf. Stuttgart: Schattauer.
Stabsstelle für Kommunikation und Öffentlichkeitsarbeit des Fürstentums Liechtenstein (2006). Die Marke Liechtenstein. http://www.liechtenstein.li /pdf-fl-multimedia-information-marke-praesentation-marke-kurz-de.pdf [03.07.2006].
Staudt, Erwin (1993). Erträglicher Büroalltag, in: Langenmaier, Arnica-Verena (Hg.) (1993), S. 58-61.
Strauss, Anselm/Juliet Corbin (1996). Grounded Theory: Grundlagen qualitativer Sozialforschung. Weinheim: Psychologie Verlags Union.
Stromeyer, Markus (1990). Die Anwendung der „Funktionalen Musik" im Marketing. Pfyn: Stromeyer, 4. Auflage.
Szeemann, Harald (Hg.) (1983). Der Hang zum Gesamtkunstwerk. Aarau/Frankfurt am Main: Sauerländer.

T

Tembrock, Günter (1996). Akustische Kommunikation bei Säugetieren. Die Stimmen der Säugetiere und ihre Bedeutung. Darmstadt: Wissenschaftliche Buchgesellschaft.
The Body Shop International (2006). Unsere Werte. http://www.thebodyshop.de /web/tbsde/index.jsp?tbsmain=our_values [16.03.06].
The League for the Hard of Hearing (2006). Noise Levels In Our Environment. http://www.lhh.org/noise/decibel.htm [06.04.2006].
Thies, Wolfgang (1982). Grundlage einer Typologie der Klänge. Schriftenreihe zur Musik, Band 20. Hamburg: Wagner.
TNS Infratest (2006). Europa. Werbeausgaben in ausgewählten Ländern. http://www.tns-infratest.de/06_BI/bmwa/Faktenbericht_4/abbildungen_ 2002_04/390.jpg [15.07.2006].
Toskana Therme Bad Sulza (2006). Medienspiegel. http://www.toskanatherme.de /presse.htm [07.05.2006].
Tröbinger, Alexander (2006). Vom Kummer mit Münchhausens. http://www. extradienst.at/jaos/page/main_archiv_content.tmpl?ausgabe_id=61&article_id =11403 [21.04.06].
Trommsdorf, Volker (2002). Konsumentenverhalten. Stuttgart: Kohlhammer.

U

Uhlenbruch, Bernd (1994). Film als Gesamtkunstwerk, in: Günther, Hans (Hg.) (1994), S. 185-199.

Urban, Martin (2002). Wie die Welt im Kopf entsteht. Von der Kunst, sich eine Illusion zu machen. Berlin: Eichborn 2002.

V

Verzeichnis deutscher Werbeagenturen (2006). Werbeagentursuche. www.vdwa.de [02.02.2006].

Volkswagen AG (2006). Der Fox. http://www.volkswagen.de/vwcms_publish/vwcms/master_public/virtualmaster/de3/modelle/fox.html [10.01.2006].

W

Wallraff, Günter (1985). Ganz unten. Köln: Kiepenheuer &Witsch.

Watzlawick, Paul (1985). Wirklichkeitsanpassung oder angepasste Wirklichkeit?, in: Foerster, Heinz von (Hg.) (1985), S. 89-108.

Weinberg, Peter (1992). Erlebnismarketing. München: Verlag Franz Vahlen.

Weinberg, Peter/Sandra Diehl (2001). Erlebniswelten für Marken, in: Esch, Franz Rudolf (Hg.) (2001). Moderne Markenführung. Grundlagen, Innovative Ansätze, Praktische Umsetzungen. Wiesbaden: Gabler, S. 187-207.

Weis, Elisabeth/John Belton (Hg.) (1985). Film Sound. Theory and Practice. New York: Columbia University Press.

Weis, Michaela/Frank Huber (2000). Der Wert der Markenpersönlichkeit. Das Phänomen der strategischen Positionierung von Marken. Wiesbaden: Gabler.

Weißing, Heinz (1992). Fachwörterbuch Akustik. Berlin/Paris: Alexandre Hatie.

Werner, Klaus/Hans Weiss (2001). Schwarzbuch Markenfirmen. Frankfurt am Main: Deuticke.

Westerkamp, Hildegard (1991). The World Soundscape Project. http://interact.uoregon.edu/MediaLit/wfae/readings/soundscape.html [07.05.2006].

Willems, Herbert (Hg.) (2002a). Die Gesellschaft der Werbung. Wiesbaden: Westdeutscher Verlag.

Willems Herbert (2002b). Vom Handlungstyp zur Weltkultur, in: Willems, Herbert (Hg.) (2002), S. 55-99.

Willmann, John (2006). Die Marke – eine Kennzahl für den Erfolg. http://www.financialtimes.de/unternehmen/62987.html [07.04.2006].

Witzel, Andreas (2000). Das problemzentrierte Interview. http://www.qualitative-research.net/fqs-texte/1-00/1-00witzel-d.htm [07.05.2006].

Y

Yin, Robert K. (1994). Case Study Research. Design and Methods. Applied Social Research Methods Series. Thousand Oaks/London/New Delhi: Sage Publications.

Z

Zentralverband der deutschen Werbewirtschaft ZAW (2006). Werbeträger in Deutschland. http://www.interverband.com/dbview/owa/assmenu.homepage?tid=184&fcatid=4247&from_home=/zaw [17.03.2006].

Zimmer, Renate (1995). Handbuch der Sinneswahrnehmung. Freiburg: Herder.

Printed and bound by PG in the USA